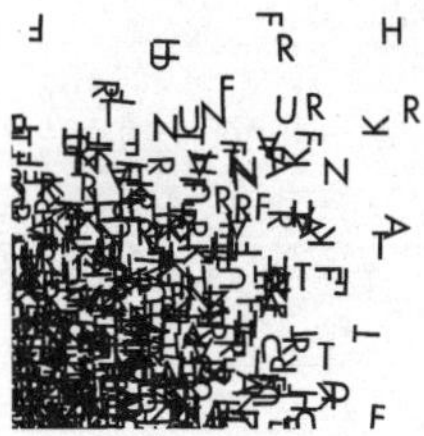

W0266443

JESSI

Stefan Gaitanides

»Man müsste mehr voneinander wissen!«

Umgang mit kultureller
Vielfalt im Kindergarten

© 2007 Fachhochschulverlag
DER VERLAG FÜR ANGEWANDTE WISSENSCHAFTEN

Stefan Gaitanides
»Man müsste mehr voneinander wissen!«
Umgang mit kultureller Vielfalt im Kindergarten

Schriftenreihe des ISR –
»Institut für Stadt- und Regionalentwicklung«
der Fachhochschule Frankfurt am Main
Band 4

© 2007 Fachhochschulverlag

ISBN 978-3-936065-95-4

DTP:
Monika Weiland, Sarah Kalck

Druck und Bindung:
Elektra Reprografischer Betrieb GmbH
Niedernhausen

Preis:
Das Buch kostet je Exemplar 13,– € zuzügl. Portokosten

Bestellungen:
Fachhochschulverlag
Kleiststraße 10, Gebäude 1
60318 Frankfurt am Main

Telefon (0 69) 15 33–28 20
Telefax (0 69) 15 33–28 40
bestellung@fhverlag.de
http://www.fhverlag.de

INHALT

Vorwort 12

0 **Methodische Vorbemerkung 13**

I **Ergebnisse 14**

1 **Zugangsprobleme von Migranten zu Krippen und Kitas? 14**

1.1 Nachfrage von Migranteneltern nach Krippen? **14**

1.2 Kindergartenbesuchsquote bei Migranten **14**

2 **Ethnische und soziale Zusammensetzung der Kita-Kinder 15**

3 **Kommunales Mischungskonzept und Erfahrungen damit 16**

4 **Familiäre Erziehungswerte und -praktiken von Eltern mit Migrationshintergrund 17**

4.1 Erziehungswerte von Migrantenfamilien aus der Sicht der Erzieherinnen (auch im Vergleich zu deutschen Eltern) **17**

4.1.1 Erziehungswerte – Selbstbild Migranten **17**

4.2 Erziehungsmittel der Migranteneltern (auch im Vergleich zu deutschen Eltern) – Sicht der Erzieherinnen **18**

4.2.1 Erziehungsmittel – Selbstbild Migrantinnen **19**

4.3 Unterschiede in der Freizeitgestaltung – Sicht der Erzieherinnen **19**

5 **Aufgaben und pädagogische Ziele des Kindergartens aus Sicht der Erzieherinnen und der Migranteneltern 20**

5.1 Werte, Ziele und Aufgaben der Elementarpädagogik aus der Sicht der Erzieherinnen **20**

5.2 Bild der Erzieherinnen von den Erwartungen der Migranteneltern an den Kindergarten **21**

5.3 Erwartungen der Eltern mit Migrationshintergrund an den Kindergarten **22**

6 **Interaktionsbeziehungen zwischen Erzieherinnen und Eltern mit Migrationshintergrund (auch im Vergleich zu deutschen Eltern) 23**

6.1 Sprachliche Kommunikation **23**

6.2 Kommunikationsstil – Selbstbild der Erzieherinnen **24**

6.3 Bild der Migrantinnen von der Kommunikation mit den Erzieherinnen **25**

6.4 Bild vom Fremdbild – Annahmen der Migrantinnen über das Bild, das sich die Erzieherinnen von den Migrantinnen machen **25**

7 **Spannungen und Konflikte zwischen Eltern und Erzieherinnen 26**

7.1 Probleme bezüglich der Verlässlichkeit beim Bringen und Abholen **26**

7.2 Probleme bei der Informationsvermittlung und Auseinandersetzungen wegen unterschiedlicher Auslegungen der »Aufsichtspflicht« **26**

7.3 Konflikte wegen unterschiedlicher Erziehungsaufgaben von Kindergarten und familiärer Primärerziehung **27**

7.4 Spannungen durch hohe – schwer erfüllbare – Erwartungen an die Erzieherinnen, den Kindern in kürzester Zeit Deutsch beizubringen **27**

7.5 Kollision der traditionellen Fürsorgeerziehung des Elternhauses mit der Freizügigkeit und der Selbstständigkeitserziehung im Kindergarten **28**

7.6 Konflikte wegen unterschiedlicher Auffassungen bei der Geschlechtsrollenerziehung **28**

7.7 Konflikte mit Migrantenvätern **29**

7.8 Konflikte bezüglich der Einhaltung anderskultureller, religiöser Vorschriften **29**

Probleme mit der Beachtung islamischer Essensvorschriften **30**

Probleme mit der Beachtung kulturell vermittelter Schamgrenzen **30**

Probleme mit dem Feiern religiöser Feste? **30**

7.9 Barriere christlicher Tendenzbetrieb **31**

7.10 Mangelhafter pädagogischer Umgang mit kultureller Vielfalt und mit ethnisch/kulturellen und rassistischen Vorurteilen aus der Sicht von Migranten? **32**

7.11 Misstrauen durch generalisierten Diskriminierungsverdacht? **32**

8 **Umgang mit Konflikten 33**

9 **Elternbeteiligung am Kindergarten – Elternabende, Feste 34**

9.1 Sicht der Erzieherinnen **34**

9.2 Sicht der Migrantinnen auf die Elternbeteiligung **34**

10 **Interkulturelle Öffnung des Kindergartens 35**

10.1 Berücksichtigung interkultureller Aspekte bei der Konzeptentwicklung? **36**

10.2 Fortbildungen zur Qualifizierung für die Arbeit mit Migranten? **36**

10.3 Gezieltes Eingehen auf Mehrsprachigkeit? **37**

10.4 Gezielte Förderung der Zweitsprache Deutsch? **38**

10.5 Einstellung von MitarbeiterInnen mit Migrationshintergrund? **39**

11 **Beispiele gelungener interkultureller Abstimmung aus Sicht der Erzieherinnen 40**

12 **Die dringlichsten Wünsche der Erzieherinnen an die Eltern, das Team, den Träger, an die institutionellen Rahmenbedingungen 41**

II **Auswertung, Interpretation und Kommentierung der Interviews 43**

1 **Zugangsprobleme von Migranten zu Krippen und Kindertagesstätten 43**

1.1 Nachfrage von Migranteneltern nach Krippen **43**

1.2 Kindergartenbesuchsquote bei Migranten **45**

2 **Ethnische und soziale Zusammensetzung der Kindergarten-Kinder 48**

3 **Kommunales Mischungskonzept und Erfahrungen damit 52**

4 **Familiäre Erziehungswerte und -praktiken von Eltern mit Migrationshintergrund 55**

4.1 Erziehungswerte von Migrantenfamilien aus der Sicht der Erzieherinnen (auch im Vergleich zu deutschen Eltern) **55**

4.1.1 Erziehungswerte – Selbstbild Migranten **59**

4.2 Erziehungsmittel der Migranteneltern (auch im Vergleich zu deutschen Eltern) – Sicht der Erzieherinnen **63**

4.2.1 Erziehungsmittel – Selbstbild Migrantinnen **65**

4.2.2 Erziehungsmittel – Selbstbild Deutsche **67**

4.3 Unterschiede in der Freizeitgestaltung – Sicht der Erzieherinnen **67**

5 **Aufgaben und pädagogische Ziele des Kindergartens aus Sicht der Erzieherinnen und der Migranteneltern 74**

5.1 Werte, Ziele und Aufgaben der Elementarpädagogik aus der Sicht der Erzieherinnen **74**

5.2 Bild der Erzieherinnen von den Erwartungen der Migranteneltern an den Kindergarten **75**

5.3 Erwartungen der Eltern mit Migrationshintergrund an den Kindergarten **86**

6 **Interaktionsbeziehungen zwischen Erzieherinnen und Eltern mit Migrationshintergrund (auch im Vergleich zu deutschen Eltern) 91**

6.1 Sprachliche Kommunikation **91**

6.2 Kommunikationsstil – Selbstbild der Erzieherinnen **94**

6.3 Bild der Migrantinnen von der Kommunikation mit den Erzieherinnen **96**

6.4 Bild vom Fremdbild – Annahmen der Migrantinnen über das Bild, das sich die Erzieherinnen von den Migrantinnen machen **97**

7 **Spannungen und Konflikte zwischen Eltern und Erzieherinnen 98**

7.1 Probleme bezüglich der Verlässlichkeit beim Bringen und Abholen **98**

7.2 Probleme bei der Informationsvermittlung und Auseinandersetzungen wegen unterschiedlicher Auslegungen der »Aufsichtspflicht« **99**

7.3 Konflikte wegen unterschiedlicher Erziehungsaufgaben von Kindergarten und familiärer Primärerziehung **99**

7.4 Spannungen durch hohe – schwer erfüllbare – Erwartungen an die Erzieherinnen, den Kindern in kürzester Zeit Deutsch beizubringen **100**

7.5 Kollision der traditionellen Fürsorgeerziehung des Elternhauses mit der Freizügigkeit und der Selbstständigkeitserziehung im Kindergarten **101**

7.6 Konflikte wegen unterschiedlicher Auffassungen bei der Geschlechtsrollenerziehung **103**

7.7 Konflikte mit Migrantenvätern **106**

7.8 Konflikte bezüglich der Einhaltung anderskultureller, religiöser Vorschriften **109**

Probleme mit der Beachtung islamischer Essensvorschriften **109**

Sicht der befragten MuslimInnen **111**

Probleme mit der Beachtung kulturell vermittelter Schamgrenzen **113**

Probleme mit dem Feiern religiöser Feste? **114**

Zusammenfassende Kommentierung **116**

7.9 Barriere christlicher Tendenzbetrieb **118**

7.10 Mangelhafter pädagogischer Umgang mit kultureller Vielfalt und mit ethnisch/kulturellen und rassistischen Vorurteilen aus der Sicht von Migranten? **119**

7.11 Misstrauen durch Diskriminierungsverdacht? **121**

8 **Umgang mit Konflikten 127**

Sicht von Migrantinnen **129**

9 **Elternbeteiligung am Kindergarten – Elternabende, Feste 132**

9.1 Sicht der Erzieherinnen 132

9.2 Sicht der Migrantinnen auf die Elternbeteiligung **135**

10 **Interkulturelle Öffnung des Kindergartens 140**

10.1 Berücksichtigung interkultureller Aspekte bei der Konzeptentwicklung? **140**

10.2 Fortbildungen zur Qualifizierung für die Arbeit mit Migranten? **144**

10.3 Gezieltes Eingehen auf Mehrsprachigkeit? **150**

10.3.1 Einstellungen der Migranteneltern zur Berücksichtigung der Sprachenvielfalt im Kindergarten? **158**

10.4 Gezielte Förderung der Zweitsprache Deutsch? **160**

Ungesteuerter Zweitsprachenerwerb durch Mischung der Gruppen **160**

Förderung des Zweitsprachenerwerbs durch bewusstes Verbalisieren alltäglicher Handlungen **162**

Deutschförderung in Kleingruppen **164**

Vorlaufkurse **165**

10.5 Beschäftigung von MitarbeiterInnen mit Migrationshintergrund? **165**

11 **Beispiele gelungener interkultureller Abstimmung aus Sicht der Erzieherinnen 174**

12 **Die dringlichsten Wünsche der Erzieherinnen an die Eltern, das Team, den Träger, an die institutionellen Rahmenbedingungen 177**

III **Maßnahmen-Empfehlungen 181**

1 **Entwicklung eines – interkulturell geöffneten – Krippenplatzangebotes 181**

2 **Beibehaltung und Modifizierung des kommunalen Mischungskonzepts 182**

3 **Verbesserung der Einführung der Migranten-Eltern in den Kindergarten 183**

4 **Stärkung der Erziehungskompetenz durch Elternbildung 184**

5 **Ausbau der Begegungsmöglichkeiten zwischen Eltern mit und ohne Migrationshintergrund um die interethischen Freizeitkontakte zu fördern 187**

6 **Verbesserung der sprachlichen Verständigung mit den Eltern 188**

7 **Abbau von latenten Spannungen und manifesten Konflikten zwischen Erzieherinnen und Eltern durch Erwerb interkultureller Kompetenz 189**

8 **Verbesserung der Partizipationschancen 193**

9 **Förderung von Deutsch als Zweitsprache 194**

10 **Mehrsprachige Erziehung 196**

11 **Einstellung von MitarbeiterInnen mit Migrationshintergrund 197**

12 **Konzept- und Qualitätsentwicklung – trotz (oder auch wegen) knapper Ressourcen 200**

Literatur 202

Anhang 207

VORWORT

Die vorliegende Studie ist Teil eines komplexen Forschungsprojektes mit dem Titel:
»Untersuchung zur Entwicklung der Bevölkerungs- und Sozialstruktur Raunheims sowie deren Folgen für die Sozialintegration und die Integration der Kinder sozial benachteiligter und eingewanderter Familien in Kindergärten, Schulen und sozialpädagogische Maßnahmen«.
Die Studie wurde im Auftrag des Magistrats der Stadt Raunheim durch das Institut für Migrationsstudien und interkulturelle Kommunikation (IMiK) der Fachhochschule Frankfurt am Main erstellt.
Das Forschungsdesign, die sozialwissenschaftliche Interpretation und Kommentierung der Interviewtexte sowie der daraus abgeleitete Maßnahmenkatalog wurden vom Projektleiter, Prof. Dr. Stefan Gaitanides, Fachbereich »Soziale Arbeit und Gesundheit«, durchgeführt. Die Organisation, Durchführung und Dokumentation und Zusammenfassung der Interviews oblag Dr. Cengiz Deniz.

Dank gebührt dem Bürgermeister von Raunheim, Thomas Jühe, und der Quartiersmanagerin Kerstin Mohr die jederzeit für Auskünfte bereit standen, viele Anregungen und Hinweise gegeben und wichtige Kontakte hergestellt haben. Bedanken möchte sich der Verfasser auch bei den InterviewpartnerInnen, die sich zur Verfügung gestellt haben und sich Zeit für die relativ langen Interviews genommen haben.

Stefan Gaitanides, März 2007

0 METHODISCHE VORBEMERKUNG

Empirische Ausgangsbasis für die Untersuchung waren acht leitfadengestützte Interviews (darunter zwei Gruppeninterviews) mit Erzieherinnen – darunter auch Leiterinnen – aus den fünf städtischen Kindertagesstätten Raunheims (Oderstraße, Stadtzentrum, An der Lache, Mainzer Straße, Hermann-Lönsstraße), ein Interview mit der Leiterin des evangelischen Kindergartens »Philip Melanchton«, ein Interview mit der Fachdienstleiterin der Kinder- und Jugendpflege Raunheim, zwei Interviews mit Elternbeirätinnen (darunter ein Gruppeninterview) und zwei Gruppeninterviews mit einer eritreisch-afghanischen und einer türkischen Müttergruppe. Darüber hinaus wurden auch thematisch einschlägige Interviewpassagen aus den Interviews von MigrantInnen zum Untersuchungsteil »Zusammenleben im Stadtteil« hinzugezogen, die das Thema Kindergarten am Rande angesprochen haben.
Die Auswertung erfolgte – wie in Teil I – über ein hermeneutisches Typisierungs- und Interpretationsverfahren und orientierte sich bei der Darstellung der Ergebnisse an den Themenkomplexen und Fragestellungen des Interviewerleitfadens.
Die Ergebnisdarstellung erhebt keinen Anspruch auf quantitative Repräsentativität und interpretative Gewissheit. Sie gibt aber einen differenzierten Einblick in die Wahrnehmungs-, Deutungs- und Interaktionsmuster der befragten Personen, die als Resultat sozialer Aushandlungsprozesse auf die in den jeweiligen Lebenswelten verbreiteten Muster verweisen.

Dem Hauptteil der Studie – der Darstellung, Interpretation und sozialwissenschaftlichen Kommentierung der Interviewergebnisse – ist eine ausführliche zusammenfassende Ergebnisdarstellung vorangestellt, die demselben Gliederungsprinzip wie der Hauptteil folgt, sodass zur punktuellen Vertiefung der Lektüre und Veranschaulichung durch Interviewtexte leicht nachgeschlagen werden kann.

I ERGEBNISSE

1 ZUGANGSPROBLEME VON MIGRANTEN ZU KRIPPEN UND KITAS?

1.1 Nachfrage von Migranteneltern nach Krippen?

Die Erzieherinnen vermelden eine sehr geringe Nachfrage nach einem Krippenangebot von Seiten der Migrantenmütter. Sie führen diese Nachfragesituation auf einen Komplex von Gründen zurück: die niedrigen Einkommen, den geringeren Handlungsbedarf wegen der geringen Erwerbstätigkeitsquote vor allem der nachgereisten Ehefrauen, den Wunsch bis zum Kindergartenalter den Grundstock für die Herkunftskultur gelegt zu haben, und sie führen die geringe Nachfrage auch auf das Unwissen über den sozialisatorischen Nutzen der Krippenerziehung zurück.
Eine befragte Mutter mit Migrationshintergrund hätte ihr Kind gern in eine Krippe gegeben, um wieder berufstätig zu werden, aber in Anbetracht der hohen Kosten der einzigen privaten Krippe in der Nahumgebung hatte sie kapituliert.

1.2 Kindergartenbesuchsquote bei Migranten

Nach Auskunft der Fachdienstleiterin der städtischen Kindertagesstätten und dem Zeugnis der Erzieherinnen hat sich die Nachfrage von Migranteneltern nach Kindergartenplätzen im Laufe der Jahre wesentlich verbessert. Es kommt sogar vor, dass die Kinder schon in der Schwangerschaft angemeldet werden. Nahezu alle Kinder haben mindestens ein Jahr den Kindergarten besucht.
Auch sind die meisten Eltern von der früher gängigen Praxis, die Kinder erst ein Jahr vor Schuleintritt in den Kindergarten zu geben, abgerückt. Es scheint sich bei den Migranteneltern herumgesprochen zu haben, dass innerhalb eines Jahres und im vorgerückten Vorschulalter die deutsche Sprache nicht mehr ausreichend für den Schuleintritt erlernt werden kann. Das Erlernen der deutschen Sprache als Voraussetzung für einen guten Start in der Schule ist eines der Hauptmotive der Migranteneltern, ihr Kind in den Kindergarten zu geben.

Der beschriebene Trend kann auch bundesweit festgestellt werden. Im Untersuchungsgebiet scheint aber auch die intensive Aufklärungsarbeit der Raunheimer Kommune, des Ausländerbeirates, des Stadtteilbeirates und des Frauentreffs des Projektes »Soziale Stadt« mitgeholfen zu haben.

2 ETHNISCHE UND SOZIALE ZUSAMMENSETZUNG DER KITA-KINDER

Die soziale Zusammensetzung der Kita-Familien variiert deutlich zwischen einer Repräsentanz von Mittelschichtenangehörigen in den Tagesstätten außerhalb des Einzugsgebietes der Ringstraßensiedlung (Hermann-Lönsstraße/Mainzer Landstraße) sowie beim evang. Kindergarten (Philip Melanchton) und der Repräsentanz von bildungsferneren und einkommensärmeren Schichten in den Kitas »Oderstraße« und »Stadtzentrum«. Eine Mittelstellung nimmt der Kindergarten im Neubaugebiet »An der Lache« ein.
In der Befragung werden auch Hinweise dafür gegeben, dass sich in den stärker aus Mittelschichten zusammengesetzten Kindertagesstätten eher Migranten mit einem mittleren oder höheren Bildungs- und Sozialstatus finden – sei es, dass sie aus dem »besseren« Wohnumfeld kommen oder leichteren Zugang durch soziale Ausleseprozesse finden als bildungsfernere und weniger integrierte Migranten.

Die hohen Migrantenanteile in den beiden Tagesstätten im Einzugsgebiet der Ringstraßensiedlung spiegeln in erster Linie die sozialstrukturellen und demografischen Verhältnisse des Stadtteils wieder. Migranten sind in den benachteiligteren Soziallagen stärker repräsentiert. In den benachteiligten Quartieren öffnet sich die demografische Schere zwischen der Alterung der deutschen Bevölkerung und der jüngeren Zusammensetzung der Bevölkerung mit Migrationshintergrund noch stärker als im Durchschnitt der Bevölkerung.
Die Erzieherinnen berichten von einem (auch durch die Mischungsverordnung der Stadt nur wenig gebremsten) Trend zur Substitution von deutschen durch Kinder mit Migrationshintergrund *(»Zwei Deutsche gehen und vier Türken stehen vor der Tür« – 12/353 – Kita Oderstraße).*
Auch im Kindergarten der Neubausiedlung geht der Trend in diese Richtung.

Die Erzieherinnen der Kindertagesstätten mit einem überdurchschnittlichen Migrantenanteil (darunter mehrheitlich türkische Kinder) beobachten zudem, dass die besser integrierten Migranten der zweiten Generation bzw. Migranteneltern mit ausgeprägten Bildungsaspirationen für ihre Kinder, zunehmend nach Alternativen suchen, weil sie unter den gegebenen Verhältnissen für ihre Kinder keine Chance sehen, ausreichend gutes Deutsch zu lernen.

3 KOMMUNALES MISCHUNGSKONZEPT UND ERFAHRUNGEN DAMIT

Die Kommune Raunheim versucht seit längerem den Entmischungsprozess von Deutschen und Migranten umzukehren – oder zumindest aufzuhalten –, indem sie Kinder mit und ohne Migrationshintergrund durch eine zentrale Vergabe der Kindergartenplätze auf die verschiedenen Tagesstätten besser verteilt.

Die meisten befragten Erzieherinnen teilen die Zielsetzung der Kommune im Grundsatz, aber sie sehen auch die geringen Spielräume aufgrund der demografischen und sozialstrukturellen Entwicklung. Sie berichten außerdem über vielfältige Strategien zur Umgehung der städtischen Verteilungsvorgaben. Eltern setzen ihr Kind auf die Warteliste und nehmen ihr Kind gewöhnlich nach einem Jahr aus dem zugeteilten weiter entfernten Kindergarten heraus, wenn der Nachrückerplatz im »Wunschkindergarten« frei wird. Deutsche Eltern, die weniger Kinder haben, über zwei Autos verfügen und ihr Kind nicht in einen Kindergarten mit vielen Migrantenkindern geben wollen, suchen sich weiter entfernte Alternativen. Denkbar ist auch, dass sie in Zukunft verstärkt private Kita-Initiativen gründen.

Einige befragte Erzieherinnen meinen, dass die Verteilerregelung gerade auch für manche Migranteneltern, in deren Interesse sie eigentlich liegt, unzumutbare Härten mit sich bringt – vor allem, wenn sie kinderreich sind.

»Eine türkische Mutter mit fünf Kindern, eines in der Schule, zwei im Kindergartenalter, noch zwei im Krabbelalter, die in der Nahestraße wohnt, keinen Führerschein, kein Auto hat, wie soll die ein Kind hierher bringen. ... Dass die Frau bis hierher läuft mit den Kindern, das kann man von ihr auch nicht verlangen.« (26/22)

4 FAMILIÄRE ERZIEHUNGSWERTE UND –PRAKTIKEN VON ELTERN MIT MIGRATIONSHINTERGRUND

4.1 Erziehungswerte von Migrantenfamilien aus der Sicht der Erzieherinnen (auch im Vergleich zu deutschen Eltern)

Die markantesten Unterschiede zwischen den eigenen Erziehungswerten bzw. denjenigen deutscher Eltern und denen der Eltern mit Migrationshintergrund sehen die befragten Erzieherinnen

- im nachrangigen Stellenwert der Erziehung zur Selbstständigkeit,
- in der starken Betonung des Sozialverhaltens (Rücksicht, gegenseitige Hilfe) – respektive gegenüber Familienmitgliedern oder Verwandten,
- in der stärkeren Orientierung an traditionellen und religiös legitimierten Sittlichkeitsvorschriften, die insbesondere die Mädchen einschränken (Erziehung zur Schamhaftigkeit).

Die Vermittlung von Sekundärtugenden – Sauberkeit, Ordnung, Fleiß – wird eher den deutschen Eltern zugeschrieben. Die Migranten scheinen aus der Sicht einiger Befragter nicht so großen Wert darauf zu legen.

4.1.1 Erziehungswerte – Selbstbild Migranten

Bei den wenigen befragten Migrantenmüttern zeigt sich ein differenziertes Bild. Befragten der zweiten Generation ist die Selbstständigkeitserziehung auch sehr wichtig. Die Bedeutung traditioneller und religiöser Sittlichkeitsvorstellungen schiebt sich bei ihnen in den Hintergrund – bis auf die Einhaltung zentraler religiöser Feiern und Speisevorschriften.

Traditionale Sittlichkeitsvorstellungen (z. B. bezüglich der Geschlechtsrollenerziehung) werden von den konservativeren muslimischen Familien – oft unter den Argusaugen der Schwiegermutter, die auch über die Sittlichkeit der nachgereisten Braut ihres Sohnes wacht – höher gehalten. Ihnen sind auch Respekt gegenüber Erwachsenen und Regelkonformität besonders wichtige Erziehungsziele, die sie in der »deutschen« Erziehungskultur und auch im Kindergarten vernachlässigt sehen.

Alle Befragten möchten ihre Kultur – genannt werden dabei vor allem Sprache und Religion – an ihre Kinder weitergeben, um die Verbindung zur ethnischen Gemeinschaft zu bewahren, auch wenn sie nicht auf den tradierten Sittlichkeitsvorstellungen beharren.

Und alle möchten ihren Kindern gleichzeitig – aus eigener (oft leidvoller) Erfahrung als »Ausländer« – Toleranz gegenüber anderen Nationalitäten, Ethnien, »Rassen« und Religionen beibringen. Sie erwarten dies auch vom Kindergarten.

Insgesamt betrachtet bestätigt die Befragung die schon aus der Sicht der Erzieherinnen festgestellte stärkere Fokussierung der Erziehung der Migrantenfamilien auf das soziale Lernen und eine geringere Betonung der Selbstständigkeitserziehung. Soziale Verbundenheit scheint vielen befragten Migrantenmüttern wichtiger als individuelle Autonomie.
Hier findet offensichtlich immer noch eine Übertragung von Erziehungswerten statt, die für die traditionalen »interdependenten«/»kollektivistischen« Kulturen funktional sind, aber die Kinder weniger auf die Herausforderungen einer »independenten« Kultur, sprich individualisierten »Leistungsgesellschaft«, vorbereiten, in der ein hohes Maß an »Ich-Autonomie«, sozialer »Rollendistanz« und »Konfliktfähigkeit« den schulischen und beruflichen Erfolg bzw. den gewünschten sozialen Aufstieg eher begünstigen.
In traditionalen Gesellschaften ohne Sozialversicherung und mit starken familiären Abhängigkeiten im System der Produktion und Reproduktion hängt das Überleben und Fortkommen wesentlich von der Beziehungspflege ab. Allerdings kann die Vermittlung familistischer Werte in der benachteiligten und ökonomisch instabilen Minoritäten-Situation wiederum durchaus funktional für die Anpassung an Verhältnisse sein, bei denen der Aufstieg durch individuelle Leistung verbaut scheint. Auch der Zugang zur Nischenökonomie der Migranten erfolgt weitgehend über familiäre Netzwerke.

4.2 Erziehungsmittel der Migranteneltern (auch im Vergleich zu deutschen Eltern) – Sicht der Erzieherinnen

Die meisten Befragten meinen bei den Migranteneltern beobachten zu können, dass sie – häufiger als die deutschen Eltern – mit materiellen Belohnungen und Strafen (extrinsischen Erziehungsmitteln) erziehen und dass sie zwar häufiger als die deutschen Eltern Regeln setzen, die Kinder aber we-

niger konsequent mit den Folgen von Regelverstößen konfrontieren (inkonsistenter Erziehungsstil). Körperliche Züchtigung wird aus der Außenperspektive der Erzieherinnen als nachrangiges Erziehungsmittel wahrgenommen, bei den Deutschen überhaupt nicht. Allerdings wird bei den Deutschen die Ausübung passiven motorischen Zwangs durch Hausarrest häufiger genannt. Dies wird auch durch eine befragte deutsche Mutter bestätigt.
Extrinsische Erziehungsmethoden (äußere Strafen und Belohnungen) bereiten die Kinder weniger auf die »Verinnerlichung« von Leistungsmotiven und Moralprinzipien vor, die in independenten, ein hohes Maß an Selbstständigkeit einfordernden Gesellschaftskontexten eher zum Erfolg führen (intrinsische Motivation) (Hurrelmann 1996, S. 157 ff.). Ein inkonsistenter Erziehungsstil erschwert ebenfalls die Verinnerlichung der normativen Vorgaben der Eltern, weil deren Glaubwürdigkeit und Überzeugungskraft durch das inkonsequente und widersprüchliche Erziehungshandeln unterlaufen wird.

4.2.1 Erziehungsmittel – Selbstbild Migrantinnen

Wie schon bei den Erziehungswerten ergibt sich bei den Erziehungsmethoden bei den befragten Müttern mit Migrationshintergrund ein differenziertes Bild. Die einen lehnen materielles Belohnen ab und finden Methoden der einschüchternden »Angstmache«, die sie bei Nachbarschaftsbesuchen manchmal beobachten, »fürchterlich«, während andere von den Kindern fraglosen Gehorsam verlangen und bei Mangel an Folgsamkeit mit dem Vater drohen.
Die Bandbreite der Erziehungspraktiken variiert offensichtlich nach Einwanderungsgeneration, Bildungsstand, Aufenthaltsdauer und Modernisierungsgrad des Herkunftslandes. Das lässt sich aber bei der geringen Zahl von Interviews quantitativ nicht belegen.

4.3 Unterschiede in der Freizeitgestaltung – Sicht der Erzieherinnen

Aus den Erzählungen der Kinder entnehmen die Erzieherinnen, dass der Großteil der Migrantenkinder ihre Freizeit viel seltener als die deutschstämmigen Kinder in Vereinen verbringen oder z. B. Musikstunden nehmen. Keinen Einblick haben die Erzieherinnen in den Kontakt zu Migrantenvereinen und religiösen Organisationen. Die Migrantenkinder hielten sich viel häufiger in der Nahumgebung im Freien auf – häufig in altersübergreifenden Kindergruppen. Die Eltern scheinen auch weniger kindzentrierte Unternehmungen mit ihnen zu machen – Waldspaziergänge, Schwimmen, Radtouren, Kino, Zoo, Kindertheater usw. Dagegen sind bei Migranten Verwandtenbesuche häufiger als bei deutschen Familien, in die die Kinder auch immer mit einbezogen werden.

Die geringen interethnischen Kontaktgelegenheiten außerhalb der Institutionen der öffentlichen Erziehung tragen, nach Auffassung befragter Erzieherinnen, zur Marginalisierung der Migrantenkinder bei. Da zudem die meisten Migranten ihre Kinder nur halbtags in den Kindergarten geben, ist die Zeit, ungesteuert korrektes Deutsch zu lernen (die für Vorschulkinder geeignetste Weise des Zweitsprachenerwerbs), denkbar knapp bemessen.

Die Erzieherinnen bedauern den geringen Kontakt der Kita-Kinder außerhalb des Kindergartens. Äußerst selten käme es zu Übernachtungen bei Kindern verschiedener Nationalität, die sich im Kindergarten angefreundet hätten. Als Grund hierfür wird die soziale und kulturelle Distanz zwischen den Familien vermutet.

Einzelne Äußerungen von Eltern und Erzieherinnen verweisen aber darauf, dass der Wunsch nach engerem Austausch unter den Kindern durchaus auch bei einigen Eltern vorhanden ist. Nur keine/r macht den ersten Schritt. Bei Migranten-Müttern mit geringen Deutschkenntnissen wird die soziokulturelle Kontakthemmung noch durch die geringen Sprachkenntnisse gesteigert.

5 AUFGABEN UND PÄDAGOGISCHE ZIELE DES KINDERGARTENS AUS SICHT DER ERZIEHERINNEN UND DER MIGRANTENELTERN

5.1 Werte, Ziele und Aufgaben der Elementarpädagogik aus der Sicht der Erzieherinnen

Als vorrangige Aufgabe des Kindergartens betrachten es die Erzieherinnen, die Kinder zur Selbstständigkeit anzuleiten und Fortschritte auf diesem Erziehungspfad positiv zu verstärken. Dies messen sie an der Fähigkeit, sich alleine anziehen zu können, auf warme Kleidung zu achten, die

Körperausscheidungen zu kontrollieren, auf die Toilette zu gehen, ohne fremde Hilfe essen zu können usw. Ebenso wichtig erscheint ihnen das soziale Lernen, unter dem sie nicht nur die Rücksichtnahme auf Andere und »sich an allgemeine Regeln halten«, »Teilen«, »Helfen« verstehen, sondern auch selbstbewusstes Auftreten, Bedürfnisartikulation und Konfliktfähigkeit. Wichtig erscheint ihnen daneben die Entwicklung und Motivierung von »Konzentrationsfähigkeit«, »Ausdauer«, »Ehrgeiz«, was für die Schule sehr wichtig sei.
Des Weiteren wird der Erwerb sensomotorischer Fertigkeiten (Zeichnen, Kleben, Schneiden, Formen, Bauen, sich angemessen bewegen usw.) genannt, kognitives Lernen – allen voran Sprachförderung (ganz besonders bei Kindern, die zu Hause kein oder wenig Deutsch sprechen) –, aber auch Verständnis der Zahlen, Schärfung der sinnlichen diskriminierenden Wahrnehmung (Farben, Formen unterscheiden) und musische Erziehung (Singen, Malen, Rhythmik).

Am Rande wird auch Umwelterziehung genannt (exemplarisch: Erkundung des nahe gelegenen Waldes, Mülltrennung und -entsorgung).

5.2 Bild der Erzieherinnen von den Erwartungen der Migranteneltern an den Kindergarten

Nach dem summarischen Eindruck der meisten befragten Erzieherinnen steht für alle Eltern die Betreuungsaufgabe im Vordergrund. Migranteneltern erwarteten dabei – noch mehr als die deutschen – eine Haltung protektiver Verlässlichkeit. Migranteneltern hätten hohe Erwartungen in die Förderung von Deutsch als Zweitsprache. Alle Eltern erwarteten sich schulvorbereitende Förderung – Zahlenverständnis, Heranführen an Buchstaben. Viele Eltern – vor allem Deutsche – würden die Leistung der Erzieherinnen vor allem an den Produkten messen, die die Kinder mit nach Hause bringen. Aus Sicht der befragten Erzieherinnen sind Migranteneltern weit weniger als die deutschen Eltern über die komplexen erzieherischen und bildenden Aktivitäten und die Sozialisationsfunktionen des Kindergartens aufgeklärt, die durch den Blick von außen nicht leicht erkennbar sind. Über die sozialisatorischen Effekte des sozialpädagogisch flankierten Freispiels seien sie sich noch weniger als die Deutschen im Klaren. Dies mag auch mitbedingt sein durch die kulturelle Übertragung der strengen Trennung von Spielen und

Lernen (= mit Triebverzicht verbundene Arbeit) in traditionalen Gesellschaften.

Einerseits wird konstatiert, dass die Migranteneltern sich weniger in die Arbeit der Erzieherin einmischen, während deutsche Eltern häufiger Ansprüche formulierten und auch »meckerten«, andererseits habe dies aber auch zur Kehrseite, dass sie sich weniger am Kindergartengeschehen beteiligten, weniger Kontakt hielten und weniger ergänzend pädagogisch tätig werden. Sie brächten ihre Kinder auch unvorbereiteter in den Kindergarten und wälzten die Selbstständigkeitserziehung – vor allem der verwöhnteren Jungen – auf die Erzieherinnen ab.

5.3 Erwartungen der Eltern mit Migrationshintergrund an den Kindergarten

Die befragten Mütter bestätigen das Bild der Erzieherinnen bezüglich der hohen Erwartungen, den Kindern Deutsch beizubringen. Einige kritisieren an den Erzieherinnen, sie würden nicht genügend dafür sorgen, dass die Kinder auch im Freispiel in gemischten Gruppen agierten. So könnten sie kein Deutsch lernen, da sie sowieso die meiste Zeit frei spielten.
Sie begreifen den Kindergarten – vor allem in dem letzten Jahr – als Vorschule und die Erzieherinnen als »Lehrerinnen«.
In der Türkei wird derselbe Begriff für Lehrer und Erzieherin verwendet. Diese Gleichsetzung verwenden auch die Türkinnen, deren Interviews aus dem Türkischen übersetzt wurden.
Entsprechend monieren sie die mangelhafte Vorbereitung auf die Schule und wünschen mehr Förderung des Zahlenverständnisses und des Lesens.
Die Übertragung des Lehrerimages auf die Erzieherinnen erklärt auch z. T. die geringe Beteiligung am Kindergartenalltag und die spärliche Kommunikation über pädagogische Inhalte. Überantwortung an die pädagogischen Autoritäten und keine Einmischung in ihre Arbeit gilt in vielen Heimatländern als eine Respektsbekundung gegenüber der professionellen Autorität.
Eine kulturelle Übertragung dürfte auch vorliegen, wenn die Kinder – respektive die Jungen – vergleichsweise spät selbstständig werden. In den traditional geprägten Herkunftsregionen erfolgt die Selbstständigkeitserziehung viel langsamer als in der »modernen« individualisierten Gesellschaft. Kleinkinder werden länger behütet und später übernehmen die älteren Geschwister noch lange Fürsorgeaufgaben wie Anziehen, Naseputzen usw. Dies er-

klärt auch, warum viele Kinder aus der Perspektive der Erzieherin noch nicht kindergartenreif scheinen. Das liegt aber womöglich weniger an der bequemen Verantwortungsdelegation – wie es die Erzieherinnen ausdeuten und darüber verärgert sind –, sondern an dem unterschiedlichen Verselbstständigungstempo der traditionalen und der modernen Erziehungspraxis.

Erwartungsgemäß ist Eltern aus eher kollektivistischen bzw. interdependenten Kulturen das Soziale Lernen wichtig. Bei den diesbezüglichen Statements wird dabei aber eher auf harmonisches »friedliches Zusammenspiel«, »Freundschaft« und »Teilen können« abgehoben als auf Aushandelungs- und Konfliktfähigkeit.

Wichtig sind den Befragten interkulturelle und antidiskriminierende Interventionen der Erzieherinnen, die Vermittlung von Respekt gegenüber anderskulturellen Erscheinungsformen und eine Pädagogik, die die legitimen Ansprüche aller Kinder auf Gleichbehandlung und Zugehörigkeit deutlich macht und vorlebt. Den fremdkulturellen Erscheinungsformen soll der Eindruck des Anormalen genommen werden, u.a. durch Erklärung der verschiedenen religiösen Praktiken, Feste und Essensgewohnheiten.

Während eine befragte Muslima bedauert, dass die Erzieherin ihre Kinder nicht über die religiöse Bedeutung der Bemalung mit Henna aufgeklärt hat, und die Kinder meinten, dies sei Kot, erzählte die andere begeistert über die Erzieherin ihres Kindes, die ihre Hände selber mit Henna bemalt hatte, um diesem Ritus das fremdartig Abschreckende zu nehmen.

6 INTERAKTIONSBEZIEHUNGEN ZWISCHEN ERZIEHERINNEN UND ELTERN MIT MIGRATIONSHINTERGRUND (AUCH IM VERGLEICH ZU DEUTSCHEN ELTERN)

6.1 Sprachliche Kommunikation

Die meisten Erzieherinnen meinen, sich ausreichend bei Sprachschwierigkeiten durch ad hoc organisierte Übersetzungshilfen, durch sprachkundige Eltern oder ältere Geschwister behelfen zu können und sehen keine dringende Notwendigkeit, wegen sprachlicher Kommunikationsprobleme mit den Eltern muttersprachliche Kräfte einzustellen.

Aus verstreuten Bemerkungen ist aber zu entnehmen, dass sie sich in vielen Bereichen der Arbeit blockiert sehen, wenn eine differenzierte sprachliche Kommunikation nicht möglich ist:

- Der »Kultur- und Sprachschock« der Kinder, die bisher so gut wie kein Deutsch gelernt haben und neu in den Kindergarten kommen, kann durch verbale Kommunikation nicht abgemildert werden.
- Bei Kindern mit psychosozialen Problemen ist eine differenzierte Erkundung des familiären Hintergrundes nicht möglich.
- Sprachfehler und Retardierungen in der Muttersprache können nicht diagnostiziert werden und führen zu Fehleinschätzungen beim Zweitsprachenlernen.
- Die direkte Kommunikation mit den häufig schlecht Deutsch sprechenden Müttern (nachgezogenen Ehefrauen) ist erschwert. Die Übersetzung durch Angehörige kann zu gravierenden Verzerrungen der Informationsübermittlung führen.
- Die Sprachbarriere reduziert bei vielen Müttern den Kontakt zum Kindergarten auf Bringen und Abholen
- und erschwert deren Beteiligung an Elternabenden.
- Interkulturelle Missverständnisse können nicht geklärt werden.
- Die Gefahr, missverstanden zu werden, fördert auch Diskriminierungszuschreibungen, die aufgrund mangelhafter sprachlicher Kommunikationsmöglichkeiten nicht ausgeräumt werden können.

Angesichts dieser Kommunikationsprobleme ist es umso erstaunlicher, dass das Angebot des Elterncoachings durch eine marokkanische und eine türkische Multiplikatorin so wenig in Anspruch genommen wird. Eine der beiden äußert die Vermutung, die Erzieherinnen sträubten sich gegen Interventionen von außen bei heiklen Konflikten mit den Eltern.

6.2 Kommunikationsstil – Selbstbild der Erzieherinnen

Die Erzieherinnen bezeichnen Ihren Kommunikationsstil mit den Eltern durchgehend als »freundlich«, »akzeptierend«/»respektvoll«/»vorurteilsfrei«, »auf individuelle/soziale/kulturelle Hintergründe Rücksicht nehmend«/ als »geduldig« – gerade bei Sprachschwierigkeiten – und seltener und situationsabhängig »förmlich/distanziert«.

Eine Befragte erwähnt, dass es gerade bei »manchen Migranten« bei gewissen Dingen notwendig sei, einen förmlich-distanzierten Ton anzuschlagen, weil es bei Migranten schwieriger sei, äußere Regeln durchzusetzen – wie in Spielsituation nicht hereinzuplatzen, Unterschriften zu leisten, Gebühren pünktlich abzuliefern, Tür-und-Angel-Gespräche nicht auf Kosten der pädagogischen Arbeit in die Länge zu ziehen (vgl. auch Zuschreibung: Migranten seien weniger diszipliniert).

Das Register eines distanzierten Kommunikationsstils kann im interkulturellen Kontext eine Abwärtsspirale der Kommunikation einleiten – wie dies auch in der Behördenkommunikation mit Migranten wissenschaftlich beobachtet wurde. Der förmlich-distanzierte Kommunikationsstil widerspricht den kulturell vorgeprägten Erwartung eines persönlichen Umgangsstils und kann als Diskriminierung wahrgenommen werden – vor allem, wenn beobachtet wird, dass der Umgang in den strittigen Fragen mit Deutschen weniger förmlich distanziert ist.

6.3 Bild der Migrantinnen von der Kommunikation mit den Erzieherinnen

Die befragten Migrantenmütter äußern sich bezüglich des Kommunikationsstils der Erzieherinnen wenig differenziert. Sie erleben sie aber eher als freundlich entgegenkommend – vor allem, wenn man/frau zeigt, dass sie sich für den Kindergarten und seine Arbeit interessiert. Dagegen meint eine deutsche befragte Mutter neben freundlich entgegenkommenden Erzieherinnen auch solche erlebt zu haben, die distanziert, uninteressiert und arrogant aufträten.

6.4 Bild vom Fremdbild – Annahmen der Migrantinnen über das Bild, das sich die Erzieherinnen von den Migrantinnen machen

Einigen befragten Müttern fällt auf, dass die Erzieherinnen außerordentlich begeistert sind, wenn sich Migranten am Kindergartenleben beteiligen. Aus dieser Beobachtung leiten sie im Umkehrschluss die generalisierte Zuschreibung der Erzieherinnen ab, Migranten würden sich gewöhnlich wenig für die Kindergartenarbeit interessieren und ihre Kinder bloß abgeben.

Ein Vater interpretiert – das geht aus einer Konfliktschilderung der Erzieherinnen hervor – die Ankündigung eines Hinweises auf ein Fest »nur« in türkischer Übersetzung als Beleg dafür, dass den Türken keinerlei Kompetenz im Deutschen unterstellt wird.

7 SPANNUNGEN UND KONFLIKTE ZWISCHEN ELTERN UND ERZIEHERINNEN

Auf Anhieb fallen den meisten Befragten keine gravierenden Konflikte mit den Migranteneltern ein. Im Verlaufe der Interviews zeigten sich aber – wie nicht anders zu erwarten – etliche Reibungsflächen zwischen Erzieherinnen und Eltern.
Offen muss bleiben, ob die zögerliche Benennung von Konflikten eine Folge der Interviewsituation war (Antworten im Sinne der sozialen Erwünschtheit, man/frau will sich keine Blöße geben, die Benennung von Konflikten beschädigt das Image der Einrichtung) oder als ein Symptom der in den sozialen Berufen weit verbreiteten Konflikt-Verdrängungspraxis zu deuten ist.

7.1 Probleme bezüglich der Verlässlichkeit beim Bringen und Abholen

Spontan am häufigsten wurden noch Konflikte bezüglich des verlässlichen Bringens und Abholens genannt, wobei dieser Konfliktanlass nicht auf Migranten beschränkt ist und eher individuell verortet wird: es seien immer wieder dieselben Familien, die die Organisation ihres Alltags nicht bewältigen könnten. Eine Befragte findet – im Gegensatz zur stereotypen Zuschreibung der Disziplinlosigkeit von Südländern –, dass Migranteneltern ihre Kinder sogar pünktlicher bringen und holen.

7.2 Probleme bei der Informationsvermittlung und Auseinandersetzungen wegen unterschiedlicher Auslegungen der »Aufsichtspflicht«

Relativ häufig wurden als Konfliktanlässe die Themen »Information« und »Aufsichtspflicht« genannt. Aufgrund der sprachlichen Kommunikationsprobleme und des daraus ableitbaren reduzierten Kontaktes häufen sich erwartungsgemäß bei Migranten die Probleme bei der Informationsübermittlung.

Hinter dem Item »Aufsichtspflicht«, das von den befragten Erzieherinnen relativ häufig unter den Konfliktthemen ausgewählt wurde, verbirgt sich auch das weiter unten ausführlicher behandelte Thema der Kollision zwischen der traditionellen Fürsorgeerziehung und Selbstständigkeitserziehung im Kindergarten. Es kann aber auch als Indikator für ein gestörtes Vertrauensverhältnis interpretiert werden.

7.3 Konflikte wegen unterschiedlicher Erziehungsaufgaben von Kindergarten und familiärer Primärerziehung

Bei Eltern mit und ohne Migrationshintergrund werden von den Erzieherinnen die üblichen Ablösungskonflikte erwähnt: Eltern, die sich eine besondere Portion Zuwendung für ihr Kind erwarten, die sich in Konflikte zwischen den Kindern einmischen, den Streit parteiisch interpretieren und dadurch verschärfen. Die Eltern müssten erst lernen, dass der Kindergarten andere Erziehungsaufgaben und Zuständigkeiten hat als das Elternhaus. Die Akzeptanz der Aufgabenteilung ergäbe sich oft erst durch konflikthafte Abgrenzungsprozesse.

7.4 Spannungen durch hohe – schwer erfüllbare – Erwartungen an die Erzieherinnen, den Kindern in kürzester Zeit Deutsch beizubringen

Manche Eltern mit Migrationshintergrund setzen nach Aussage vieler Befragter die Erzieherin stark unter Druck, die Deutschförderung zu verbessern. Dabei gingen sie von illusorischen Erwartungen an den Kindergarten aus. Sie betrachteten ihn – sinngemäß – als eine Sprachlernmaschine, deren Qualität am Out-put des Deutschlernens gemessen wird. Es häuften sich die Klagen der Eltern, die den Erzieherinnen vorwerfen, sie würden zuwenig für die Integration ihrer Kinder in gemischte Gruppen tun, in denen sie ungesteuert Deutsch lernen könnten.

7.5 Kollision der traditionellen Fürsorgeerziehung des Elternhauses mit der Freizügigkeit und der Selbstständigkeitserziehung im Kindergarten

Die Erzieherinnen berichten von Klagen einiger Migranteneltern wegen Verletzung der Aufsichtspflicht, die aus ihrer Sicht nicht begründet seien und die Erzieherinnen u. U. zwingen, ihre Schutzbefohlenen über Gebühr einzuschränken (z. B. im Winter nicht ins Freie lassen).
In traditionalen Gesellschaften setzt die Selbstständigkeitserziehung relativ spät ein. Die Kleinkinder wachsen sehr behütet auf. Die Bezugpersonen sind ständig auf der Hut vor Gefahren für Leib und Leben der Kinder und suchen sie davor zu beschützen. Dieser protektive Erziehungsstil kann mit dem freizügigeren, stärker auf die Selbstständigkeit der Kinder setzenden Erziehungsstil der Erzieherinnen kollidieren.

7.6 Konflikte wegen unterschiedlicher Auffassungen bei der Geschlechtsrollenerziehung

Viele Erzieherinnen berichten über Jungen, die sich weigerten Mädchenarbeiten im Kindergarten zu übernehmen und sich dabei auf ihre Kultur beriefen bzw. dass sie das zu Hause auch nicht müssten.
Mädchen – besonders mit muslimischen Hintergrund – würden im Haushalt des Kindergartens eifrig mithelfen – mehr als die Geschlechtsgenossinnen ohne Migrationshintergrund. Sie seien früher selbstständig als die Jungen und kümmerten sich um ihre kleinen Brüder beim An- und Auskleiden, Toilette Gehen, Essen usw.
Aus der Perspektive der Erzieherinnen wird diese Beobachtung negativ bewertet: Die Jungen seien kleine »Machos« und die Mädchen müssten ihre Bedürfnisse ständig zurückstellen, um die Familienpflichten zu erfüllen.
Alle Erzieherinnen bestehen auf dem Grundsatz: »Alle machen alles!« und vermitteln ihn auch an die Eltern. Dabei haben sie den Eindruck, dass viele Eltern das für den Kindergarten als ein »deutsches Territorium« akzeptieren, dass sie aber für pädagogische Argumente einer geschlechtergerechten Erziehung wenig zugänglich sind. Allerdings wurde auch ein Beispiel angeführt, wo es der Erzieherin durch eine pragmatische – nicht-moralisierende – Argumentationsstrategie gelungen ist, die Mutter davon zu überzeugen, dass ihr Sohn z. B. durch den Gebrauch des Wischtuches feinmotorische Fertigkeiten lernt, die später in anderen Anwendungsfeldern in der Schule gefragt sind.

7.7 Konflikte mit Migrantenvätern

Viele Migrantenväter halten stärker Kontakt zum Kindergarten als die deutschen Väter – einfach auch deshalb, weil ihre Frauen häufig unzureichend deutsch sprechen. Bei vereinbarten Gesprächen sind sie immer dabei und an den Elternabenden stärker präsent als ihre Frauen.
Die Frage der Interviewer, ob es Fälle gegeben habe, bei denen der Eindruck entstanden ist, das Gegenüber würde die professionelle Autorität der Erzieherin aus patriarchalem Verständnis heraus nicht akzeptieren, wurde unterschiedlich beantwortet. Die außerhalb der Ringstraßensiedlung gelegenen Tagesstätten konnten solches nicht berichten, wohl aber die im Einzugsbereich der Siedlung. Das heißt, »machistisches« Verhalten scheint auch sehr schichtbedingt zu sein und nicht nur ein Ausfluss der patriarchalen Herkunftskultur.
Bei der Reflexion der geschilderten Konflikte wurde gemutmaßt, dass die aggressiven Auftritte von manchen Vätern auch bedingt sind durch das migrantische Misstrauen gegen Institutionen und die Annahme, man könne sich als »Ausländer« nur durch massive Interessenbekundung durchsetzen. An diesem Kommunikationszirkel sind aber auch manche Erzieherinnen beteiligt, wenn sie auf die stille Art der Mütter nicht reagieren, die dann den Mann vorschicken und erleben müssen, dass ihr Anliegen Gehör findet.
Eine Erzieherin mit Migrationshintergrund meint – abweichend von dem Macho-Bild ihrer deutschen Kollegin –, sie komme sogar mit manchen Migrantenvätern leichter klar, weil diese »objektiver« wären (nicht so befangen wie die in Sachen Kleinkind stärker parteiischen Mütter).
Womöglich sind die Migrantenväter bei ihr auch nicht so aufbrausend, weil sie als Migrantin einen Vertrauensvorschuss hat.

7.8 Konflikte bezüglich der Einhaltung anderskultureller, religiöser Vorschriften

Probleme mit der Beachtung islamischer Essensvorschriften

In der Regel beachten die befragten Erzieherinnen das Schweinefleischverbot und empfehlen den Eltern bei Kindergeburtstagen auch die muslimischen Speisevorschriften peinlichst zu beachten – was eine befragte deutsche Mutter übertrieben findet.

Sie sind aber verärgert über – ihrer Ansicht nach – überzogene Vorstellungen mancher Muslime, die auf koscher geschlachtetes Fleisch bestehen und nicht nur das, es müsse auch von einem vom Imam lizenzierten Metzger geschlachtet sein und womöglich noch von einem Metzger der eigenen Nationalität.
Verärgert zeigen sich auch die Erzieherinnen über das permanente Nachfragen und Misstrauen, ob sie denn tatsächlich – wie versprochen – die Speisevorschriften einhielten. Das Misstrauen ginge in manchen Fällen so weit, dass die Eltern die Kinder vom gemeinsamen Frühstück ausschließen – was pädagogisch von Nachteil sei.
Eine türkische Mutter berichtet von Kindern aus strenggläubigen Familien, die andere muslimische Kinder unter Druck setzen, wenn sie die Speisevorschriften oder das Fasten nicht einhalten. Das findet sie gar nicht gut.

Probleme mit der Beachtung kulturell vermittelter Schamgrenzen

Viele muslimische Kinder – vor allem Mädchen – dürfen sich im Sommer nicht ausziehen und abspritzen lassen – auch nicht mit Badeanzug. Die Erzieherinnen werden von den Eltern darauf hingewiesen und die meisten Kinder sagen auch von selbst, ob sie es dürfen oder nicht. Manche Kinder lassen sich mit ihren Kleidern abspritzen. Das akzeptieren die Erzieherinnen dann auch und halten Ersatzkleidung bereit.

Probleme mit dem Feiern religiöser Feste?

Das höchste muslimische Fest, das »Zuckerfest«, wird nur in Ausnahmefällen gefeiert und eher auf die Initiative der muslimischen Eltern hin. Dagegen werden – mit Ausnahme eines sich als strikt säkular verstehenden Kindergartens – Advent, Weihnachten und Ostern gefeiert und in das Kindergartenjahr auch curricular integriert. Eine Elterncoacherin konnte mit ihrem Vorschlag, das Zuckerfest in der Kita als ein Zeichen der interkulturellen Öffnung zu feiern, nicht durchdringen und die Fachdienstleiterin wie auch eine andere befragte Erzieherin meinen, es gäbe keine Nachfrage bei den Eltern, weil die Konkurrenz der privaten Feiern zu groß sei.
Dem widerspricht der Bericht einer anderen Erzieherin von einem auf Initiative der Eltern zustande gekommenen Zuckerfest, das den Eltern das Gefühl gegeben hätte in ihrer anderskulturellen Identität angenommen zu sein. Das

Fest hätte auch eine nachhaltige Wirkung auf die Identifikation der Kinder mit dem Kindergarten gehabt.

Die Erzieherinnen sind sich im Umgang mit der religiösen Vielfalt sehr unsicher und haben kein gemeinsames Meinungsbild und kein Konzept dafür.

Insgesamt betrachtet gibt es einen starken Fortbildungsbedarf bezüglich des Umgangs mit anderskulturellen Praktiken, die in den Kindergartenalltag hineinragen. Das Verständnis für das – manchmal dogmatische – Festhalten an den Gebräuchen wächst auch, wenn man die schwierige sozialpsychologische Lage von eingewanderten Minderheiten bedenkt, die ihre geschwächte kollektive Identität durch den Rückgriff auf die kulturelle Tradition auszubalancieren versuchen. Verstehen heißt nicht, sich an dogmatische Verhärtungen anpassen, die mit solcher Regression verbunden sein können, aber eine solche empathische Betrachtung kann negative Affekte und Urteile abbauen helfen, die einer pragmatischen Verhandlung der kulturellen Forderung im Wege stehen und das Interaktionsklima beschädigen.

7.9 Barriere christlicher Tendenzbetrieb

Im Untersuchungsgebiet wurde ein evangelischer Kindergarten befragt. Eine türkische Mutter, die dort keinen Platz bekommen hat, vermutet, dass Gemeindemitglieder bei der Vergabe von Plätzen bevorzugt werden und der muslimische Anteil nicht überhand nehmen soll, um den evangelischen Charakter der Tagesstätte zu erhalten.[1]
Die befragte Erzieherin moniert bei den muslimischen Eltern, dass sie sich nicht an der Vorbereitung und Durchführung der Feste des Kindergartens beteiligten. Ein so kleiner Kindergarten (20 Plätze) sei aber stark auf die Zusammenarbeit mit den Eltern angewiesen. Dabei bedenkt sie nicht den wohl markanteren christlichen Rahmen der Feste (im Vergleich zu den städtischen Kitas) als möglichen Grund für die Zurückhaltung von gläubigen Muslimen.

---

1 Vgl. Aussage der niedersächsischen Landesbischöfin Margot Käßmann bei einer Pressekonferenz des »Bündnisses für Erziehung« der Familienministerin: »Margot Käßmann erklärte einerseits, in evangelischen Kindergärten seien auch andere Glaubensgemeinschaften und nicht gläubige Kinder vertreten. Doch finde sie: ›Wo evangelisch drauf steht, muss auch evangelisch drin sein‹« (taz 21.4.2006).

7.10 Mangelhafter pädagogischer Umgang mit kultureller Vielfalt und mit ethnisch/kulturellen und rassistischen Vorurteilen aus der Sicht von Migranten?

Interethnische Vorurteile, Rassismus und diskriminierendes Verhalten unter Kindern wurden von keiner der befragten Erzieherinnen als ein Problem angesprochen.
In einer Gruppendiskussion erwähnen eritreische Frauen die Irritation, den die schwarze Hautfarbe bei manchen Kindern auslöst, die vorher keinen Umgang mit Menschen schwarzer Hautfarbe hatten. Sie befürchten, dass ihre Kinder ohne pädagogische Interventionen in eine Außenseiterrolle geraten könnten und beobachten dies auch bei den Schulkindern, die »noch grausamer« sein könnten.
Eine andere türkische Mutter gibt den Eindruck ihrer Tochter wieder, die sich wegen ihrer türkischen Herkunft oder »wegen des Kopftuchs« in der von ihr bevorzugten Clique deutscher Kinder ausgeschlossen und »böse angekuckt« fühlte und daher nicht gern in den Kindergarten ginge.
Internationale Interaktionsbeobachtungen an Vorschulkindern haben den Mythos der vorurteilsfreien Vorschulkinder widerlegt. Vorschulkinder unterscheiden auch in diesem Alter schon zwischen den bevorzugten Standards der dominanten Kultur bzw. Dominanz der weißen Hautfarbe und den Abweichungen von der »Normalität« und können diskriminierendes Verhalten unter Berufung auf den privilegierten Status der dominanten Kultur oder Hautfarbe rechtfertigen. Dies gilt für alle Kinder – also auch die Kinder der eingewanderten Minoritäten, die untereinander eine Hackordnung entwickeln. Die letzten in der Kette sind meist schwarze Kinder.
Die Befragten führen aber auch positive Beispiele des Abbaus von Fremdheit an. Sie sind aber eher Ergebnis der pädagogischen Intuition einzelner Erzieherinnen als Gegenstand bewusster und intersubjektiv im Team reflektierter und verabredeter Praxis.

7.11 Misstrauen durch generalisierten Diskriminierungsverdacht?

An einem besser dokumentierten Beispiel konnte gezeigt werden, wie die mangelhafte und gestörte Kommunikation zwischen einer Mutter und den Erzieherinnen zu selektiver Wahrnehmung führen kann, zu einseitigen, unterkomplexen und von Misstrauen geleiteten Situationsdeutungen, und wie sich die situativen Diskriminierungsvermutungen mit dem generalisier-

ten Selbstbild der Benachteiligung von Migranten – respektive der Muslime – zu einem Amalgam verbinden.
Die Erzieherinnen nehmen Diskriminierungszuschreibungen durchaus wahr und äußern auf ihrer Wunschliste an vorderster Stelle, die Eltern sollten ihnen doch mehr vertrauen.
Eine Elternbeirätin schildert, wie schwierig es sei, manche Migranteneltern zu mehr Kooperationsbereitschaft zu bewegen, weil dies leicht als »ausländerfeindlich rüberkäme«. Sie führt dies auf eine allgemeine Störung des Verhältnisses von »Ausländern« und Deutschen zurück.

8 UMGANG MIT KONFLIKTEN

Von ihrem Selbstbild her bemühen sich die Erzieherinnen, Konflikte zeitnah anzusprechen und »auf gleicher Augenhöhe« dialogisch zu verhandeln. Es finden sich in den Interviews aber auch Hinweise für eine einseitige Konfliktbearbeitung. Eltern werden informiert, belehrt und manchmal auch moralisch unter Druck gesetzt.
An Elternabenden scheinen sich Migranteneltern weniger an Diskussionen zu beteiligen und stellen weniger Forderungen als die deutschen Eltern.
Das strukturelle Machtgefälle in der Kommunikationsbeziehung scheint den Erzieherinnen nicht bewusst. Eine Mutter türkischer Herkunft schildert einen Konflikt bezüglich der Aufsichtspflicht, bei der sie sich stellvertretend für andere Eltern zu weit in ihrer Kritik vorgewagt hätte. Die Erzieherin hätte daraufhin ihren Ärger über sie in Form von Schikanen an ihrem Sohn ausgelassen. Jetzt sage sie nichts mehr.
Sicher ist dies auch eine einseitige, von Fantasien beeinflusste Situationsbeschreibung, aber sie vermittelt ein Bild vom »gefühlten« Machtgefälle zwischen (Migranten)Eltern und Erziehern, das dazu führen kann, dass manche Konflikte gar nicht an die Oberfläche gelangen und insofern auch schwerer bearbeitbar sind.

9 ELTERNBETEILIGUNG AM KINDERGARTEN – ELTERNABENDE, FESTE

9.1 Sicht der Erzieherinnen

Die Erzieherinnen geben die Beteiligung von Migranteneltern an Elternabenden durchweg als unterdurchschnittlich an. Einige Migranteneltern würden aber regelmäßig erscheinen.
Bedingt durch die Verteilung der Sprachkenntnisse in den muslimischen Familien seien die Väter bei den Elternversammlungen weit häufiger vertreten als bei den Deutschen. Für sie würde es aber immer schwieriger zu kommen, weil sie immer mehr arbeiten müssten und auch der Schichtbetrieb bzw. ungeregelte Arbeitszeiten durch die Prekarisierung der Arbeitsverhältnisse zunähmen.
Ein Kindergarten hat die Elternabende stark zurückgefahren, weil die Beteiligung unter der Woche so gering geworden war, und ist dazu übergegangen, an Samstagnachmittagen informelle Familientreffs einzurichten, die sehr gut angenommen würden – wie auch die Feste, an denen sich die Migranten aktiv beteiligten. Letzteres bestätigen auch die anderen Kitas.

9.2 Sicht der Migrantinnen auf die Elternbeteiligung

Die türkischen Eltern sind sich ihres Images bei den Erzieherinnen durchaus bewusst. Ihnen werde mangelhaftes Interesse an der Kindergartenerziehung zugeschrieben.
In einer Gruppendiskussion streiten türkische Mütter diesen Vorwurf nicht rundweg als unberechtigt ab. Sie führen auch Einzelbeispiele von Eltern an, die überhaupt keinen Kontakt zum Kindergarten pflegen. Der schlechte Ruf hinge ihnen aber auch noch von den früheren Elterngenerationen nach, die sich sehr viel weniger als die heutigen Eltern um Kindergarten und Schule gekümmert hätten. Inzwischen hätte sich aber die Einstellung bei den jüngeren Generationen gewandelt. Das werde von den Erzieherinnen zu wenig zur Kenntnis genommen.

Auch die aus der Türkei zugezogenen Mütter teilten das Interesse an einer guten Begleitung des Kindergartens, nur fehlten ihnen meistens die sprachlichen Voraussetzungen. Das mache sie schüchtern und zurückhaltend.

Es scheint aber auch Zugangsbarrieren infolge der kulturellen »Abschottung« mancher Familien zu geben. Die Erzieherinnen eines Kindergartens vermuten, dass einige Mütter den Elternabend nicht besuchen dürfen. Und eine Mutter berichtet, dass ihre sehr konservative Schwiegermutter ihr, als sie noch ganz neu in Deutschland war, sogar verboten hätte, ihr Kind in den Kindergarten zu bringen. Jetzt lasse sie sich aber nicht mehr von ihr herumkommandieren und sei entschlossen, wie andere Frauen auch einen Deutschkurs im Frauentreff zu besuchen und sie würde eine Freundin, die gut Deutsch kann, bitten, mit ihr demnächst auf den Elternabend zu gehen.

Letzteres Beispiel zeigt die Entwicklungsdynamik solcher Frauen, deren Emanzipationsprozess auch durch die Angebote des Frauentreffs stark gefördert wird. Die Emanzipationspotenziale dieser »Kopftuchfrauen« werden von den Erzieherinnen eher unterschätzt. Ihnen wird eine grundsätzliche Verschlossenheit gegenüber »unserer Kultur« zugeschrieben. Zugleich grenzen sie diese selber durch eben diesen Etikettierungsprozess sozialpsychologisch aus (kommunikationstheoretisch interpretiert: eine »self-fulfilling prophecy«).

10 INTERKULTURELLE ÖFFNUNG DES KINDERGARTENS

Im Folgenden wurde überprüft inwiefern die Herausforderungen der Einwanderungsgesellschaft in der Organisations- und Personalentwicklung in den Kindertagesstätten in Raunheim angenommen werden. Indikatoren für die »interkulturelle Öffnung« von Kindertagesstätten – wie anderer personenbezogener öffentliche Dienstleistungen im Kontext der Einwanderungsgesellschaft – sind: die Anpassung des Leitbildes und des Konzeptes an die veränderten Aufgaben, die Qualifizierung der Mitarbeiterschaft zur interkulturellen Kompetenz, die Einstellung von MitarbeiterInnen mit Migrationshintergrund und die Berücksichtigung von Mehrsprachigkeit in der Tagesstättenkultur sowie die gezielte Vermittlung von Deutsch als Zweitsprache (Gaitanides 2006b).

10.1 Berücksichtigung interkultureller Aspekte bei der Konzeptentwicklung?

Explizite schriftlich ausgearbeitet Konzepte lagen in keinem der befragten Kindertagesstätten vor. Eine Tagesstätte war dabei, mithilfe externer Beratung ein Konzept zu erarbeiten und neue Formen der Arbeit zu erproben. Dabei wurde aber der interkulturelle Aspekt nicht in die Konzeptentwicklungsplanung mit aufgenommen.
Die Fachdienstleiterin der städtischen Kindertagesstätten überlässt die Konzeptentwicklung den Tagesstättenleiterinnen und begründet dies mit dem »situativen« Ansatz, der in den Tagesstätten allgemeine pädagogische Philosophie sei. Jede Tagesstätte hätte andere Voraussetzungen, deshalb bringe ein von oben verordnetes abstraktes Konzept wenig.
Einige Mitarbeiter an der Basis interpretieren den situativen Ansatz im Sinne eines theorielosen unsystematischen Pragmatismus: Weil die situativen Ausgangsbedingungen immer verschieden seien und sich dauernd veränderten, wäre ein allgemeines Konzept fehl am Platze. Es käme vor allem darauf an, ob die Kinder »sich wohl fühlen« und dass bei der schwierigen Klientel überhaupt eine Grundversorgung zustande kommt. Weiterführende pädagogische Konzepte werden als realitätsferner »pädagogischer Kram« abgetan. Das ungeschriebene Curriculum orientiere sich am Wechsel der Jahreszeiten, der Geburtstage und großen christlichen Feiertage.
Eine solche Auslegung des situativen Ansatzes hat mit dem elaborierten Konzept des Situationsansatzes wenig gemein (allgemeine pädagogische Grundsätze – Auswahl von Schlüsselsituationen – Entwicklung von Zielen, prozesshafte Planung – Dokumentation, vgl. Institut für den Situationsansatz o. J.).

Andere Befragte bedauern den Mangel an Konzeptentwicklung und machen dafür die Knappheit an zeitlichen Ressourcen verantwortlich.

10.2 Fortbildungen zur Qualifizierung für die Arbeit mit Migranten?

Keine der Befragten hat je eine Fortbildung zur Erweiterung der interkulturellen Kompetenz besucht, noch gab es in der Vergangenheit einschlägige betriebsinterne Fortbildungen.
Die Fachdienstleiterin hält interkulturelle Fortbildungen auch nicht für nötig, da die meisten Erzieherinnen aus der Gegend stammten und sie ihre Lebenswelt, Kindergarten und Schule mit Migranten geteilt hätten. Von daher

mangele es ihnen nicht an Kenntnissen über Sitten und Gebräuche der Zuwanderer.

Hier kommt ein sehr verkürztes Verständnis von interkultureller Kompetenz zum Ausdruck. Erstens ist das »Kennen« anderskultureller Praktiken und Rituale noch kein analytisches »Wissen« über verinnerlichte Wahrnehmungs-, Deutungs- und Verhaltensmuster und deren Brechungen durch den Akkulturationsprozess, und zum Zweiten kann Kommunikation nur erfolgreich sein, wenn unsere – von unbewussten Projektionen und Interessen verzerrten – Bilder von den Fremden/Anderskulturellen einer kritischen Selbstreflexion unterzogen werden und dadurch der Weg frei gegeben wird für eine wertschätzende und akzeptierende Kommunikationsbeziehung, die nicht nur die vermeintlichen Defizite (im Vergleich zu den eigenen kulturellen Standards) in den Blick nimmt, sondern auch die durchaus vorhandenen Ressourcen zur Kenntnis nimmt. Durch die Veränderung des Blickwinkels können die für die beruflichen Interventionen notwendigen Handlungsspielräume erweitert werden.
Gemeinsames Aufwachsen kann Vorurteile abbauen helfen, wenn daraus positive private Kontakte erwachsen. Bei distanzierten und konkurrierenden Kontakten, kann die Nähe auch zur Verstärkung von Vorurteilen führen – wie im Untersuchungs-Teil über Zusammenleben im Stadtteil ausgeführt wurde.

10.3 Gezieltes Eingehen auf Mehrsprachigkeit?

Das Sprechen in der Muttersprache wird als unvermeidbar geduldet. Obwohl die Cliquenbildung vor allem bei türkischen Kindern als kontraproduktiv für den Zweitsprachenerwerb angesehen wird, könne man das schlecht verbieten – wie manche Migranteneltern es sich wünschten. Sie täten es dann trotzdem heimlich hinter dem Rücken der Erzieherinnen im Freispiel.
Die fremden Sprachen, die die Migrantenkinder mitbringen, werden nicht zum Ausgangspunkt von systematischen pädagogischen Überlegungen und Angeboten gemacht. Ob einmal eine Kassette in der Herkunftssprache eingelegt wird oder ein Lied in einer der Sprachen der Kinder gelernt wird, bleibt dem Zufall bzw. der persönlichen Initiative einzelner Erzieherinnen überlassen.

Dabei wäre die – zumindest symbolische Repräsentanz – der Muttersprachen ein wichtiger Schritt, um den Kindern zu signalisieren, dass ihren Herkunftssprachen und damit ihrer mitgebrachten Sprachkompetenz mit Wertschätzung begegnet wird. Allen Kindern würde vermittelt, dass es viele Sprachen gibt, und bei allen würde die Neugier für fremde Sprachen geweckt. Außerdem ist die Muttersprache die emotionale Sprache, die Sicherheit und Geborgenheit verschafft und die Kinder – vor allem die neuen – im fremdsprachigen Kindergarten an Vertrautes anknüpfen lässt.

10.4 Gezielte Förderung der Zweitsprache Deutsch?

Seit Mitte der 90er-Jahre werden die im Deutschen sprachverzögerten Kinder in Kleingruppen stundenweise gefördert. Allerdings dürfte die geringe Zahl der Stunden nicht ausreichen, um die Defizite auszugleichen. Die Qualität dieser Sprachförderung in Kleingruppen konnte nicht überprüft werden. Die Eltern erwähnen sie nicht. Daraus könnte geschlossen werden, dass die Wirkung für sie unmerklich ist. Auch die Erzieherinnen erwähnen diese gezielte Sprachförderung sehr beiläufig und sagen nichts über ihre Resultate. Nach Beendigung der Befragungswelle war zu erfahren, dass die Kapazitäten durch zwei qualifizierte Frauen – eine mit und eine ohne Migrantionshintergrund – aufgestockt werden (allerdings nur mit einem bescheidenen – bei Weitem nicht ausreichenden Stundenkontingent von insgesamt 20 Stunden auf geringfügiger Beschäftigungsbasis).

Die Erzieherinnen empfehlen den Eltern den Besuch der Vorlaufkurse in Regie der Grundschulen. Sie werden von den Eltern durchweg gut angenommen. Einen ständigen Austausch mit den Grundschulen über die Sprachstandsentwicklung der Kinder und daraus resultierendes wechselseitiges Feedback im Sinne des in Erprobung befindlichen Hessischen Erziehungs- und Bildungsplanes scheint es nicht zu geben (Tandems zwischen Kita und Grundschule) (Hessisches Sozial-/Kultusministerium 2005).
Eine gezielte, in die Handlungsabläufe des Kindergartenalltags integrierte Sprachförderung – wie im Bildungsplan des Landes Hessen vorgesehen – scheint kaum stattzufinden bzw. bleibt der individuellen Initiative überlassen oder ist von den individuellen Kompetenzen der Erzieherinnen abhängig. Eine laufende Sprachbegleitung im Kindergartenalltag und das »Sprachvorbild« der Erzieherinnen sind noch wichtiger als kompensatorische Angebote, weil Kinder am besten Sprache lernen, wenn die Sprachbeherrschung in-

strumentelle Bedeutung für die soziale Kommunikation und die Aneignung der Lebenswelt hat (Jampert 2002).

10.5 Einstellung von MitarbeiterInnen mit Migrationshintergrund?

Die meisten befragten Erzieherinnen äußern eher Bedenken gegenüber der Einstellung von MitarbeiterInnen mit Migrationshintergrund. Insbesondere Kopftuch tragende Muslimas werden als Kolleginnen abgelehnt. Eine Leiterkonferenz hat dies auch – in Anlehnung an das Kopftuchverbot für Beamte in Hessen – so beschlossen. Es wurden schon Bewerberinnen wegen ihres Kopftuches abgelehnt.
Befürchtet werden religiöse Indoktrinierung, die Identifikation der Kinder mit einem unemanzipierten weiblichen Rollenbild, die Unpraktikabilität der Berücksichtigung der religiösen Kleider- und Speisevorschriften. Aber es werden auch Bedenken genannt, die ebenfalls für weniger religiöse Muttersprachlerinnen angeführt werden: Mitarbeiterinnen mit Migrationshintergrund könnten der Verführung nicht widerstehen, immer wieder in die Muttersprache zu verfallen bzw. würden die Kinder ihres Sprachraums um sich scharen, wo die Kinder ohnehin so wenig Gelegenheit hätten, ungesteuert Deutsch zu lernen. Sie würden durch ihre Näheangebote die Eltern auf sich fixieren und dadurch das Team spalten. Außerdem könne das Team nicht kontrollieren, was die muttersprachliche Kollegin mit den Kindern und Eltern aushandelt.

Die Einwände werden in erster Linie an Beobachtungen bei Praktikantinnen bzw. Berufsanfängerinnen fest gemacht.
Hierbei wird ein generelles Problem von BerufsanfängerInnen ethnisierend gedeutet. In den Kolloquien der JahrespraktikantInnen, an denen der Verfasser regelmäßig beteiligt ist, gehören die Schwierigkeiten beim Erlernen professioneller Distanz zu den typischen Anfangsproblemen beim Berufseintritt **aller** SozialpädagogInnen (Gaitanides 2005).
Zudem zeugt die Angst vor Kontrollverlust – wenn in der fremden Sprache kommuniziert wird – auch von wenig Ambiguitätstoleranz (u. a. die Fähigkeit, Ungewissheit, Nichtverstehenkönnen aushalten zu können) und wenig Vertrauen gegenüber der Professionalität und Loyalität nicht-deutscher MitarbeiterInnen.

Gleichzeitig geht aber aus verstreuten Äußerungen hervor, dass punktuell die Vorteile des Einsatzes von MitarbeiterInnen mit Migrationshintergrund durchaus erkannt werden: bei der Einführung von Kindern, die kein Deutsch können, bei der Ermittlung des familiären Hintergrundes von verhaltensauffälligen Kindern, bei der Diagnose von Sprachfehlern in der Muttersprache, beim (Kultur)Übersetzen, beim vertrauensvollen Zugang zu den Eltern, bei der Vermittlung von Informationen an die Eltern und beim Appell an ihre Beteiligung an der Elementarerziehung.

Auch die meisten befragten Eltern befürchten, dass die Kinder durch die Anwesenheit einer Landsfrau verführt würden, häufiger als ohne eine solche Bezugsperson in der Muttersprache zu sprechen. Sie sind über die Standards der Profession und die Erkenntnisse und Konzepte der mehrsprachigen Erziehung im Kindergarten nicht aufgeklärt. Aufklärende Informationen von Seiten der Erzieherinnen über die Synergien zwischen der Repräsentanz der Muttersprachen und den Zweitsprachenerwerb bzw. der Integration in den Kindergarten waren nicht zu erwarten, da diese selbst offensichtlich nicht über sie verfügen bzw. das mehrsprachige Konzept alltagstheoretisch eher als integrationsschädlich beurteilen.

11 BEISPIELE GELUNGENER INTERKULTURELLER ABSTIMMUNG AUS SICHT DER ERZIEHERINNEN

Die meisten Erzieherinnen ignorieren entweder interkulturelle Konflikte oder sie können sich nicht an Konfliktlösungen erinnern, die im Rahmen eines konstruktiven interkulturellen Dialogs entwickelt wurden. Oder aber es werden Beispiele eines einseitigen Prozesses der Annäherung genannt, bei denen Migranten auf die Institution oder die deutsche Kultur zugegangen sind. Die Beispiele von interkulturellem Austausch auf gegenseitiger Basis beschränken sich auf das Thema Religion und die Öffnung des Kindergartens für muslimische Feste.
Keine der Befragten war auf den eigentlichen Gehalt der Frage eingegangen, der sich primär auf Konflikte aufgrund unterschiedlicher Erziehungsauffassungen bezog. Es ist zu vermuten, dass den Erzieherinnen mehr dazu eingefallen wäre, wenn ihnen das pädagogische Setting der interkulturellen Pädagogik vertrauter gewesen wäre.

12 DIE DRINGLICHSTEN WÜNSCHE DER ERZIEHERINNEN AN DIE ELTERN, DAS TEAM, DEN TRÄGER, AN DIE INSTITUTIONELLEN RAHMENBEDINGUNGEN

Die befragten Erzieherinnen wünschen sich allgemein mehr Anerkennung ihres prestigearmen Berufsstandes und der wichtigen Arbeit, die sie für die Gesellschaft leisten.

Sie wünschen sich von den Eltern mit Migrationshintergrund (und nicht nur von ihnen) mehr »Erziehungspartnerschaft«, dass sie überhaupt mehr Erziehungsverantwortung übernehmen, die Kinder mit besseren Voraussetzung in den Kindergarten schicken und nicht so viele Erziehungsaufgaben an die Institutionen der öffentlichen Erziehung delegieren.
Was die Beziehungen zu den Eltern mit Migrationshintergrund betrifft, sticht der Wunsch nach mehr Vertrauen und Offenheit heraus: weniger Misstrauen bezüglich der konsequenten Beachtung von Speisevorschriften, mehr Mut, sich bei Elternabenden zu äußern und mehr direkte, zeitnahe Äußerung von Kritik.

An die Adresse des Trägers bzw. des staatlichen Geldgebers gerichtet wünschen sich alle befragten Erzieherinnen eine Verbesserung ihrer Arbeitsbedingungen. Die personelle Ausstattung und die davon abhänge dauernde Beanspruchung durch die Arbeit in der Gruppe, ließe viel zu wenig Zeit für Vor- und Nachbereitung der pädagogischen Arbeit, für individuelles Eingehen auf die einzelnen Kinder in den sehr heterogen zusammensetzten und viel zu großen Gruppen. Hinzu komme in Raunheim der zusätzliche Bildungsaufwand durch viele Kinder (nicht nur mit Migrationshintergrund), die in der Sprachentwicklung verzögert seien. Hausbesuche und regelmäßige Entwicklungsgespräche könnten aus Zeitmangel nicht stattfinden. Unter der Knappheit an zeitlichen Ressourcen leide auch der Besuch von Fortbildungen. Die Erzieherinnen sehen alle den Bedarf an einer weiteren Qualifizierung der Arbeit, meinen aber, dass die vorgefundenen strukturellen Rahmenbedingungen den Qualifizierungsprozess sehr erschweren, wenn nicht verunmöglichen.
Eine Befragte wünscht sich einen personellen Ausgleich für die hohen Anteile von Kindern mit Migrationshintergrund – wie in anderen Städten – und eine andere möchte, dass die Verteilungsregelung zur Herstellung einer »gesunden Mischung« von deutschstämmigen Kindern und solchen mit Migrationshintergrund unbedingt beibehalten wird und dass der Staat auch zusätz-

liche Gelder ins System einspeist, um den angestrebten Bildungsauftrag des Kindergartens auch erfüllen zu können.

II AUSWERTUNG, INTERPRETATION UND KOMMENTIERUNG DER INTERVIEWS[1]

1 ZUGANGSPROBLEME VON MIGRANTEN ZU KRIPPEN UND KINDERTAGESSTÄTTEN?

1.1 Nachfrage von Migranteneltern nach Krippen

Die meisten Erzieherinnen vermuten bei Migrantenfamilien eine geringere Nachfrage nach Krippenplätzen als bei den deutschen Familien, da bei ihnen weniger Eltern allein erziehend seien, die Familie mehr auffange und die Frauen seltener beruftätig seien. Sie würden auch seltener von ihnen danach gefragt (29/110; 25/50; 24/54; 22/66).

Eine Erzieherin sieht auch bei Migranten einen Bedarf an Krippenplätzen, meint aber, dass sie von vornherein wegen der hohen Kosten kapitulieren (14/404).

In Raunheim gibt es nur eine private Krippeninitiative mit sehr wenig Plätzen, die aber nicht so gerne ausländische Kinder nähmen – so die Mutmaßung einer befragten Erzieherin.

»Es wird da auch ein bisschen darauf geachtet, dass dann eher deutsche Kinder reinkommen als ausländische ... hört man zumindest, aber ob das auch wirklich stimmt ... aber wenn man sieht, es sind wenig ausländische Mütter. Das ist alles sehr familiär.« (29/113)

Eine türkischstämmige Mutter war sehr interessiert an einer Unterbringung ihres Sohnes in dieser Krippe. Aber die hohen Kosten kamen für sie zum damaligen Zeitpunkt nicht infrage.

---

1 Die Zahlen in Klammern verweisen auf die Original-Interviews. Die erste Ziffer kennzeichnet die Interview-Nummer, die zweite die Abschnittsnummerierung der Interviews. Die Interviews liegen dem Autor vor. Die fett gedruckten Zahlen markieren Interviews mit MigrantInnen. Die Abkürzungen E.1, E.2 ... unterscheiden Beiträge verschiedener Erzieherinnen bei Gruppenbefragungen: I.1, I.2 ... weisen auf Gruppenbeiträge türkischer Frauen hin; F.1, F.2 ... auf die afghanische/eritreische Frauengruppe.

*»... bei mir war das so, ich hätte, bei meinem Sohn hatte ich mich schon erkundigt gehabt, als ich schwanger war, habe ich mich schon erkundigt, weil ich wollte mindestens zweimal die Woche schon raus, einfach für mich. Und da habe ich mich erkundigt. Für drei Tage die Woche hatte das damals 500 DM gekostet. Wenn ich dreimal die Woche irgendwo arbeiten gehe, für ein paar Stunden, kann ich das Geld da nehmen und da hin geben. Von daher habe ich das nicht in Anspruch genommen, aber es wäre mir eigentlich wichtig gewesen. ... dass ich mal raus komme, weil seitdem ich 15 bin, habe ich immer gearbeitet und die Arbeit die ich mache, macht mir auch Spaß und dann nur noch Hausfrau und Mutter war mir dann zu viel am Anfang. Also ich musste mal raus, aber es ging nicht. Finanziell war es natürlich auch wichtig, aber das hat dann halt nicht ganz geklappt.« (**13**/273, 275)*

Wie repräsentativ dieses Beispiel für die Migrantinnen der zweiten und dritten Generation, die bessere Berufschancen haben und ihr Rollenbild im Vergleich zur Tradition ihrer Eltern verändert haben, ist, lässt sich nicht abschätzen.

Der 12. Kinder- und Jugendbericht fasst Untersuchungen zusammen, die belegen, dass Kinder – unter Einhaltung bestimmter Rahmenbedingungen –, die eine Krippe besucht haben, beim Eintritt in den Kindergarten einen kognitiven Vorsprung gegenüber der Kontrollgruppe haben, der sich in den späteren Entwicklungsphasen fortpflanzt.

»Aus verschiedenen Untersuchungen lässt sich der Schluss ziehen, dass neben der Qualität der frühen Bildung, Betreuung und Erziehung auch ein früher Beginn sich positiv auf die kognitive Förderung auswirkt (Expertise Roßbach). Früher Beginn, Umfang und Qualität sind dabei besonders bei benachteiligten Kindern auch die entscheidenden Faktoren für die andauernden positiven Effekte im kognitiven Bereich, die verbesserte Schulleistung und die günstigere Bildungsbiografie, wie sie in verschiedenen US-amerikanischen Studien dokumentiert sind.« (Barnett 1998) (BMFSFJ 2005, S. 200)

Inwiefern der Einrichtung von Krippen die Wünsche der Familien nach der primären Vermittlung der Herkunftskultur – respektive der Sprache – im Vorkindergartenaltern entgegenstehen (siehe Kapitel 5.3), steht auf einem anderen Blatt. Krippen können ja auch so ausgerichtet sein, dass sie den Doppelspracherwerb ermöglichen (Küpelikelinc/Ringler 2004, S. 30ff.).
Weitere Untersuchungen zur Nachfrage nach Krippenangeboten würden sich lohnen – auch für die Bevölkerungsentwicklung. Gute, früh ansetzende Be-

treuung, Bildung und Erziehung machen den Standort attraktiver – gerade für die Migrantinnen mit guten Berufschancen –, fördern die Geburtenentwicklung, tragen indirekt zur Verbesserung der Einkommenslage der Familien bei (Doppelverdienst) und verbessern die Bildungschancen der Kinder.

1.2 Kindergartenbesuchsquote bei Migranten

Das Problem der unterdurchschnittlichen Beteiligung der Migrantenkinder an der Elementarerziehung scheint in Raunheim der Vergangenheit anzugehören. Übereinstimmend berichten die befragten Erzieherinnen, die Fachdienstleiterin und die Quartiersmanagerin über den Erfolg der einschlägigen Öffentlichkeitsarbeit der Kommune, des Ausländerbeirates, des Frauentreffs, des Projektes Soziale Stadt und anderer kommunaler Akteure (25/52; 29/119; 24/56; 14/49–412; 44/23; 20/212).

»Wir haben Jahrgänge, die so zwischen 140 bis 160 Kinder liegen. Soviel Kinder werden ungefähr jährlich in Raunheim geboren. Vor zehn Jahren vielleicht haben 70% davon den Kindergarten besucht, dann waren wir irgendwann auf 80% und wir sind jetzt bei weit über 90%. ... Das ist die aufklärende Arbeit generell von vielen Menschen, Institutionen. Das ist ein Schuh von uns.« (20/212)

Die Eltern geben jetzt die Kinder auch früher in den Kindergarten und nicht erst ein Jahr vor der Einschulung.

»Wir hatten vor Jahren das mehr, dass Kinder wirklich erst im letzten Jahr vor der Schule angemeldet wurden. Der Ausländerbeirat in Raunheim hat Werbung gemacht – aufgrund dieses Sprachproblems –, und ich nehme an, das hatte Auswirkungen. Es gab ja auch viele Veranstaltungen von der Stadt, wo diese Thematik eine Rolle spielte und wo immer wieder gefragt wurde, damit die die Möglichkeit haben, innerhalb dieser drei Jahre bis zur Schule noch die deutsche Sprache einigermaßen sicher zu beherrschen.« (14/409)

Die Fachdienstleiterin der Kinder- und Jugendpflege in Raunheim bestätigt diesen Trend und nennt sogar Beispiele von Kindern aus muslimischen Familien, die schon während der Schwangerschaft angemeldet werden.

»Der Kindergarten hat eine Aufwertung bei den muslimischen Nationalitäten erfahren, bis vor wenigen Jahren hat man mit Vorliebe das Kind im letzten Jahr vor der

Schule bei uns angemeldet. Das ist nicht mehr so, das sehe ich an den Anmeldungen. Jetzt werden oft schon Kinder angemeldet, bevor sie geboren werden.« (20/209)

In Einzelfällen scheint an der alten Praxis des späten Kindergarteneintritts noch immer festgehalten zu werden.

»Die Frau ist nicht berufstätig, das ist in den meisten Fällen so. Die sehen keinen Nutzen im Kindergartenbesuch, außer, dass eben Deutsch gelernt wird, und da wird dann gedacht, ja, das reicht auch noch ein Jahr vorher, bevor es in die Schule geht.« (22/68)

Eine befragte türkischstämmige Multiplikatorin meint, dass es sich dabei häufiger um sehr traditionsverbundene marokkanische Familien handele, die sich völlig abschotteten (13/411).

*»Du hast ja selber bei uns Frauen, die bei den marokkanischen Frauen nach Hause gegangen sind, die Probleme gehört, dass sie die Tür nicht aufgemacht kriegen oder an der Tür wieder abgewimmelt werden.« (**13**/448)*

»Als Marokkanerin (ging sie – eine Multiplikatorin) *in eine marokkanische Familie. Da war der Mann zu Hause vielleicht. Also die sind noch krasser als unsere kopftuchtragenden Türken.« (**13**/462)*

Die zitierte Multiplikatorin empfiehlt deshalb die Kindergartenpflicht ab dem dritten Lebensjahr, um diesen Missstand zu beheben. Die deutsche Gesprächspartnerin gibt zu bedenken, dass dann die Gebührenfreiheit eingeführt werden müsse – eine Utopie bei den leeren öffentlichen Kassen (13/463; 13/465).

Global betrachtet liegt die Verbesserung der Kindergartenversorgungsquote der Migrantenkinder im Bundestrend. Die Kindergartenbesuchsquote der Migrantenkinder hat sich dem durchschnittlichen Wert der deutschen Bevölkerung angeglichen (Bundesbeauftragte 2005, S. 23 f.).

»Eine aktuelle Untersuchung des DJI belegt, dass Kinder aus sozio-ökonomisch besser gestellten Familien häufiger einen Kindergarten besuchen als Kinder aus niedrigeren Einkommensgruppen. Vor diesem Hintergrund ist der Versorgungsgrad ausländischer Kinder in Kindertageseinrichtungen beachtlich, da Migrantenfamilien häufiger aus niedrigeren Einkommensgruppen kommen.« (ebd. S. 24)

Den Migranteneltern ist in der Zwischenzeit – auch aufgrund der prekären Arbeitsmarktsituation und des PISA-Schocks – wohl stärker bewusst geworden, welche Bedeutung Bildungsabschlüsse für die Zukunft ihrer Kinder haben und dass ihre Kinder ohne Deutschkenntnisse keine Chancen haben. Um diese frühzeitig zu erwerben, schicken sie die Kinder in den Kindergarten. Weiter unten wird noch deutlicher werden, wie sehr sie den Kindergartenbesuch mit der Erwartung verknüpfen, dass ihre Kinder dort vor allem Deutsch lernen.

Die Gelegenheit Deutsch zu lernen wäre allerdings noch mehr gegeben, wenn mehr Migrantenkinder den Kindergarten ganztags besuchen würden. Dies ist aber gerade bei den Kindern nicht der Fall, die es am nötigsten hätten, da ihre Mütter als nachgezogene Ehegatten kaum Deutsch können (15/42). Und gerade diese Familien können einen Ganztagsplatz wegen der Erwerbslosigkeit der Mütter schlechter finanzieren. Eine befragte Mutter mit besagtem wanderungsbiografischen Hintergrund bedauert, dass sie aus finanziellen Gründen ihr Kind nicht ganztags in den Kindergarten geben kann (47/72–74).

Die Kommission des 12. Kinder- und Jugendberichtes empfiehlt aus erziehungswissenschaftlichen Gründen eine Mindestgrenze von fünf Stunden täglicher Kita-Betreuung und möchte das durch eine Erweiterung des Rechtes auf einen (Ganztags-)Kindergartenplatz absichern (BMFSFJ 2005, S. 264 ff.). Damit würden auch den vielen nicht-erwerbstätigen Migrantenmüttern ein Zugang zu Ganztagsplätzen eröffnet, der ihnen – bei konkurrierender Nachfrage berufstätiger Mütter – bisher verwehrt ist.

2 ETHNISCHE UND SOZIALE ZUSAMMENSETZUNG DER KINDERGARTEN-KINDER

Die ethnische und soziale Zusammensetzung der Elternschaft scheint in den verschiedenen Kindertagesstätten unterschiedlich. Die Angaben hierzu sind allerdings unterschiedlich präzise.

Aufgrund der Subjektivität der Schätzungen weichen die Angaben über Kinder mit Migrationshintergrund – also einschließlich solcher mit deutscher Staatsbürgerschaft – in unterschiedlichem Maße von den Anteilen der »Passausländer« ab.

Migrantenanteil (Passausländer) in den städtischen Kindergärten Raunheims
(Angaben der Kommune vom 7.6.2004)

Kindergärten in Raunheim	Anteil der Migrantenkinder	Zahl der Plätze
Oderstraße	76 %	100
Stadtzentrum	57 %	100
Mainzer Straße	44 %	39
An der Lache	41 %	100
Herman-Löns-Straße	33 %	75
insgesamt	**52 %**	**414**

Eine Erzieherin des Kindergartens »An der Lache« schätzt den Anteil der Kinder mit Migrationshintergrund auf 60–55 % (29/65), die Mitarbeiterinnen der »Oderstraße« auf 80 % (12/349). Der evangelische Kindergarten »P. Melanchton« schätzt den Anteil von Kindern mit Migrationshintergrund auf 45 % (von insgesamt 20 Kindern) (30/45). Die Fachdienstleiterin der Kinder- und Jugendpflege arbeitete zum Zeitpunkt der Untersuchung gerade an einer neuen Statistik und ging davon aus, dass bereits die Hälfte der Kinder mit Migrationshintergrund eingebürgert sind (20/24). Trotz Quotierung nimmt der Migrantenanteil in allen Kindergärten bei den Neuzugängen weiter zu.

»Zwei Deutsche gehen und vier Türken stehen vor der Tür.« (12/353 – Kita Oderstraße)

Nach Angaben einer Elternbeirätin ist der Trend im Kindergarten in der Neubausiedlung noch stärker. Von 15 bis 16 Neuzugängen seien nur ein bis zwei deutschstämmige Kinder gewesen (10/42).

Die mit Abstand meisten Kinder mit Migrationshintergrund sind muslimischer Religionszugehörigkeit und überwiegend türkischer Herkunft – in der »Oderstraße« schätzungsweise 70% und fast ebenso viele im Kindergarten »Stadtzentrum« (67%) (25/30; 14/302). An nächster Stelle werden Marokkaner genannt und eine Vielzahl von Nationalitäten, die aber mengenmäßig nicht besonders in Erscheinung treten. Die klassischen Einwanderernationalitäten – wie die Griechen, die in Rauheim einmal stark vertreten waren – treten kaum mehr in Erscheinung (vgl. Angaben der griechischstämmigen Erzieherin des Kindergartens »An der Lache«).

Viele Hinweise deuten darauf hin, dass das Merkmal »Migrationshintergrund« kein verlässlicher Indikator für soziale Unterschichtung und kulturelle Segregation ist. Viele Migranten – gerade unter den Eingebürgerten – haben einen mittleren Berufsstatus, können gut deutsch, sind mit Deutschen verheiratet, orientieren sich an den Erziehungswerten des Kindergartens (20/186).

»Man muss aber sagen, die Hälfte davon sind halt ausländische Kinder, die auch sehr gut Deutsch sprechen, weil sie auch aus Mischehen oder aus Familien kommen, die länger hier sind und die Eltern schon sehr gut Deutsch sprechen.« (29/65)

Allerdings scheinen sich Migranten aus bildungsferneren und sozial weniger abgesicherten Schichten in den beiden Kindergärten, die sich im Einzugsgebiet der Ringstraßensiedlung befinden, zu konzentrieren (12/347; 14/294).

Im Kindergarten, der in einem Mittelschichten-Wohngebiet »jenseits der Bahnlinie« und jenseits der Ringstraßensiedlung liegt, sammeln sich eher Migranten mit verwandtem Schichtstatus.

»Der Halbtagskindergarten ist hinten im Gebiet gelegen, es ist auch ein ganz anderes Wohngebiet, sticht wirklich ein bisschen heraus. Böse Zungen sagen, das ist als Wohngegend und die Personen, die dort dann sind, ein Elitekindergarten« (20/25).

»Also ich denke, hier in unserer Einrichtung ist die Zusammensetzung von ausländischen Kindern und deutschen Kindern noch sehr gut. Es ist sehr ausgewogen und wir haben natürlich nicht das Unterste vom Untersten. Das ist noch eine gute Mittelschicht, die wir hier drinnen haben, auch von den ausländischen Kindern. Da ist keiner dabei, wo – gibt es ja heute auch nicht mehr so –, aber wo früher schon mal gesagt wurde, ›der stinkt‹ oder so was. Die können die Sprache, auch die Mütter können sich ausdrücken und können auch verstehen. Was in der anderen Einrichtung wieder wesentlich geringer ist.« (26/20)

Die Fachdienstleiterin der Kinder- und Jugendpflege meint überhaupt eine soziale Entmischung unter den Migranten beobachten zu können, was sich dann auch in der Wahl des Kindergartens niederschlägt. Sie sieht ein Auseinanderdriften der Gruppe der lang ansässigen »europäischen« bzw. europäisierten Migranten der zweiten und dritten Generation und der »muslimischen« Einwanderergruppen – vor allem, wenn die Frauen auf dem Wege der Heiratsmigration in jüngerer Zeit gekommen sind. Die einen seien gut integriert, die anderen zögen sich zunehmend in ihre ethnischen Gemeinschaften zurück (20/179–188).

»Es kommen hier auch viele moslemische türkische, marokkanische Väter, und die fragen erst einmal, wie viele ausländische Kinder hier sind. Die wollen nämlich nicht, dass ihr Kind immer mit ausländischen Kindern zusammen ist. Das gibt es auch verstärkt.« (29/127)

Die Erzieherin des besagten »Mittelschichten«-Kindergartens beurteilt diese auch von ihr beobachtete Entwicklung der sozialen Entmischung unter den Migranten als einen sozialpolitisch ambivalenten Vorgang. Durch Abwanderung der sozial aufgestiegenen und besser integrierten Schicht der Migranten in Kindergärten und Schulen mit geringerem Migrantenanteil, würden auch personelle Integrationspotenziale abgezogen. Dies könne eine der unbedachten Nebenfolgen einer Politik der Mischung sein, wie sie gegenwärtig von der Stadtverwaltung verfolgt wird.

»Das haben wir inzwischen erlebt, dass eben auch ausländische Eltern ganz bewusst ihre Kinder auch hierher bringen, weil sie natürlich wollen, dass ihr Kind auch Deutsch lernt. Nur das sind auch die Eltern, die dem anderen Kindergarten vielleicht auch mal ganz nützlich sein könnten, die die Deutsche Sprache beherrschen, die für die anderen Eltern vielleicht auch mal wieder was vermitteln können. Die haben dann eben nur noch diese Eltern, die eben nichts verstehen, kein Interesse an

der Kindergartenarbeit haben. Dadurch verschieben sich die Probleme auch wieder.« (26/23)

Ob dieses Argument benutzt wird, um die Politik der Mischung abzuwehren, kann hier nicht entschieden werden. Kritisch ist hinzuzufügen: Wenn sich Migranten mit Mittelschichtenhabitus in mittelschichtengewohnten Kindertagesstätten konzentrieren, ist dies nicht nur eine Folge der Suchaktivität der Bewerber, sondern sicherlich auch der Selektionsprozesse der Institution (»Wer passt zu uns?«). Schlecht integrierte Migranten haben sicherlich in solch einem Kindergarten weit geringere Chancen auf die Zuweisung eines Platzes als gut integrierte Migranten, die mit ihnen in Konkurrenz treten.

Dennoch trifft die Erzieherin mit einem Aspekt ihrer Argumentation ins Schwarze: Der Status Quo der Bedingungen des Zweitsprachenerwerbs in den Kindertagesstätten mit einem hohen und schlecht gemischten Migrantenanteil vertreibt die Eltern mit den stärksten Integrationspotenzialen. Sie sind nur dann zu halten, wenn die Kindertagesstätten weit mehr als bisher in Sprachförderung investieren, sich diesbezüglich qualifizieren und das allgemeine Angebot des Kindergartens »Leuchtturm-«Qualität besitzt.

3 KOMMUNALES MISCHUNGSKONZEPT UND ERFAHRUNGEN DAMIT

Die Kommune Raunheim versucht seit längerem den Entmischungsprozess umzukehren – oder zumindest aufzuhalten –, indem sie anfänglich gegen den Widerstand der Eltern beider Seiten, versucht Kinder mit und ohne Migrationshintergrund besser auf die verschiedenen Tagesstätten zu verteilen.
Steuerungsinstanz ist die Abteilung Jugendpflege, bei der die Anträge auf Zuteilung eines Kindergartenplatzes bearbeitet werden (20/19 ff.).

»Wir kennen die Eltern also schon, bevor das Kind überhaupt in den Kindergarten kommt. Da geht es ja um die Zuteilung der Kindergärten und da gibt es gewisse Einrichtungen, die sehr gern genannt werden, weil da der Nachbar schon ist und weil da das ältere Geschwisterchen schon war. Und wenn wir dann auf die Sprachproblematik hinweisen: ›Überlegen sie mal, ihre Kinder sind zwei bis drei Jahre im Kindergarten, dann sind sie in der Grundschule, spätestens da fangen die Probleme an, lassen sie uns doch jetzt anfangen.‹ Es wäre schön, wenn wir den Nationalitätenspiegel ein bisschen ausgleichen könnten innerhalb Rauenheims. Das sind so Sachen, die wir seit Jahren hier schon übers Büro und die Verwaltung praktizieren, und die meisten Eltern sind da sehr einsichtig.« (20/19)

Die befragten Erzieherinnen vor Ort identifizieren sich theoretisch alle mit dem Prinzip der Mischung, von dem sie sich auch Erleichterung ihrer Arbeit versprechen – vor allem diejenigen aus Kitas mit überdurchschnittlichen Migrantenanteilen. Sie sind aber bezüglich des praktischen Erfolges der Mischungskonzeptes weit skeptischer als die Fachdienstleiterin. Einige Erzieherinnen schildern Praktiken, mit denen die Eltern – Migranten wie Deutsche – die Delegation in einen anderen als den »Wunschkindergarten« unterlaufen bzw. sich bei fehlgeschlagener Taktik um einen weiter entfernten Kindergarten umsehen.
Zu den angeführten Taktiken gehören: Sich-Auf-Warteliste-Setzen-Lassen und das Kind erst später in den Kindergarten geben und/oder zwischenzeitlich einen Platz in einem Ausweichkindergarten belegen (22/38; 29/71; 26/22; 24/34; 12/351).

Diese Beobachtung wurde bei deutschen wie bei Migranteneltern gemacht.

Also die Mischung wurde ja damals schon versucht zu verändern, vom Amt aus, indem wir nicht bloß die Kinder aus dem Ringstraßen-Einzugsgebiet bekommen haben, sondern auch über der Bahn, von den wenigen Kindern, die noch da sind, dass dies praktisch so gemischt werden sollten. Aber die Eltern haben eben gesagt, sie fahren nicht extra mit dem Auto hier her, nur um ihr Kind hier her zu bringen, dann warten sie lieber noch eine Weile und nehmen den Kindergartenplatz ein Jahr später oder so, wenn bei ihnen in der Nähe was frei ist.« (12/351)

»Die Politik des Bürgermeisters, dass die Migrantenkinder auf die Kindergärten von Raunheim gleichmäßig verteilt werden, also ich habe die Erfahrung gemacht, dass viele Eltern dann warten, um in den Wunschkindergarten zu kommen. Ich glaube, das bringt nicht viel ... Die ausländischen Eltern kamen zu uns, und sobald ein Platz in einem anderen Kindergarten, sei es Oderstraße, ... weil das sind ja meistens die Einrichtungen, die beliebt sind, sag ich jetzt mal, weil die da auch in der Nähe sind ...« (29/270–272)

Einige Erzieherinnen meinen auch, dass viele Familien mit mehreren Kindern durch die Verteilerregelung unzumutbar überfordert sind.

»Das scheitert ganz einfach am praktischen Ablauf. Eine türkische Mutter mit fünf Kindern, eines in der Schule, zwei im Kindergartenalter, noch zwei im Krabbelalter, die in der Nahestraße wohnt, kein Führerschein, kein Auto hat, wie soll die ein Kind hierher bringen? Das ist rein vom Praktischen unmöglich. Dass die Frau bis hierher läuft mit den Kindern, das kann man von ihr auch nicht verlangen. Einfach dieses rein Praktische.« (26/22)

»... die haben auch keinen Führerschein, in diesem Gebiet, also, sobald ein Platz frei wird, werden sie da sowieso hingehen, dann haben wir hier Plätze. Das ist ja für die Kinder selbst nicht gut, für die Familien, und für uns hier, für die Arbeit, ist es auch nicht.« (29/72)

Die Kollegin aus demselben Kindergarten meint dagegen, dass diese Härten für das vorrangigere Ziel der Mischung, von dem die Migrantenkinder letztlich mehr profitieren, hingenommen werden müssten und kritisiert das Amt, das die obstruktive Taktik der Eltern zulasse.

»... wo man dann rigoroser sein sollte, ist eben, wenn Leute jetzt einen Wunschkindergarten haben, und die bekommen den nicht, nehmen die dann ja teilweise auch erst mal den Platz in dem Ausweichkindergarten, ... lassen sich aber auf die Warte-

liste setzen, dass sie dann irgendwann doch in den Kindergarten wechseln können, in den sie eigentlich wollten. So, und dadurch … und das wird auch gewährt … und dadurch bringe ich ja wieder dieses ganze Gefüge durcheinander.« (22/38)

Aber auch diese Erzieherin meint – wie andere Kolleginnen in anderen Kindergärten –, auch bei strengerer Handhabung der Verteilungsregelung, könne man/frau die demografische Entwicklung nicht umkehren. Migranten zögen nun mal vermehrt zu und machten mehr Kinder, *»… da kann man halt nichts dagegen machen« (22/32).*

4 FAMILIÄRE ERZIEHUNGSWERTE UND -PRAKTIKEN VON ELTERN MIT MIGRATIONSHINTERGRUND

4.1 Erziehungswerte von Migrantenfamilien aus der Sicht der Erzieherinnen (auch im Vergleich zu deutschen Eltern)

Eine befragte Fachkraft sieht keinerlei Unterschiede in den Erziehungswerten von Eltern mit und ohne Migrationshintergrund.

»Also zwischen deutschen und ausländischen Familien sehe ich hier überhaupt gar keine Unterschiede, dass jetzt die Ausländer völlig andere Ansichten oder völlig andere Erziehungsziele hätten.« (25/32)

Interessanterweise kommt diese Aussage von einer Erzieherin, die in einem Kindergarten außerhalb des Einzugsgebietes der Ringstraßensiedlung arbeitet. Dort scheinen vergleichsweise einkommenstärkere und bildungsorientiertere Migranteneltern ihre Kinder hinzuschicken, die sich tendenziell an Mittelschichtenstandards orientieren.

Eine befragte Erzieherin schließt aus der Beobachtung der Eltern-Kind-Interaktion, dass bei beiden – Migranten wie Deutschen – die Bedeutung des »Gehorsams«, des »sich an Regeln Haltens« abgenommen habe.

»Das hat bei beiden Gruppen sehr nachgelassen, dass da noch Wert darauf gelegt wird.« (26/26)

Im selben Kindergarten meint aber eine andere befragte Mitarbeiterin bei Migranteneltern beobachten zu können, dass sie einen vergleichsweise höheren Wert auf die Konformitätserziehung legen, ja räumt dieser sogar oberste Priorität bei ihnen ein (24/46). Ob es sich hierbei um unterschiedliche Erfahrungen in unterschiedlichen Kindergruppen handelt oder – im zweiten Fall – um eine Filterung der sozialen Wahrnehmung durch eine vorgefasste Erwartung (Migranten = »autoritäre Erziehung«) muss offen bleiben.

Die meisten befragten Erzieherinnen tendieren zu der Einschätzung, dass Migranten stärker als deutsche Eltern noch an einer traditionellen Geschlechtsrollenerziehung und religiös motivierter Sittlichkeitserziehung festhalten (15/353; 29/86; 24/46; 22/47).

Mädchen aus Migrantenfamilien sollen im Haushalt helfen, Jungen seien davon befreit.

»… hilfsbereit im praktischen Bereich? Man könnte das von ausländische Mädchen sagen. Weil die das von zu Hause wahrscheinlich auch gewohnt sind, so in der Küche, Frühstück zubereiten, Tisch abwischen. Während ein ausländischer Junge einem ein böses Gesicht angehängt (wenn die Erzieherin das von ihm verlangt).*« (26/27)*

Muslimische Jungs seien verwöhnter und weniger zur Selbstständigkeit angehalten als die Mädchen – z. B. beim Ankleiden – und zu Beginn der Kindergartenzeit stärker auf fremde Hilfe angewiesen.

»… grad Jungs, moslemische Jungs, dass das kleine Paschas sind, die gar nichts … die Mädchen sind schon eher selbstständig. Die haben öfter mal einen kleinen Bruder und dann wird der betüddelt.« (29/143)

Während den Mädchen die frühe häusliche Verantwortungsübernahme u. U. für die weitere Entwicklung zum Vorteil gereicht, schränke die traditionelle Schamerziehung, die besonders bei Muslimen beobachtet wird, vor allem die Mädchen ein.

»… oft so zum Beispiel im Sommer, Planschbecken: Die Jungs hüpfen rum, und die Mädchen dürfen nicht, die dürfen keinen Badeanzug anziehen.« (29/85)

Mehr als bei den Deutschen würde den Geschwisterkindern Verantwortung für ihre Geschwister übertragen.

»… einfach für die kleinen Geschwisterchen sorgen, die selbst noch sehr klein sind, vier bis fünf Jahre, und dann ihren Geschwistern aufs Auge gedrückt bekommen.« (30/38)
»Und die Kinder werden verantwortlich für die Geschwisterkinder gemacht vom Elternhaus, Mädchen gegenüber Jungen in moslemischen Familien.« (29/143)

Die »deutschen Tugenden« – wobei in erster Linie Sekundärtugenden gemeint sind – stünden bei den Migranten nicht oben an:

»Diese deutschen Tugenden, das ist mein Eindruck, stehen bei den Migranten eher hinten dran – Sauberkeit, Ordnung, Selbstständigkeit, Fleiß, also das ist so eher nebengeordnet.« (22/40)

Für eine befragte deutsche Mutter ist die Disziplinerziehung genauso wichtig wie die Erziehung zur Selbstständigkeit.

»Also an aller erster Stelle stell ich mal vier Sachen: Sauberkeit, Ordnung, Gehorsam, Fleiß, sittliche Vorschriften. Kommt bei mir alles an erster Stelle, tut mir leid. Auch Selbstständigkeit.« (13/230)

Eine griechischstämmige Erzieherin sieht einen markanten Unterschied in der Erziehung der muslimischen Kinder im Vergleich zu »allen anderen« (also auch der anderen Migrantenkindern).

»Ja, die muslimischen Familien passen sich nicht an ... Bei der Erziehung der Kinder sieht man es auch, dass die muslimischen Kinder ein bisschen anders sind, die werden anders erzogen als alle anderen. Das hat hauptsächlich religiöse Gründe, dass das die Ursache ist.« (29/93)

Kommentar: Interessanterweise ergeben neuere vergleichende Befragungen der Erziehungsstile verschiedener Einwanderernationalitäten, dass die Selbsteinschätzung der Rangfolge der Erziehungswerte bei Italienern und Griechen sich von denen der türkischen Eltern kaum unterscheidet. Auch unterscheidet sich der Erziehungsstil – jedenfalls auf der in Befragungen ermittelten Einstellungsebene – viel weniger von dem der Mehrheitsgesellschaft als das das Stereotyp von der autoritär-patriarchalischen, stark religiös motivierten Erziehung in türkischen Einwanderer-Familien unterstellt. »Leistung« (Initiative, Durchhaltevermögen) und »Empathie« (Einfühlung, Sozialverhalten) haben auch bei türkischen Eltern in der Erziehung vorrangige Bedeutung, während »Rigidität« (Normkonformität, Gehorsam) und »Religiosität« von heutigen türkischen Eltern in den im 6. Familienbericht der Bundesregierung vorgestellten Forschungen als nachrangig eingestuft werden (Nauck 2000, Tab. S. 380).

»Man holt dann immer das Negative von den ausländischen. ... Das Problem ist, denke ich mal, dass man unter Ausländern oder Migranten immer so die muslimischen Familien im Kopf hat. Also, ich meine, die meisten denken halt nicht automatisch an Italiener, Griechen, Asiaten oder so. Das sind halt mehr so die Richtung,

und man hat halt so ein bestimmtes Bild über die bestimmte Gruppe, wo halt noch geschlagen wird.« (29/88–90)

Die oben erwähnte Erzieherin mit griechischem Migrationshintergrund kritisiert zwar zurecht die Fixierung der Aufmerksamkeit auf negative Beispiele, bleibt aber selbst im Vorurteilsmechanismus generalisierender Zuschreibung befangen, wenn sie implizit auf andere Einwanderer-Nationalitäten verweist (als die muslimischer Herkunft), die ihre Kinder »nicht mehr schlagen«, deren Erziehungsverhalten der Wahrnehmung der Mehrheitsgesellschaft entginge.

Wie schon in unserer Untersuchung über das »Zusammenleben im Stadtteil« kann das Bestehen auf Unterscheidung auch als identitätspolitische Strategie interpretiert werden. Die »etablierten Außenseiter« (Elias) übernehmen die Bewertungen der »Etablierten« und distanzieren sich von den »nicht-etablierten Außenseitern«. Sie möchten nicht mit ihnen verwechselt werden. Allerdings ist auch der Wunsch nach Differenzierung ein durchaus berechtigter, der auch als interkulturelles Lernziel immer wieder eingefordert wird. Wie immer scheint hier eine Überlagerung von Bedeutungen der Interviewaussage vorzuliegen.

Wenn die Fachdienstleiterin der städtischen Kindergärten die Eltern in »Europäer« und »Muslime« bzw. die Migranten in »Muslime« und »Nichtmuslime« einteilt, bewirkt dies zwar eine erfreuliche kategoriale Einschließung der ehemals vom kollektiven »Wir« ausgeschlossenen süd- und südosteuropäischen »Gastarbeiter-Nationalitäten« in das gemeinsame europäische Kollektiv. Die Kehrseite dieser Kategorisierung ist aber die Ausgrenzung des imaginierten Kollektivs der »nicht-europäischen Muslime«. Die Kategorie »Muslime« hebt die prinzipielle kulturelle Verschiedenheit (implizit zu Europa, zum christlichen Abendland) hervor. Im weiteren Verlauf des Interviews wird der Subtext dieser Etikettierung noch deutlicher. Mit den europäischen Einwanderern gäbe es kaum Probleme. Das Problem, das seien die Muslime, die sich in ihre kulturell differente Lebenswelt zurückzögen und sich nicht anpassen wollen (20/178, 181 f.).

4.1.1 Erziehungswerte – Selbstbild Migranten

Das erzieherische Selbstbild der befragten Eltern war sehr differenziert. Es reichte von traditionalen Erziehungseinstellungen – etwa bezüglich des Gehorsams gegenüber den Erwachsenen (**46**) bei eritreischen und afghanischen Flüchtlingsfrauen, die sich noch nicht so lange in Deutschland befinden – bis hin zur Distanzierung von den traditionalen Altersrollenbeziehungen und dem Bestreben qualifizierter türkischstämmiger Mütter der zweiten Einwanderergeneration, die starren traditionalen Geschlechterrollen aufzulösen.

*»Ein Kind, wenn jemand kommt, muss Respekt geben. Aufstehen, Hand geben oder keine Lügen, wenn man fragt, was hast du gemacht. Diese Dinge sind sehr sehr wichtig!« (**46**/1)*

*»Also, Selbstverantwortung, Selbstständigkeit sind bei uns sehr wichtig ... Ich mag gehorsame Kinder nicht, zu gehorsame ... Es ist natürlich angenehm, wenn alles läuft, aber es ist eher, dass wir auch das Kind immer wieder fragen, wie er es haben möchte, dass auch wir uns dem Kind seine Wünsche anhören. Und wir mal nachgeben.« (**37**/411)*

*»Mädchen-Jungen-Rolle? Ich finde, sie sollten von beiden Rollen etwas übernehmen ...« (**13**/228)*

Die Befragten der eritreisch-afghanischen Frauengruppe meinen, Kinder sollten sich nicht vorlaut in Erwachsenengespräche einmischen. Sie sollen reden, wenn sie gefragt werden, d.h. die Erwachsenen respektieren. Durch den kindzentrierten und weniger statusbezogenen Erziehungsstil in Deutschland sehen sie ihren Erziehungsstil untergraben.

*»Unser Problem ist hier, die Eltern hören auf die Kinder, die Kinder hören nicht auf die Eltern. Das ist ein bisschen für uns dieser kulturelle Unterschied. ... Als ich ein Kind war, wenn die Eltern Besuch bekommen, dann müssen die Kinder nichts sagen, nur, wenn jemand fragt: ›Wie geht's?‹ Aber hier die Kinder sprechen ohne Frage. (**46**/4, 6) ... Ja, die Kinder bei uns dürfen nicht, aber hier sehr ... die deutschen Kinder.« (**46**/14)*

Diese Mütter kritisieren auch die Erzieherinnen an anderer Stelle der Gruppendiskussion, weil sie zu nachgiebig gegenüber dem Wunsch der Kinder seien, mit anderen Kindern ihrer Muttersprache zu spielen. Sie verhinderten dadurch, dass sie Deutsch lernen. Sie sollen die Kinder trennen und ethnisch gemischte Gruppen bilden – auch gegen ihr spontanes Gesellungsbedürfnis, auf das sich die Erzieherinnen berufen.

*»… diese kleinen Kinder, die machen auch kleine Gruppen, die die Muttersprache sprechen. Es wäre besser, wenn die Erzieherin … den Kindern sagen würde: ›Du gehst mit der, du gehst mit dieser!‹ Die sind immer noch Kinder. Wenn jemand sagt ›du gehst mit dem‹, dann sprechen die deutsch. Sie sprechen nicht die Muttersprache. Die lernen die deutsche Sprache.« (**46**/29)*
*»… Die sagen immer, wenn ich frage, warum: ›Ja, die fühlen sich wohl, wenn sie zusammen spielen!‹ … Die Kinder müssen lernen zu hören, was die Älteren sagen.« (**46**/31)*

Betont wird auch von den meisten Befragten die Einhaltung von normativen Geboten – wie Wahrhaftigkeit und Respektierung fremden Eigentums (47/26; 46/1) –, und alle Befragten legen größten Wert auf die Erziehung von Sozialverhalten:

*»… auf andere Rücksicht nehmen, gerade wenn es die Geschwister sind, aufeinander Rücksicht nehmen.« (**13**/228)*

»… die Erziehung in der Familie bedeutet für uns: ein Kind z. B., das spricht gut (im Sinne von nichts Schlechtes über andere), *oder wie ein Kind mit anderen Leuten umzugehen.« (**46**/1) »Das ist wichtig: gute Verwandtschaft, Nachbarschaft.« (**46**/2)*

I.2: *»… Immer lächeln, immer gut gelaunt sein, grüßen! Zum Beispiel jemanden auf der Straße einfach mal grüßen! Meine Nachbarn begrüßen, fragen, wie es ihnen geht. Das ist Herzlichkeit! In unserer Kultur ist es sehr verbreitet, bei uns in der familiären Erziehung.« (**47**/11–20)*

I.2: *»Mit den Mitmenschen zusammen leben zu können, das ist sehr wichtig. Anpassung …«*
I.3: *»Er sollte alle seine Freunde respektieren, wenn er mit ihnen zusammen leben möchte. Er sollte alle Kinder lieben, ohne die Hautfarbe zu trennen. … Die Kinder sollten vom klein auf lernen, ohne die Religion, Nation oder ›Rasse‹ zu trennen, miteinander umzugehen.« (**47**/48–53)*

In einer Gruppendiskussion mit türkischen Frauen aus dem Frauentreff waren sich dabei alle Beteiligten einig, dass es auch eine wichtige Aufgabe der familiären Erziehung sei, die Herkunftskultur weiterzugeben, aber gleichzeitig Toleranz gebenüber anderen Kulturen zu vermitteln:

I.2: *»Ich habe vier Kinder, der Ältere ist 19 Jahre alt, der nächste wird bald 18, dann zwölf und der Jüngste ist fünf Jahre alt. Erziehung fängt in der Familie an. Zuerst sollte man die eigene Kultur weitergeben.«*
Interv.: *»Wie geben Sie diese Kultur weiter?«*
I.3: *»Religion, andere Kultur … wir müssen alles dem Kind weitergeben, damit er ab dem dritten Lebensjahr keine fremde Kultur in sich aufnimmt. Mein Kind soll wissen, was unsere Kultur ist. Natürlich muss es auch Toleranz zeigen, aber unsere eigene Kultur und Religion sollte er schon aneignen. Wir müssen dem Kind beibringen, die Kultur zu lieben.«*
Interv.: *»Welche Punkte? Sie sagten Religion?«*
I.3: *»Unsere Kultur, z.B. Traditionen und Sitten, allgemein die türkische Kultur betreffend. Meine Kinder sollten unserer Kultur folgen und dabei die anderen tolerieren.«*
Interv.: *»Stimmen Sie da zu?«*
I.2: *»Ich würde meine eigene religiöse Kultur völlig an mein Kind weitergeben, aber ab einem gewissen Zeitpunkt muss es sich dann selber entscheiden. Zurzeit leben wir in einer multikulturellen Gesellschaft. Natürlich würde ich meinem Kind beten, fasten und alles lehren, aber in einer multikulturellen Gesellschaft werden mit Sicherheit sehr viele Fragen in seinem Kopf entstehen. Ich finde, wenn er erst ca. 18 ist, dann wird er auch entscheiden können, was richtig und falsch ist. Ich würde bis dahin alles geben, meine Religion, meine Kultur usw. alles.« (**47**/40–46)*

Kommentar: Während die eine Befragte hofft, durch gründliche Vermittlung der Herkunftssprache und -kultur – v. a. auch in der frühkindlichen-familiären Erziehung – die Kinder gegen den Verlust der kulturellen Identität zu immunisieren, ist die andere Mutter skeptisch, ob sich diese Hoffnung in einer multikulturellen Gesellschaft erfüllen kann. Ihre Schlussbemerkung spricht aber dafür, dass sie ihr Kind spätestens beim Eintritt in das Volljährigkeitsalter frei entscheiden lassen möchte.

Viele befragte Mütter streben dabei eine Arbeitsteilung zwischen Kita und Elternhaus an. Muttersprache, Religion und Sittlichkeitsvorstellungen lernen die Kinder im Elternhaus. Primäre Aufgabe des Kindergartens ist in ihren

Augen die Betreuung, die Vermittlung von kognitiven Fähigkeiten und Fertigkeiten und das Deutschlernen – v. a. gegen Ende der Kindergartenzeit.

Viele Eltern legen ihr Elternrecht dahingehend aus, dass sie vom Kindergarten die Respektierung ihrer kulturspezifischen Sittlichkeitsvorschriften verlangen, und treten gerade in dieser Hinsicht die Erziehungsverantwortung nicht an die öffentliche Erziehungsinstanz ab.
Sie sehen keinen Zusammenhang zwischen der Entwicklung von Handlungskompetenzen – wie der Entwicklung zur Selbstständigkeit – und der Entwicklung kognitiver Kompetenzen, die in der individualisierten Gesellschaft gebraucht werden. Infolgedessen bleibt ihnen die Dysfunktionalität ihres traditionellen Wertekanons verborgen. Sie möchten beides: Kinder, deren kognitive Kompetenzen zum Erfolg in Schule und Beruf führen wie auch die Transmission ihrer traditionalen kulturellen Identität – zumindest in den Teilen, die Zugehörigkeit zur Herkunftsethnie symbolisieren und deren Verlust zur Marginalisierung in der ethnischen Gemeinschaft führen könnte (in der Diaspora wie im transnationalen Kontext).

Insgesamt betrachtet bestätigt die Befragung die schon aus der Sicht der Erzieherinnen festgestellte stärkere Fokussierung der Erziehung der Migrantenfamilien auf das soziale Lernen und eine geringere Betonung auf die Selbstständigkeitserziehung. Soziale Verbundenheit, scheint vielen befragten Migrantenmüttern wichtiger als individuelle Autonomie. Hier findet offensichtlich immer noch eine Transmission von Erziehungswerten statt, die für »interdependente« Kulturen funktional sind, aber die Kinder weniger auf die Herausforderungen einer »independenten« Kultur, sprich individualisierten »Leistungsgesellschaft« vorbereiten, in der ein hohes Maß an »Ich-Autonomie«, soziale »Rollendistanz« und »Konfliktfähigkeit« eher zum schulischen und beruflichen Erfolg führen kann. Eine Erziehung zur Ich-Autonomie und zugleich zur sozialen Einfühlung und Akzeptanz des Anderen befähigt auch zu einer produktiven Auseinandersetzung mit den unterschiedlichen kulturellen Milieus, in denen aufwachsende Migranten der zweiten und dritten Generation sich ständig bewegen müssen (Keller 2004, Fuhrer/Mayer 2005, S. 78f.).
In vorindustriellen traditionalen Gesellschaften ohne Sozialversicherung und mit familiären Abhängigkeiten im System der Produktion und Reproduktion hängt das Überleben und Fortkommen wesentlich von der Beziehungspflege ab. Statik und Homogenität der Lebensformen abverlangen wenig Ambiguitätstoleranz. Allerdings kann die Vermittlung familistischer Werte in der minoritären und ökonomisch instabilen Einwanderungssituation wiederum

durchaus funktional für die Anpassung an Verhältnisse sein, bei denen der Aufstieg durch individuelle Leistung verbaut scheint. Auch der Zugang zur Nischenökonomie der Migranten erfolgt weitgehend über familiäre Netzwerke.

4.2 Erziehungsmittel der Migranteneltern (auch im Vergleich zu deutschen Eltern) – Sicht der Erzieherinnen

Die meisten befragten Erzieherinnen meinen, bei den Migranteneltern eher extrinsische Erziehungmethoden beobachten zu können – allen voran die Motivierung ihrer Kinder durch materielles Belohnen und Strafen, gefolgt vom Umgangsverbot (29/94; 15/364; 25/43; 26/30; 22/29–60; 30/42). Sie setzten ihren Kindern häufiger Grenzen als die deutschen Eltern, konfrontierten sie aber weniger konsequent mit Folgen von Regelverstößen (inkonsistenter Erziehungsstil) (25/43; 15/366). Nur eine befragte Erzieherin erwähnt an vorderster Stelle – gleichauf mit materiellem Belohnen und Strafen – den Einsatz körperlicher Strafen (22/59–60).

Eine befragte Erzieherin möchte sich weder bei der Wahrnehmung der Erziehungsmethoden der deutschen noch bei den migrantischen Eltern auf eine klare Rangfolge einlassen, sondern meint, dass je nach Situtuation unterschiedliche Register gezogen würden (26/30).

Eine andere Befragte nimmt dagegen deutliche Unterschiede im Erziehungsverhalten der von ihr beobachteten deutschen und nicht-deutschen Eltern wahr (22/55–60):[2]

Erziehungsmittel - Migranten	Erziehungsmittel - Deutsche
Materielles Belohnen und Strafen	Gutes Zureden/Überzeugen
Grenzen setzen und durchhalten	Konfrontation mit Folgen von Regelverstößen
Probleme werden zerredet	Grenzen setzen und durchhalten
Umgangsverbot	Probleme werden zerredet
Gutes Zureden	Umgangsverbot
Körperliche Strafen	Materielle Strafen
Konfrontation mit Folgen von Regelverstößen oder Vereinbarungen	

2 Zuordnung nach Rangfolge

Dieses Polaritäten-Profil der Zuschreibungen unterschiedlichen Erziehungsverhaltens erinnert sehr an das dichotomische Schema »restriktiven« und »permissiven« Erziehungsverhaltens, das in der schichtspezifischen Sozialisationsforschung der 70er-Jahre herausgearbeitet wurde (Oevermann 1968, Grüneisen/Hoff 1977, Steinkamp/Stief 1978).

Interessant ist der Vergleich zur Wahrnehmung einer griechischstämmigen Erzieherin des gleichen Kindergartens, die zwar eine ähnliche Rangliste der Erziehungsmethoden bei den Migranten beobachtet, aber auch bei den deutschen Eltern restriktive Erziehungsmethoden stärker gewichtet. Allerdings sieht auch sie einen markanten Unterschied beim Einsatz materieller Belohnungen und Strafen (29/94, 102).

Erziehungsmittel – Migranten	Erziehungsmittel – Deutsche
Materielles Belohnen und Strafen	Hausarrest
Umgangsverbot	Liebesentzug
Hausarrest	Konfrontation mit Folgen von Regelverstößen oder Vereinbarungen
Konfrontation mit Folgen von Regelverstößen oder Vereinbarungen	Gutes Zureden und Überzeugen
Gutes Zureden und Überzeugen	Grenzen setzen und durchhalten
Grenzen setzen und durchhalten	Materielles Belohnen und Strafen
	Umgangsverbot

Die unterschiedliche Wahrnehmung ergibt sich u. U. aus der unterschiedlichen Fremd- und Selbstwahrnehmung. Die griechischstämmige Erzieherin moniert auch in ihrem Interview die einseitig negative Sicht auf das Erziehungsverhalten der Migranteneltern. Durch ihren eigenen Migrationshintergrund fällt ihr Vergleich u. U. weniger polarisierend und differenzierter aus. Die bikulturelle Sozialisation und Zugehörigkeit schärft das Differenzierungsvemögen beim interkulturellen Vergleich. Das Selbstbild ist immer differenzierter als das Fremdbild (vgl. empirische Untersuchung über Fremd- und Selbstbilder deutscher und türkischer Frauen bei Schmidt-Koddenberg 1989).

*»Man holt dann immer das Negative von den Ausländischen ... Für mich ist es ja sowieso schwierig, also ich weiß zum Schluss auch nicht, was ich will, weil ich ja mit beiden aufgewachsen bin.« (**29**/88)*

Die Beobachtung der griechischstämmigen Erzieherin deckt sich im Übrigen mit den empirischen Forschungen der schichtspezifischen Sozialisationsforschung, die eine Diskrepanz zwischen dem erzieherischem Selbstbild und dem berichteten Verhalten in konkreten Konfliktsituationen festgestellt hat. In kritischen Situationen im konkreten Erziehungsalltag verhalten sich auch Mittelschichten rigider als das ihrem idealisiertem Selbstbild entspricht (vgl. Grüneisen/Hoff 1977, Steinkamp/Stief 1978).

Die erwähnten Studien schichtspezifischer Sozialisationsforschung kommen zu dem Ergebnis, dass das konkrete Erziehungshandeln noch stärker mit den konkreten Arbeits- und Lebensverhältnissen korreliert als mit der Erziehungstradition und dem Bildungsstatus. Restriktive Lebens- und Arbeitsbedingungen haben einen gravierenden Einfluss auf den tagtäglich praktizierten Erziehungsstil (Grüneisen/Hoff 1977, S. 208ff.; Steinkamp/Stief 1978, S. 222ff.).

In Anbetracht der sozialräumlichen Verhältnisse in der Ringstraßensiedlung und der vermutlich eher restriktiven Arbeitsbedingungen der meisten deutschen Bewohner, die eher der Arbeiter- und unteren Mittelschicht zuzuordnen sind, wäre deshalb auch eine fundamentale Differenz der tagtäglichen Erziehungspraktiken der deutschen und nicht-deutschen Familien nicht zu erwarten.

4.2.1 **Erziehungsmittel – Selbstbild Migrantinnen**

Die beiden Mütter mit Migrationshintergrund, die sich explizit zu Erziehungspraktiken geäußert haben, weichen in ihren Selbstbeschreibungen sehr vom generalisierten Fremdbild der befragten Erzieherinnen ab. Sie lehnen Erziehung durch Geldprämien oder -strafen grundsätzlich ab und versuchen es in erster Linie mit Überzeugungsstrategien. Die eine Mutter hat gute Erfahrung mit der Vergabe von »Smilies« gemacht – also mit dem Erziehungsmittel symbolischer Anerkennung (**37**/453). Die andere Mutter leugnet allerdings nicht, als letztes Mittel, *»wenn gar nichts mehr hilft«*, die Notbremse eines Klapses auf Finger oder Popo zu ziehen.

*»Also Geld kommt bei uns gar nicht in die Tüte bei uns. Gutes Zureden. Dann Vorbild sein. Ich versuche es zumindest. Vereinbarungen ... dazu brauchst du ja die Nerven, aber ich versuche es zumindest. Hausarrest nicht, aber so Zimmerarrest für ein paar Stunden, weil die sind ja noch ziemlich klein. Körperliche Strafe, das kommt dann auch noch, wenn gar nichts mehr hilft, dass ihr auf die Finger oder auf den Popo haue.« (**13**/235–39) »Meine hat sich gestern den ganzen Körper mit Bebe-Creme vollgeschmiert. Da hat sie erst einmal ein paar auf die Finger gekriegt.« (**13**/244)*

Beide Frauen sind Repräsentantinnen der zweiten Einwanderer-Generation, die das deutsche Schulsystem durchlaufen und sich beruflich qualifiziert haben. Sie distanzieren sich von den althergebrachten Methoden »schwarzer Pädagogik« mancher Landsleute.

So hat die eine Befragte bei Besuchen in Familien von Landsleuten Methoden mitbekommen, die sie *»fürchterlich«* findet – wie Drohen mit Schlägen des Vaters oder Angst machen.

*»›Wenn er nach Hause kommt, bringt er dich um‹, ›Von der Decke kommt jetzt ein Geist!‹ oder ›Die Tante kommt jetzt mit einer Spritze. Wenn du dich so aufführst, dann gibt dir die Tante eine Spritze jetzt!‹. Es sind so Wörter, die finde ich fürchterlich.« (**37**/475)*

In den oben zitierten Äußerungen zu Erziehungswerten von eritreischen und afghanischen Frauen, die sich erst kurze Zeit in Deutschland aufhalten und sehr traditionellen Lebensformen entstammen, scheint ebenfalls ein eher restriktiver Erziehungsstil durch (Interview **46**).

Die Bandbreite der Erziehungswerte wie des Erziehungsverhaltens variiert scheinbar nach Einwanderungsgeneration, Bildungsstand, Aufenthaltsdauer und Modernisierungsgrad des Herkunftslandes. Das lässt sich natürlich bei der geringen Zahl von Interviews quantitativ nicht belegen.

4.2.2 Erziehungsmittel – Selbstbild Deutsche

Die einzige deutsche Mutter, die sich zu ihren Erziehungsmethoden geäußert hat, gibt einen Hinweis dafür, dass die oben zitierte Erzieherin mit ihrer Einschätzung, in deutschen Elternhäusern sei die Strafpraxis des Hausarrestes als äußerstes Sanktionsmittel vergleichsweise stark verbreitet, nicht so falsch liegen kann.

»An erster Stelle kommt bei mir das Konfrontieren mit Vereinbarungen, dann kommt gutes Zureden, gutes Vorbild sein, na ja, soweit ich das kann. Dann kommt Hausarrest, auf jeden Fall. Die kriegt da schon mal drei Tage Hausarrest, wenn sie wirklich überzogen hat. Körperliche Strafe gar nicht und Liebesentzug auch nicht, geht bei ihr gar nicht.« (13/242)

4.3 Unterschiede in der Freizeitgestaltung – Sicht der Erzieherinnen

Übereinstimmend sehen die Erzieherinnen große Unterschiede bei der Freizeitgestaltung deutscher Kinder und von Kindern mit Migrationshintergrund.

Die deutschen Kinder würden sehr viel häufiger die Freizeitangebote der Vereine, der Kirchengemeinden oder der Musikschulen nutzen und würden von ihren Müttern herumchauffiert, während die Kinder mit Migrationshintergrund sich eher zu Hause aufhielten oder in unmittelbarer Nachbarschaft im Freien mit den Geschwistern oder Nachbarskindern spielten bzw. in Begleitung der Mütter auf den nahegelegenen Spielplätzen (15/368–378; 25/46; 29/103; 24/52; 26/33).

»Von ausländischen Kindern weiß ich, dass sehr viele mittags auf dem Spielplatz sind, dass auch sehr viele bei Verwandtschaftsbesuchen dabei sind. Bei deutschen Kinder unternehmen die Eltern viel, mit Freunden treffen, Vereine.« (15/368–369)

»Ich denke, dass die ausländischen Kinder sehr viel Freizeit in der Familie verbringen oder mit Leuten der gleichen Nationalität. Also alles so im häuslichen Bereich. Oder die treffen sich auf dem Spielplatz mit den engsten Freunden, Verwandten und lassen die Kinder dort herumlaufen, aber in irgendwelchen Vereinen sind die wenigsten.« (25/46)

Andererseits wird bestätigt, dass es aber auch eine Minderheit von Migranteneltern gibt, die ihre Kinder auch in die Vereine integrieren – Jungen eher als Mädchen (29/103; 24/52).

»Bei den Migranteneltern auch, aber nicht alle. Manchmal klappt das auch erst nach einer Weile, wenn sie hören, da ist Fußball, da ist dies, da ist jenes, für die Jungs auch. Bei den Mädchen ist es noch verhaltener. Wenn wir sagen, da ist Jazzgymnastik, da ist dies, da ist jenes. Da höre ich weniger, dass die da auch hingehen. Fußball schon eher. Aber ich sage mal, die Deutschen sind in den Vereinen richtig fest verankert.« (24/52)

Kommentar: Die Aussagen müssen bezüglich der Teilnahme an migrantischen Vereinen relativiert werden. Die Kinder und Eltern erzählen vermutlich wenig über die Kontakte zu ihren landsmannschaftlichen oder religiösen Vereinen in der Region, die auch Angebote für Kinder bzw. Veranstaltungen mit Kinderbetreuung anbieten (z. B. auch die marokkanische Moschee in der Ringstraßensiedlung). Die befragten Erzieherinnen haben keine Kontakte zu Migrantenvereinen und verfügen auch nicht über entsprechende Informationen.

Allerdings kommen die Kinder in den landsmannschaftlichen Vereinen nicht mit deutschen Kindern in Kontakt – mit dem erwünschten Nebeneffekt der Gelegenheit, ungesteuert Deutsch zu lernen bzw. über den Tellerrand der eigenen Community hinausblicken zu können.

»Also ich denke so generell, dieses Familiäre ist auf jeden Fall ganz gut. ... aber den Kindern Deutsch beizubringen, oder das zu lehren, das ist sehr schwierig in einer Freizeit mit Gleichgesinnten. Ich denke, da wäre es in der Freizeit schon wichtig, mehr raus zu gehen und mehr mit deutschsprachigen Gesellen unterwegs zu sein und zu spielen. Ich denke, das täte insgesamt gut, auch den Eltern, auch einfach mehr bewegen und mehr Spielplatz und Ausflüge. Das tut ja den Kindern auch gut, wenn sie rauskommen und bestimmte Sachen sehen und kennen lernen. Das leidet da vielleicht schon ein bisschen.« (25/48)

»Und an die Eltern halt, dass ihre Eltern vielleicht mal mehr ihre Kinder in Vereine schicken, dass sie einfach untereinander mehr Kontakt kriegen können, jetzt unter Migranten und Deutschen.« (25/134)

Einige Erzieherinnen meinen beobachten zu können, dass die Eltern – v. a. die mit Migrationshintergrund – gegenseitige häusliche Einladungen spontan befreundeter Kinder unterschiedlicher ethnischer Herkunft nicht fördern, sondern eher unterbinden.

»Also es ist auch oft so, dass die Migrantenkinder sich untereinander nicht treffen. Die deutschen Kinder treffen sich mittags mal zum Spielen. Aber bei den ausländischen ist das tabu. Es ist halt, wenn andere dann mal fragen, kann ich mal zu dir, oder kann ich mal zu dem mit, das ist gleich abgeblockt worden. Das ist, wenn die ausländischen Mitbürger so wenig Kontakt mit Deutschen haben.« (25/134)

Sie führen eine Reihe von Gründen dafür an: Von Seiten der Deutschen einen Mangel an Akzeptanz und von Seiten der (v. a. muslimischen) Migranten deren Bedenken gegenüber der Nichteinhaltung von Speisevorschriften, deren Angst vor kultureller Entfremdung ihrer Kinder oder die Berührungsangst vor der fremden, unüberschaubaren familiären Lebenswelt.

E.2: *»… viele sind ja Freunde, dürfen sich aber gegenseitig nicht besuchen, zuhause, ja. Und da fängt es schon an, und in der Schule geht es dann weiter, die werden ja mehr zu Außenseitern, die ausländischen Kinder oft, weil sie halt das nicht von daheim aus dürfen oder weil sie halt von anderen nicht richtig akzeptiert werden.«*
E.1: *»Ja, oft oder meistens liegt es dann doch an den Ausländischen. Die Deutschen laden schon ein, aber dann dürfen sie nicht, vielleicht auch, weil sie Angst haben, die essen was Falsches oder …, das ist halt auch ein Problem.«*
E.2: *»Oder dass die Kinder eingedeutscht werden, sodass sie halt ihre Identität, also die eigene, dass sie das alles verlieren. Viele haben Angst, weil es ist ja schon so, dass deutsche und ausländische Kinder und Jugendliche immer zusammen sind, ja. Sind ja die wenigsten, die nicht danach was damit zu tun haben. Dass die Ängste schon im Kindergarten da sind. Weil das auch was Fremdes ist, dadurch, dass sie in so einem, sag ich jetzt mal, Ghetto wohnen, leben, dass sie gar nicht wissen, wie es halt bei den Griechen, bei den Deutschen, bei den Italienern … Es ist ja das Fremde, wovor man immer Angst hat. Dass sich da eben beide Seiten ein bisschen öffnen oder …« (29/288–290)*

Eine befragte türkische Multiplikatorin führt die interethischen Kontaktbarrieren zwischen Kita-Eltern nicht auf die einseitige Angstabwehr der Migranten zurück. Die Ursache für die seltenen wechselseitigen Besuche sieht sie eher in der sprachlichen Unsicherheit der Migrantenfamilien begründet und auch in der Unsicherheit auf Seiten der deutschen Familien, die eben auch Schwellenängste gegenüber dem fremdkulturellen Milieu verspürten.

*»Ich hatte sogar einen Fall, wo die deutsche Mutter mich gefragt hat, ob ich mal diese türkische Mutter mal fragen darf, dass die Kader mal zu ihr kommen kann. Weil sie sich selber das nicht trauen, nicht getraut hat oder nicht wusste, ob sie es dann darf usw.!« (**37**/345)*

*»Also, grad die? Die würden sich über deutsche Kontakte sehr freuen. Bei denen ist es eher so, dass sie diesen ersten Schritt nicht machen, weil sie einfach die sprachliche Barriere haben. Aber würde jetzt eine deutsche Familie sie einladen oder das Kind sagen: ›Kann das Kind zu uns kommen?‹ ... Die, die ich kannte, die sind auch ziemlich kontaktfreudig, würden das Kind entweder einladen oder hinschicken, also das würden sie machen.« (**37**/341)*

Kommentar: Einer der Hauptgründe dürfte auch einfach darin liegen, dass sich die Eltern persönlich zu wenig kennen. Der persönliche Kontakt und das durch den Kontakt aufgebaute Vertrauen ist bei Migranten noch mehr eine Voraussetzung für das Anvertrauen des Kindes an eine fremde Familie als in der individualisierten Gesellschaft, in der der private Umgang der Kinder mit Kindern fremder (und fremd bleibender Familien) viel normaler ist. Das Kind geht eine individuelle Beziehung ein, keine kollektiv familiäre. Der Kontakt ist unverbindlicher. Von daher sind die Barrieren geringer.
Zum persönlichen Kennenlernen könnte der Kindergarten noch mehr beitragen – in Form von Elternstammtischen, Mütterfrühstück, Mütter-Café, durch eine informellere Gestaltung des Elternabends in Verbindung mit Essen und Musik. Das persönliche Kennenlernen könnte aber auch außerhalb der Institution Kindergarten im Zuge der Umgestaltung der Spielplätze und der Einrichtung von Bewohnergärten mit angeschoben werden (siehe Teil I der Studie).

Des Weiteren wird berichtet, die meisten Migrantenfamilien würden mit den Kindern wenig unternehmen. Die Kinder erzählten nichts davon, dass die Eltern mit ihnen in den Zoo oder ins Kino gegangen wären, dass sie mal Eisenbahn gefahren wären oder mit dem Fahrrad irgendwohin einen Ausflug unternommen hätten. Die häufigste gemeinsame Unternehmung bestünde – aus den Berichten der Kinder zu schließen – in gegenseitigen Familienbesuchen (15/370, 374; 22/62).

Eher deutsche Kinder als *»ausländische« »... erzählen manchmal was Besonderes: ›Ich werde heute früher abgeholt. Papa hat heute frei. Ich gehe mit Papa ins Kino.‹ Sagen deutsche Kinder.« (15/370–372)*

»... es ist schon traurig, dass manche noch nie im Zoo waren oder noch nie in ihrem Leben Eisenbahn gefahren sind. Erschreckt mich schon. Ausländische Kinder.« (15/374) »Weil die Kinder nicht wissen, was Zoo ist. Und wenn man darüber mal redet oder bastelt oder Bilderbücher vorliest.« (15/378)

Die Kinder der Migrantenfamilien erzählen, *»... dass Besuch da gewesen ist oder sie auf Besuch gegangen sind. Da erfährt man nichts von Kinobesuch. Da hört man nichts von Fahrradfahren. ›Ich hab ferngesehen‹ oder ›Ich hab Computer gespielt‹, sagen die Kinder.« (22/62)*

Aus den Erzählungen der Kinder meint auch eine andere Befragte entnehmen zu können, dass die Migrantenkinder häufiger noch als die deutschen fernsehen oder Computerspiele bzw. Gameboy spielen (30/46). Dies bestätigen im Übrigen auch vergleichende sozialwissenschaftliche Untersuchungen des niedersächsischen kriminologischen Forschungsinstituts (Christian Pfeiffer in DIE ZEIT vom 6.4.2006, S. 20).

Eine Erzieherin meint, man merke gerade bei vielen Migrantenkindern, die neu in den Kindergarten kommen, dass sie z. B. noch nie eine Schere in der Hand gehabt haben. Daraus kann geschlossen werden, dass die Eltern zuhause mit ihnen kaum Bastel- oder Malarbeiten machen. Diese Aussage bezieht die Befragte aber nicht ausschließlich auf Migrantenkinder (22/64).

»Man merkt eben auch, wenn die Kinder halt zu uns kommen, dass gewisse Dinge einfach fehlen. Die haben noch nie eine Schere in der Hand gehabt. Es wirft uns in unserer Arbeit zurück. Es wirkt sich auf das Niveau der Arbeit aus.« (22/64)

Kommentar: Die sensomotorische Ungeübtheit durch die mangelhafte elterliche Anregung zum Malen und Basteln – und man könnte hinzufügen auch zunehmend motorische von übergewichtigen Kindern, die – im Extremfall – als »Couch-Potatos« verlernt haben, rückwärts zu gehen – stellte die Erzieherinnen vor neue Herausforderungen.

»Also wir fangen bei unter Null an. Es gibt ganz alltägliche Sachen, die einfach nicht da sind.« (12/84)

Allerdings beurteilen einige befragte Erzieherinnen auch die pädagogische Institutionalisierung und Durchorganisierung der Freizeit der deutschen Kinder – die sie bei den Migrantenkinder vermissen – durchaus ambivalent.

Unerwünschte Nebenfolgen dieser Entwicklung seien:

- Defizite im Sozialen Lernen,
- passive Konsumhaltung gegenüber professionellen Angeboten,
- Vernachlässigung der Beziehungspflege unter Kindern durch Verplanung und »Verinselung« der Freizeit (örtliche Zertrennung).

»Wir registrieren zunehmend bei den europäischen oder deutschen Familien, beziehungsweise deren Kindern, dass dem Kind die Auseinandersetzung in gleichaltrigen Gruppen fehlt oder erst erlernt wird im Kindergarten. Das ist bedingt durch das Nicht-Vorhandensein von Geschwistern und wird durch die Berufstätigkeit beider Eltern verstärkt, sodass das Kind das erst von klein auf lernt, wenn es in irgendwelche Einrichtungen kommt. Und dass diese Kinder verstärkt längere Zeit in Einrichtungen verbringen. Von der Krabbelstube angefangen ... geht das über Projekte, Schule, Jugendpflege oder sonst wo – sie verbringen mehr Zeit in Institutionen, gleich welcher Art.« (20/208)

Migrantenkinder haben mehr Geschwister, sind viel seltener ganztags im Kindergarten untergebracht (22/66) – was auch ein finanzielles Problem zu sein scheint (47/72, 74 – *»... jetzt ist es halbtags, es wäre besser wenn es ganztags wäre. ... ist zu teuer für mich«*). Sie verbringen die Freizeit v. a. zu Hause oder in Rufweite. Allein dadurch verbringen sie mehr Freizeit im familiären oder informell nachbarschaftlichen Rahmen, wodurch auch Sozialverhalten in einer eigenständigen Kinderwelt spontan erlernt werden kann.

»Ich würde jetzt sagen, das soziale Verhalten leidet darunter, dass wir vielleicht doch die Kinder aus Familien mit weniger Kindern häufiger haben, als Kinder aus kinderreichen Familien.« (12/87–89)

»Also da sehe ich halt bei unseren (gemeint sind die deutschen) *Kindern, dass die Freizeit von den Eltern total verplant wird. Also dass auch gar nicht spontane Verabredungen möglich sind für die Kinder – die Zeit ist einfach verplant durch diese ganzen Aktivitäten.« (26/33)*

»... wenn man so unsere deutschen Kinder sieht, die sind wirklich überall nur unterwegs, die Eltern sind mittlerweile Taxifahrer und holen das Kind da ab und liefern das nächste woanders ab.« (29/108)

»... beobachten wir, dass die Kinder sich oft hinsetzen und sagen ›mir ist langweilig‹, selber aber keine Initiative ergreifen, dagegen etwas zu tun, einfach sich was zu spielen zu suchen, sondern sie erwarten, dass ich jetzt ein Angebot mache.« (26/34)

5 AUFGABEN UND PÄDAGOGISCHE ZIELE DES KINDERGARTENS AUS SICHT DER ERZIEHERINNEN UND DER MIGRANTENELTERN

5.1 Werte, Ziele und Aufgaben der Elementarpädagogik aus der Sicht der Erzieherinnen

Nach den wichtigsten Werten und Zielen der Kindergartenerziehung gefragt, wurde am häufigsten das Lernziel »Selbstständigkeit« genannt (25/16; 29/30; 24/12; 12/198; 22/12; 26/7: *»selbstständiges Denken, vor allem auch persönliche praktische Selbstständigkeit«*) – dicht gefolgt von der Erziehung zum »Sozialverhalten« (22/26; 26/7; 25/18; 29/35).

»... dass sie selbstsicher sind«, »Vertrauen zu Erwachsenen finden.« (29/32, 31)

»... Konfliktbewältigung. (25/18) ... ohne Gewalt.« (29/36)

»... ansonsten Werte natürlich wie Ehrlichkeit stehen bei mir schon ziemlich hoch« (25/16).

Die Kinder sollen im Kindergarten *»Lern- und Arbeitsbereitschaft«* erwerben, *»Ausdauer«*, *»eine Zeit lang eben auch an einer Sache dran zu bleiben, bis diese beendet ist«*, *»einen gewissen gesunden Ehrgeiz«* entwickeln und *»Konzentrationsfähigkeit«* lernen (22/26).

».. dass sie bis zur Schule bestimmte Regeln gelernt haben, sich auch innerhalb vom Kindergarten an diese Regeln halten, denn das wird ja in der Schule nachher auch abverlangt.« (25/16)

Der Erwerb kognitiver Fähigkeiten stehe ebenfalls auf der Agenda der Elementarpädagogik *»Ein Grundverständnis im Bereich Zahlenmengen erwerben, die Farben erkennen können, sie sollten Formen erkennen können, ... die Fähigkeit haben, sich sprachlich auszudrücken, Fragen zu verstehen, die auch aus mehreren Teilen bestehen, oder halt auch Anweisungen zu verstehen«* (22/26; vgl. auch 29/31) – auch zur Vorbereitung auf die Schule (25/16).

Die Wichtigkeit der Spracherziehung wird ebenfalls hervorgehoben.

»Und wir hier im Haus haben halt auch mittlerweile festgestellt, dass eine gewisse Sprachförderung halt auch ein ganz wichtiger Aspekt unserer Arbeit hier sein muss, dass wir da halt auch was tun müssen.« (22/12)

Genannt wurde auch das Erlernen von sensomotorischen Fertigkeiten: *»mit Farben umgehen können, Formen, Schneiden« (29/32), »Stift und Schere richtig handhaben können« (22/26)* sowie musische Erziehung: *»musikalische Erziehung, Bewegungserziehung« (»harmonische Bewegungsabläufe«), »Erziehung zur Kreativität« (22/12, 26).*

Am Rande wird auch Umwelterziehung genannt (Erkundung des nahegelegenen Waldes, Mülltrennung, Beteiligung einer Aktion gegen den auf den Wiesen überhandnehmenden Hundekot).

5.2 Bild der Erzieherinnen von den Erwartungen der Migranteneltern an den Kindergarten

Bei beiden – bei deutschen Eltern wie bei Eltern mit Migrationshintergrund – steht – nach dem Eindruck einiger befragter Erzieherinnen – die Betreuungsfunktion des Kindergartens ganz oben an (26/46; 14/440; 30/65). Die Bedeutung des Kindergartens reduziert sich gar – aus Sicht einer Befragten – besonders bei einigen Migranteneltern auf die Funktion der »Bewahranstalt«.

»... Hauptsache mein Kind ist da gut aufgehoben, kann jeden Tag kommen, der Rest interessiert mich nicht.« (30/65)

Die Betreuungsaufgabe wird aus der Sicht zweier befragter Erzieherinnen von einigen Migranteneltern im Sinne eines Wunsches nach Behütung (Overprotektion) ausgelegt. So erwarteten manche Eltern, dass die Erzieherinnen immer dabei sind, wenn die Kinder im Freigelände spielen, dass sie nicht raus gehen, wenn es kalt ist und dass sie die Kinder anhalten zu frühstücken, auch wenn sie nicht wollen (29/172, 178, 205).

Beide Elterngruppen erwarteten sich an vorderer Stelle auch das Erlernen von Sozialverhalten (26/46; 24/66; 14/440; 25/59).

Noch stärker und häufiger heben aber die befragten Erzieherinnen bei Migranteneltern die hohen Erwartungen bezüglich des Deutschlernens im Kindergarten hervor (26/46; 14/440; 22/75; 25/59; 11/70; 30/55; 15/404).

Eine deutsche Elternbeirätin, die mit den Erzieherinnen in engem Kontakt steht, berichtet aus zweiter Hand von dem Unmut, der bei den Erzieherinnen ausgelöst wird, wenn Migranteneltern bezüglich des Deutschlernens großen – aus ihrer Sicht illegitimen – Druck ausüben.

»Was man auch im Kindergarten hat, was ich jetzt von der Kindergartenleitung gehört habe, dass halt auch die Fälle auftreten, dass sich die ausländischen Eltern beklagen, wenn die Kinder im Kindergarten nach zwei bis drei Monaten noch kein Deutsch können. Dann kommen die dann, werden vorstellig und fragen: ›Warum kann das Kind noch kein Deutsch‹. Dann unterstellen sie, dass die doch andere Mahlzeiten bekommen, als sie eigentlich dürften. Also, dass man da richtig forsch vor geht und da dreist versucht, dem Kindergarten Vorwürfe zu machen.« (10/84–92 – deutsche Elternbeirätin)

»Geistige Anregung«, »abwechslungsreiches Freizeitangebot«, »musische Bildung« werden eher als nachrangige Erwartungen der Eltern – respektive bei Migranteneltern – registriert.

Eine Erzieherin verweist auf den geringen Stellenwert, den insbesondere die Migranteneltern den vielfältigen Sozialisationsangeboten des Kindergartens zumessen, und beklagt sich – im Unterton – über das geringe Maß an Anerkennung ihrer Arbeit.

»Da ist erst mal ein ganz großer Aufklärungsbedarf da: Was ist eigentlich Kindergarten? ... Das merkt man im Umgang miteinander. Größtenteils ist es so, dass die Eltern den Anspruch haben, das Kind hat hier deutsch zu lernen. Aber alles andere ist überhaupt nicht wichtig und spielt halt auch überhaupt keine Rolle.« (22/70)

Nur eine Befragte ist der Auffassung, dass die Migranten – genauso wie die Deutschen – vom Kindergarten eine komplexe, ganzheitliche Pädagogik erwarten (24/66). Und eine Erzieherin mit Migrationshintergrund verwahrt sich gegen das pauschalisierende Urteil, den Migranten käme es im Kindergarten nur auf Betreuung und Deutschlernen an.

E.2: *»Man soll halt nicht nur das Negative im Kopf haben. Also nur dieses einfache Deutsch lernen, sondern es gibt ja viele ausländische Eltern, die wirklich alles für ihre Kinder versuchen und alles ihren Kindern anbieten möchten.« (**29**/130)*

Alle befragten Erzieherinnen teilen die Auffassung, heute müsste der Kindergarten – neben der zusätzlichen Aufgabe der Vermittlung der deutschen Sprache an ausländische Kinder – immer mehr Sozialisationsfunktionen übernehmen. Dies gelte für deutsche Kinder genauso wie für Kinder mit Migrationshintergrund.

»Es ist ja schon so, dass die Kindergärten Familien ergänzend wirken sollten und nicht Familien ersetzend. Es ist halt immer häufiger so, dass er als Ersatz angesehen wird, und das ist bedauerlich und auch traurig für die Kinder.« (25/136)

Während bei den deutschen Kindern eher Defizite im Sozialverhalten zu kompensieren seien, v. a. wenn sie aus Einkind-Familien stammten, kämen viele muslimische Jungs in den Kindergarten, die wenig Selbstständigkeit beim Ankleiden oder anderen täglichen Verrichtungen an den Tag legten. Viele Migrantenkinder hätten auch kaum Erfahrung im Umgang mit der Schere oder mit Malstiften. Beim Kindergarteneintritt wird besonders auf die Defizite muslimischer Kinder verwiesen.

»... wir fangen da praktisch ganz klein an, unter Null. Ich sage immer so, wenn die Schule sagt: ›schulfähige Kinder‹, wer bringt uns denn kindergartenfähige Kinder? ... Es gibt ganz alltägliche Sachen, die einfach nicht von Kindern beherrscht werden ... allgemeine Umgangsformen ... das soziale Verhalten.« (12/77–87)

»Ich würde jetzt sagen, das soziale Verhalten in dem Sinn, dass wir vielleicht doch die Kinder aus Familien mit weniger Kindern häufiger haben, als wie Kinder aus kinderreichen Familien. Da merkt man schon, dass Rücksichtnahme gegenseitig herrscht. Und manchmal ist halt diese Ellenbogenfreiheit ... Das ist bei Kindern, die noch Geschwister zu Hause haben, anders. Ein bisschen menschlicher.« (12/87–89)

Die Erzieherinnen haben vor allem von den muslimischen Familien den Eindruck, dass sie ihre Kinder nicht ausreichend auf den Kindergarten vorbereiten und die pädagogische Begleitung des Kindergartens vernachlässigen.

E.1: *»Also ich kann jetzt wieder aus meiner Erfahrung sprechen, ausländische Eltern wie Griechen, Vietnamesen und sonst was, glaub ich schon, dass die ihre Kinder vorbereiten, aber die moslemischen Eltern weniger.« (29/134)*

E.2: *»Da wird von zu Hause so ein paar Sachen mitgegeben, dass sie halt alleine die Dose aufmachen können, dass sie halt die Flasche allein öffnen können, dass sie allein trinken, essen und auf Toilette gehen können, ja. Auch wenn das Kind nicht spricht, wenn es das kann, ist es schon viel wert. ... Bei den anderen hat man oft das Gefühl, die werden gefüttert, mit der Flasche wird getrunken, und wenn es geht, wird auch mit Windel in den Kindergarten geschickt, dass man die Arbeit zu Hause nicht hat. ... Anziehen, Schuhe anziehen, ich meine, binden müssen sie ja noch nicht, aber dass sie zumindest halt die Hausschuhe anziehen können, so Kleinigkeiten. ... Wenn das Kind da hilflos steht und kein Wort sprechen kann, dass es zumindest an die Tasche gehen kann und was trinken, sich was zu trinken holt. ... Von Seite der moslemischen Familien findet da nicht so eine Vorbereitung statt.« (**29**/135–137)*

E.1: *»Jetzt gerade mit dem ganz neuen Tageskind, da erzählt die Mutter mir, der kann noch nicht alleine essen. Ich mein', der muss ja, wir können ja nicht 30 Kinder füttern, das geht ja gar nicht.« (29/140)*

Insgesamt geht die Antworttendenz dahin, dass die deutschen Eltern sich eher mit der Ergänzungsfunktion des Kindergartens identifizieren (auch, wenn sie ihrer Erziehungsverantwortung nicht immer gewachsen seien) und Migranteneltern häufiger die Erziehungsverantwortung vollständig an den Kindergarten delegierten bzw. die Kinder dort abgeben würden, ohne sich weiter um die kindergartenbegleitende pädagogischen Aufgaben zu kümmern.

»... die deutschen Eltern sehen den Kindergarten als Ergänzung. Sie wissen zwar, sie haben nach wie vor die Hauptverantwortung für ihre Kinder. Die können wir ihnen auch nicht abnehmen. Ich denke Eltern sind Fachkräfte für ihre Kinder, ... die kennen ihr Kind am besten ... und bei den Migranten, bei manchen Migrantenfamilien sehe ich es manchmal so, dass – sie denken mittelalterlich – der Kindergarten hat die Verantwortung. Zum Abgeben ... sie sehen es nicht als Ergänzung, sondern als Ersatz! Und das ist ja nichts.« (30/70, 71)

Die hier zitierte Erzieherin korrigiert ihren eigenen generalisierenden Ausdruck durch die relativierende Vokabel *»manche«*. Wen sie damit meint, lässt sich aus einer vorgeschalteten Bemerkung nur erahnen.

»… das muss man auch von Fall von Fall sehen … in der Erziehung – was sich auch hemmt teilweise – mit der Nation mit der Religion … Und dann gibt es auch wieder Migrantenfamilien, da unterscheidet sich das nicht, da deckt sich das.« (30/69)

Die Generalisierung wird von »den Migranten« auf bestimmte – hier nicht genannte – nationale und/oder religiöse Gruppen verschoben. In der Befragung wird mit großer Stereotypität berichtet, Probleme ergäben sich nicht mit den mehr oder weniger assimilierten europäischen Einwanderergruppen (*»da unterscheidet sich das nicht, da deckt sich das«*), sondern v. a. mit den türkischen und marokkanischen Muslimen. Der weitere Verlauf des Interviews deutet auch darauf hin, dass die erwähnten »mittelalterlichen« Auffassungen vor allem dieser Gruppe zugeschrieben werden.

Auf der anderen Seite fühlen sich zwei befragte Erzieherinnen gerade durch die stärkere Übertragung der pädagogischen Verantwortung an sie vom professionellem Rechtfertigungsdruck entlastet. Der sei bei den stärker nachfragenden und kontrollierenden deutschen Eltern größer. Migranteneltern vertrauten ihnen mehr und akzeptierten ihre Autorität eher.

E.2: *»Dass die ausländischen uns als höher akzeptieren als die deutschen.«*
E.1: *»Ja, weil die uns oft als Lehrerin bezeichnen.«*
E.2: *»… dass sie uns auch nach unserer Meinung fragen, wie sie etwas besser machen können und bei Deutschen ist es so, dass wir kein Recht sozusagen bei manchen Sachen haben, weil wir halt eh nicht dafür verantwortlich sind, und auch nicht die Fachfrauen in dem Fall sind, weil sie halt alleine für die Erziehung ihrer Kinder verantwortlich sein möchten.« (29/145–147)*

E.1: *»Ja, die deutschen Eltern verlangen, dass ihr Kind immer irgendwas Greifbares mitbringt, nur Spielen, in Anführungszeichen, ist zu wenig. Immer irgendwas muss mitgebracht werden. …«*
E.2: *»Ja, und die ausländischen sind lockerer, wenn man bedenkt, um halb acht machen wir auf, wenn wir nicht punkt halb acht in der Gruppe sind, sind die Deutschen … die meckern halt eher, warum keiner hinten in der Gruppe steht, obwohl die Kinder halt zu uns kommen können. Und bei den Ausländischen ist es halt lockerer, die wissen, okay, da ist eine Erzieherin, das Kind kann auch da hin und nicht unbedingt an den Ort, wo die Auffanggruppe ist. … das ist ja sowieso mit den Ausländischen ganz anders als bei den Deutschen. Nicht so ein starkes, jetzt muss das, und dann muss das, bei den ausländischen ist das halt nicht so. Ich meine, es ist ja klar, wenn die Kinder nichts Gebasteltes mitbringen, die wissen trotzdem,*

dass die Kinder was gemacht haben. Und bei den Deutschen ist das oft ein Beweis, dass die Kinder überhaupt was machen, wenn sie was Greifbares mit nach Hause bringen. Das überträgt sich auch auf uns. Wenn sie uns mit einer Tasse da sehen, dann meinen sie, wir können uns über die Kinder unterhalten, dann heißt es halt, die sitzen da nur rum, bei den ausländischen kommt das halt weniger, dass die dann irgendwie an uns zweifeln oder irgendwas erzählen, was nicht stimmt.« (29/ 153, 154)

Eine andere Erzieherin eines anderen Kindergartens, in dem mehr Mittelschichten repräsentiert sind, spürt aber auch bei den dortigen Migranten diese Produktorientierung.

E.1: *»Wenn man jetzt was Schönes gebastelt hat, wenn eine schöne Dekoration da hängt: ›Och, das ist eine tolle Erzieherin, die hat was Tolles gemacht.‹ Aber wenn ich ein leeres Zimmer habe, aber mit den Kindern ständig auf dem Bauteppich rumtobe oder spiele oder baue oder was, dabei aber nichts gebastelt habe, nichts Nachweisbares habe, dann …*

Interv.: *»Und das gilt für deutsche und nicht-deutsche Eltern?«*

E.1: *»Ich denke mal, das zu vermitteln kann man als erstes ja über die Sprache. Das kann man den ausländischen Eltern noch weniger vermitteln als den Deutschen. Also da ist dann auch erst mal dieser Leistungsnachweis – wenn man was sieht, hat man was geschafft.« (26/54, 55)*

Dass nicht alle Migranteneltern die Kompetenz der »Lehrerinnen« so umstandslos voraussetzen, belegt auch ein Zitat einer Migrantin mit einem höheren Bildungsstand und komplexen pädagogischen Ansprüchen (s. u. 47/54, 38). Wie überhaupt der Bildungsstand von einer der befragten Erzieherinnen für den Grad des Interesses und Beteiligung als ein wesentlicher Faktor angeführt wird.

»Ich sage mal, es kommt auch sehr darauf an, welchen Bildungsstand die Eltern haben, oder der Vater hat, bei Migrantenkindern. Bei den deutschen Eltern denke ich, wird mehr nachgefragt. Das trifft auf fast alle zu, aber bei ausländischen Eltern auf einige schon auch.« (24/72) (Vgl. auch die Aussage einer Erzieherin einer Kita mit mehr Migranten aus Mittelschichten als etwa im Kindergarten an der Oderstraße: *»Die haben eigentlich ein eher großes Interesse an der Arbeit. Also ich sehe da keinen großen Unterschied.« (25/66)*)

Eine Kita-Leiterin nimmt bei Deutschen wie bei Migranten hohe Ansprüche wahr, nur unterschieden sich diese Ansprüche nach den Inhalten.

»Das unterscheidet sich schon, weil die deutschen Eltern ja auch ein ganz anderes Bild von uns haben. Die sind ja schon aufgeklärt über das, was hier passiert. Einen hohen Anspruch an die Institution, was denn da zu leisten ist, haben beide Gruppen. Nur unterscheidet sich der Anspruch dann eben dem Inhalt nach. Bei den Migrantenfamilien ist der Anspruch, den Kindern Deutsch beizubringen, ganz oben dran, und bei den deutschen Familien ... die haben halt einen Anspruch schon an gewisse Werte, die hier vermittelt werden sollen, oder an gewisse Erziehungsdinge.« (22/88)
»Bei den deutschen Eltern haben wir schon den Eindruck, dass die wissen, dass wir ausgebildete Fachkräfte sind, und da halt schon in unserem Bereich auch kompetent sind, und bei den Migrantenfamilien hat man schon manchmal den Eindruck, dass die das gar nicht so unbedingt wissen, dass das ein Beruf ist, und was da auch eigentlich alles dranhängt. Und hin und wieder passiert es halt auch schon, dass so der Respekt uns gegenüber von der männlichen Seite zu wünschen übrig lässt, oder gar nicht vorhanden ist, Das ist halt einfach der kulturelle Hintergrund. Dann halt, dass gewisse Mütter eine gewisse Dankbarkeit uns entgegen bringen.« (22/90) (Vgl. ähnlich die beiden befragten Mitarbeiterinnen desselben Kindergartens: *»Ich habe das Gefühl, dass die ausländischen Eltern denken, dass wir nicht genug in der deutschen Sprache tun.« (15/433) »Die deutschen Eltern haben das Gefühl, dass wir nicht genug in der intellektuellen Förderung ihrer Kinder tun.« (15/435)*)

Letztere Bemerkung trägt zu einer weiteren Wahrnehmungsdifferenzierung bei. Überdurchschnittliches Feedback auf der Beziehungsebene bekämen die Erzieherinnen eher von den Müttern mit Migrationshintergrund (Vertrauensvorschuss, andere Höflichkeitskultur, expressiveres Feedback!?), weniger von den Vätern, die generell Frauen in ihrer Berufsrolle weniger respektierten.
Die Deutschen hätten mehr Durchblick, was den Beruf der Erzieherin betrifft. Sie könnten dadurch die fachliche Seite der Arbeit eher würdigen.

Unabhängig davon, ob die Eltern nun bewusst die Verantwortung delegieren oder faktisch durch ihren Mangel an Erziehungskompetenz oder Zeit wenig pädagogisch begleiten, halten die Erzieherinnen diese Verantwortungs-Delegation an den Kindergarten für illegitim und fühlen sich dadurch in ihrer Arbeit zurückgeworfen.

»Mein Wunsch wäre, dass die Eltern ganz allgemein, ob deutsch oder ausländisch, die Verantwortung gegenüber ihrem Kind, die Erziehungsverantwortung nicht mehr ausschließlich dem Kindergarten überlassen, dem Verein überlassen, den Schulen überlassen, weil es eben doch schon ganz stark so geworden ist, finde ich. Ob Sauberkeit, Spracherziehung, Selbstständigkeitserziehung, also es spielt sich immer mehr ab, dass das immer mehr die Aufgabe von Vereinen oder von Kindergärten wird.« (25/134)

Durch die Versäumnisse der Eltern würde das gesamte Niveau der Lernanforderungen im Kindergarten gedrückt (22/64).

Kommentar: Insgesamt scheinen die Erzieherinnen sehr auf die zugeschriebenen Defizite der Kinder und der Eltern – v. a. derer mit Migrationshintergrund – fixiert. Dieses defizitäre Bild der Herkunftsfamilie kann sich demotivierend auf die Kinder auswirken, an Bildungsprozessen des Kindergartens teilzunehmen. Petra Wagner, die den aus den USA importierten »Anti-Bias-Ansatz« in Deutschland eingeführt hat (»vorurteilsbewusste« Arbeit im Elementarbereich/Projekt »Kinderwelten«), hebt die Notwendigkeit der Überprüfung der defizitären Wahrnehmung in der Beurteilung von Migranteneltern und -kindern in ihrem Ansatz besonders hervor.

»Wenn ... Kindertageseinrichtungen Kindern vermitteln, hier mit ihren Vorerfahrungen und dem, was sie in ihrer Familie gelernt haben – das bezieht sich auch auf die zu Hause gelernten Normen sowie die Kultur des Umgangs mit Menschen und Dingen – nicht willkommen zu sein oder auch nur nicht danach gefragt zu werden, wird ihnen der Zugang zum Bildungsangebot der Kita schwer gemacht. Sie bleiben in gewisser Weise am Rande des Geschehens und werden verunsichert und gehemmt, sich als ganze Person mit ihren Fähigkeiten zeigen. Sie können diese daher kaum erweitern. Von den in Kindertageseinrichtungen üblichen Spiel- und Erfahrungsmöglichkeiten profitieren sie dann wenig. Es müsste zur Professionalität von Fachkräften gehören, darin das Resultat von Marginalisierungsprozessen zu erkennen, in die Kinder geraten, für die es kaum Identifikationsangebote in der Kindertageseinrichtung gibt. Fachkräfte, die das Verhalten der Kinder als »defizitär« interpretieren, verstärken die schwierige Situation der Kinder durch weitere Aussonderung und durch Schuldzuschreibungen an die Familien. Damit behindern sie Kinder in ihren Bildungsprozessen, doch dieses wird nicht selten den Kindern als ›Behinderung‹ zugeschrieben. Im Ansatz vorurteilsbewusster Bildung und Erziehung werden Fachkräfte sensibel für diese Zusammenhänge und kompetent darin, die Potentiale von Kindern zu erkennen und ihre Entfaltung zu unterstützen, indem sie z. B. die Vielfalt der Familienkulturen und -sprachen zum Bildungsthema machen.« (Wagner 2004, S. 10)

Einige befragte Erzieherinnen beneiden die Schule um ihren ganz andere Bedeutung und fachliche Autorität bei den Eltern – v. a. bei denen mit Migrationshintergrund.

»Schule hat einen anderen Stellenwert als der Kindergarten« –, sie sei den Eltern sehr viel wichtiger. Bei ihr fange – aus der Sicht vieler Eltern – der Ernst des Lebens erst richtig an (Pflicht, Noten usw.). So würden auch die Vorlaufkurse in Regie der Schule von den Eltern ernster genommen als die kindergarteninterne Sprachförderung (und vielleicht auch mehr gewürdigt). Erst wenn die Schule auf Verhaltensauffälligkeiten und individuellen psychosozialen Förderbedarf aufmerksam macht, würden die Eltern »hellhörig«. Vorher hätten sie nicht auf die Erzieherinnen gehört.

E.2: *»Weil die Schule einen ganz anderen Stellenwert hat als der Kindergarten.«*
E.1: *»Unser Deutsch-Angebot, das kriegen die Eltern ja nicht mit …«*
E.2: *»Der Meinung bin ich auch, das die Schule einen anderen Stellenwert hat, als der Kindergarten.«*
E.2: *»Die erfahren das jetzt, wenn man das mal sagt, also es gibt zwei Kollegen, die die Sprachbetreuung übernommen haben und damit ist gut. Also die Eltern werden da gar nicht so sehr mit konfrontiert.«*
E.1: *»Die Eltern müssen ja nicht für unsere Tätigkeit, für unsere Deutschunterweisung, die Kinder nicht anmelden. das ist ja einfach im Alltagsgeschehen drin, während der Deutsch-Vorlauf-Kurs, da suchen wir Kinder schon raus und sagen: ›Kuckt euch den an und entweder ihr nimmt den mit oder nehmt ihn nicht mit.‹« (12/273–282)*
E.2: *»Wir haben zum Beispiel auch Kinder, die auffallend sind, wo die Eltern auch zu einem Gespräch eingeladen haben und denen auch Hilfsmaßnahmen anbieten, die zur Prüf-Mutter-Stelle zu schicken. Und wenn wir das machen, dann passiert meistens nichts. Geht das dann weiter in der Schule so, dann werden die Eltern endlich hellhörig, aber …«*
E.1: *»Das ist ganz einfach auf einen Nenner zu bringen, Kindergarten ist freiwillig und Schule ist Pflicht. Und in der Schule gibt es Noten und Zeugnisse, da ist eine ganz andere …« (12/286, 287)*

Kommentar: Gerade traditionell eingestellte bzw. bildungsferne Eltern erkennen eher die Bildungsfunktion (und auch die Betreuungsfunktion) der Kitas an – weniger die ins Spiel und sonstige Aktivitäten des Kindergartens eingebettete pädagogische Praxis bzw. nehmen sie nicht wahr als berufliche Arbeit. Von daher fordern sie in Anbetracht der auch in ihrem Bewusstsein gestiegenen Bedeutung der schulischen Bildungsabschlüsse für die berufliche Zukunft ein Mehr an Vorschule (Lesen und Schreiben Lernen, Zahlen Lernen) bzw. gezieltem Deutschunterricht. Andererseits haben Sie den Eindruck, dass der Kindergarten dieser Aufgabe nicht nachkommt bzw. nicht gewachsen ist und übersehen, dass die Sprachförderung ja bereits in die Kindertagesstätten der Stadt implementiert ist. Sie wird in keinem der Eltern-Interviews erwähnt. Erwähnt werden dagegen der Mangel an Fortschritten der Kinder beim Deutschlernen und dass die Kinder beim Ausflug mit nassen Kleidern nach Hause gekommen sind (Betreuungsfunktion).

F.2: *»Pünktlichkeit, zuverlässig zu sein, auch z.B. in Deutschland die Kinder schreiben spät. Bei uns oder in Amerika, England usw. lernen schon 4-Jährige schreiben im Kindergarten. Hier sieben Jahre alt und noch nicht das lernen.*
Interv.: *»Sollen also auch Kinder im Kindergarten das Schreiben lernen?«*
F.2: *»Ein bisschen ja! Den Namen, das ABC!« (**46**/33–35)*

Erzieherinnen leiden an dem Komplex als pädagogische Fachkräfte nicht ernst genommen zu werden und entwickeln u.U. als Reaktion auf diesen subjektiv erlebten Mangel an Anerkennung ein Ressentiment gegen die Eltern (die ihre Arbeit nicht würdigen) und gegen die pädagogische Wissenschaft und Forschung, die eine stärkere Berücksichtigung der Bildungsaufgabe des Kindergartens einfordern – eine Aufgabe, auf die die Erzieherinnen in ihrer Ausbildung nicht ausreichend vorbereitet wurden und die unter den gegenwärtigen Voraussetzungen eine Überforderung darstellt.

In der Frage der stärkeren Berücksichtigung von Bildung treffen sich die Erwartungen der Migranteneltern mit denen der Erziehungswissenschaftler, die z.B. das Lesenlernen in den Elementarbereich vorziehen wollen (Early Literacy) (Ulich 2003). Allerdings dürften die didaktischen Vorstellungen der innovativen ErziehungswissenschaftlerInnen, die das Sprache Lernen im »Sprachbad« des Kindergartenalltags durch gezielte beiläufige und spielerische sprachliche Stimulation situieren möchten, von den Erwartungen der Migranteneltern abweichen. Darauf verweist auch die obige Beobachtung, dass die »schulische« Vermittlung von Deutsch auf ein ganz anderes Interes-

se stößt als die spielerisch vorgehenden bisherigen Angebote der Sprachförderung in den städtischen Kindertagesstätten.
Dies erklärt sich aus der traditionalen Vorstellung der »Rites of Passage« (schmerzhafte Übergangsrituale von einer Altersstufe zur anderen), dass es einen harten Übergang zwischen Spiel und (Vor-)Schuleintritt geben muss. Mit dem Schuleintritt beginnt der »Ernst des Lebens«. Schulisches Lernen und spielerische Aneignung von Kompetenzen werden als unvereinbare Gegensätze angesehen. Spiel ist »Spaß« und Lernen ist »Arbeit« im Sinne von erzwungenen Triebverzicht. Diesen Übergang versucht das traditionelle Schulsystem durch autoritäre Disziplinierung, d.h. durch eine extrinsische Motivierung, durch Strafen und Belohnungen oder auch Beschämung mit mäßigem Erfolg zu bewerkstelligen.
Dagegen raten die Erziehungswissenschaftler, Sprache im Kindergarten nicht »schulisch«, als Sprachunterricht, zu vermitteln, sondern die Spracherziehung in das pädagogische Alltagsgeschehen des Kindgartens einzubetten oder, wenn gezielt, dann spielerisch zu vermitteln.

»Was das kleine Kind zur Herausforderung seiner sprachlichen Bildungsprozesse braucht, ist Kommunikation in vielfältigen Handlungszusammenhängen mit Personen, die ihm nahe stehen, die mit ihm sprechen und seine sprachlichen Mitteilungen verstehen wollen. Ein Kind lernt Sprache nicht um ihrer selbst willen: ›Die Sprache ist das Medium für seine Ziele, nicht das Ziel selbst‹ (Wieczerkowski). Sie ist nützlich, weil sie Kommunikation effektiver macht. Für Kinder macht daher eine gezielte sprachliche Unterweisung keinen Sinn, die von Handlungszusammenhängen abgekoppelt ist« (Wagner 2004, S. 6; vgl. auch Tracy 2006, S. 3f.).

Eine innovative, interkulturell orientierte Elternarbeit sollte den Eltern die wichtige Bedeutung des Spiels und der spontanen und pädagogisch flankierten Um- und Mitwelt-Aneignungsprozesse kindlichen Lernens näher bringen, sollte ihnen klar machen, dass die extrinsische Motivierung der Kinder eher Lernblockaden setzt als zum Lernen anspornt, sollte ihnen deutlich machen, dass die »Lust am Lernen« der effektivste Treibstoff des Lernprozesses ist.
Dies ist kein leichtes Unterfangen. Didaktisch könnte man/frau dabei an der Reflexion der eigenen Lernerfahrung ansetzen. Denkbar sind Selbsterfahrungsrunden über Lernerlebnisse (Frustrationen und Durchbrüche in welchen Lernarrangements?). Beispielhaft könnte eine spielerische Übung durchgeführt werden, die Spaß macht und einen erwünschten sprachlichen Lerneffekt hat.

Ein Teil der Eltern scheint aber schon die Didaktik des Spielerischen Lernens begriffen zu haben:

I.2: *»… eine vorschulische Vorbereitung, damit sie es in der Schule dann einfacher haben. Natürlich auf spielerischer Weise, ohne Druck zu machen! Das Alphabet, die Zahlen und die deutsche Sprache! … Das kann man mithilfe von Bildern auf einfachste spielerische Weise beibringen. Vorschulische Vorbereitung ist wichtig. …«*
I.1: *»Ich finde auch, dass sie lernen sollten zu zählen, das Alphabet usw. Ich habe meiner zweijährigen Tochter auf spielerischer Weise beigebracht bis sechs zu zählen. …«*
I.1 + I.2: *»Ohne Druck zu machen und ohne die Kinder zu langweilen! Das Kind langweilt sich schnell …« (**47**/93–96)*

5.3 Erwartungen der Eltern mit Migrationshintergrund an den Kindergarten

Bei der Auswertung zweier Gruppendiskussionen mit einer afghanisch-eritreischen Frauengruppe und einer türkischen, die im »Frauentreff« verkehren, bestätigen sich die hohen Erwartungen der Eltern an den Kindergarten, als eine Gelegenheit Deutsch zu lernen. Sie erwarten sich eine gezielte Förderung und mehr Konsequenz bei der ethnischen Mischung der Gruppen – auch entgegen dem spontanen Gesellungsbedürfnis der Kinder gleicher Muttersprache.

*»Die Sprache ist für uns sehr sehr wichtig!« (**46**/28)*

*»… die deutsche Sprache lernen! … Wenn das Kind mit der Schule anfängt, wird gesagt, dass es kaum Deutsch kann …« (**47**/93)*

*»Und vor allem auch die Sprache! Manchmal sind in den Kindergärten viele Ausländer, wo sie die deutsche Sprache langsam lernen.« (**47**/4–6)*

Interv.: *»Der Bürgermeister möchte eine gleiche Verteilung von Migranten und Deutschen in den Kitas. Was halten Sie davon?«*
I.2: *»Das gefällt mir sehr.« (**47**/52, 53)*

Sie erwarten sich auch eine Vorbereitung auf die Schule – nicht nur durch die Vermittlung der deutschen Sprache, sondern auch durch die Vermittlung des Alphabets und der Zahlen (s. o.; **47**/93; 47/95; 46/33–35).

Auch das Vorlesen sollte gepflegt werden. Eine Mutter berichtet über den Motivationsschub, den das Vorlesen bei ihrem Sohn bewirkt habe.

I.1: *»Mein Sohn hatte diese italienische Lehrerin in der anderen Gruppe, und sie hat ihm immer Bücher vorgelesen. Er mochte das sehr, und er geht jetzt in die 6. Klasse Gymnasium und liebt es zu lesen.«*
I.2: *»Diese Punkte sind sehr wichtig, obwohl sie ganz einfach sind. Das hat den Charakter und die Zukunft des Kindes beeinflusst.«*
I.3: *»... Als ich da ankam, sah ich wie er sie bat, dass sie den nächsten Band lesen solle. Er wollte immer, dass sie etwas vorliest. Die anderen Kinder waren auch dabei.« (**47**/168–171)*

Eine erst jüngst aus der Türkei zugezogene junge Mutter, die ihr Kind noch nicht in den Kindergarten gegeben hat, kritisiert die Vernachlässigung des Bildungsauftrags der deutschen Kindergärten. Sie beruft sich dabei auf Hörensagen und artikuliert mithin auch eine in ihren Kreisen verbreitete stereotype Zuschreibung.

I.2: *»Um die Wahrheit zu sagen, weiß ich nicht, wie es in den Kindergärten ist, aber ich habe in meiner Umgebung schon einiges gehört. Kindergarten ist eine Vorbereitung für die Schule, das Kind soll sich schon eingewöhnen. Das bedeutet aber nicht, die Kinder nur mit Nahrung zu versorgen, Schlafen zu legen, ihr Spiel im Garten zu beobachten, das wäre für mich zu einfach. Wenn das alles ist, dann brauchen sie nicht in den Kindergarten zu gehen, ich übe keinen Beruf aus, bin Hausfrau, dann kann ich das genauso gut auch selbst. Ich möchte, dass die Spiel- und Redeart mit den Kindern sollte im Sinne der Bildung sein, ohne zu viel Druck auszuüben. Sie sollen danach zur Schule, sie sollen sich nicht schon langweilen. Einige Sachen könnten fördernder, lehrreicher sein. Ich sehe oft in den Kindergärten, dass die Kinder sich selbst beschäftigen. Die Lehrer hocken in den Stühlen ... Ich glaube man nennt sie nicht Lehrer, sondern Erzieher. Sie schauen den Kindern nur zu, tratschen und lachen. Das ist unzureichend für mich, wirkt mir zu einfach.« (**47**/54)*

Dieselbe Befragte distanziert sich aber von einer Verschulung des Kindergartens und plädiert für eine »vielschichtige« familienergänzende ganzheitliche Erziehung im Elementarbereich.

I.2: *»Es sollte eine vielschichtige Erziehung sein. In der Familie gibst du dem Kind eine familiäre Erziehung, aber im Kindergarten muss diese Erziehung ergänzt werden. … Erziehung ist nicht nur beizubringen, wie man ein Buch liest.«* (**47**/38)

Auch die anderen befragten Mütter sind keineswegs auf den schulischen Vorbereitungsaspekt fixiert. Sie erwarten vom Kindergarten – neben dem Erlernen alltagspraktischer Dinge wie *»Jacke ausziehen, Schuhe ausziehen«* (**46**/21) *»zu sitzen, zu essen, zu trinken und vieles mehr«* (**47**/64) auch die Förderung sensomotorischer Fertigkeiten wie *»mit anderen Kindern, basteln lernen …«* (**46**/28), *»wie man ein Stift in der Hand hält, schneidet oder malt«* (**47**/64) und musische Betätigung. *»Musik. Ja das auch, musikalische und Freizeitangebote im Kindergarten«* (**13**/368).

Die Erwartungen bezüglich des Erlernens selbstständiger Körperpflege scheinen stärker an den Kindergarten delegiert zu werden als das bei deutschen Familien üblich ist. Darauf verweisen auch die Klagen einiger befragter Erzieherinnen bezüglich der mangelhaften Selbstständigkeit – v.a. der muslimischen (männlichen) Kinder bei Übergang zum Kindergarten (s.o.). Dies ist u.E. weniger eine Folge der Bequemlichkeit der Eltern, die das mühselige Geschäft der Selbstständigkeitserziehung den Erzieherinnen überlassen, sondern eher ein Erbe des traditionalen frühkindlichen Erziehungsstils in den Herkunftkulturen. Im Vergleich zum Standard der Mehrheitsgesellschaft werden Kleinkinder später sich selbst überlassen. In frühester Kindheit leben sie ständig unter Aufsicht der Mütter oder alternativer Bezugspersonen und von diesen protektiv versorgt. Krasberg, die ethnologische Feldstudien in einem Dort auf der griechischen Insel Lesbos gemacht hat, fasst ihre Beobachtungen über die traditionale Kleinkinderziehung folgendermaßen zusammen:

»Bis zum Ende des zweiten Lebensjahres etwa sind die Kleinkinder (mora) fast ausschließlich mit der Mutter, Großmutter oder anderen weiblichen Verwandten zusammen. In dieser Zeit werden alle ihre Wünsche erfüllt, man verwöhnt die Kleinen in jeder Hinsicht, und voller Stolz werden sie, fein herausgeputzt, von Mutter oder Großmutter beim sonntäglichen Gottesdienst und abendlichen Spaziergang vorgeführt. …

Typisch für diese frühzeitige Betonung der Kommunikation in der Kleinkinderziehung ist auch, dass die Kinder keine eigentliche Krabbelphase kennen, denn sie werden ja ständig herumgetragen, und dadurch verzögert sich auch das Laufenlernen. In der Regel können sie erst kurz vor dem zweiten Lebensjahr alleine ihre ersten Schritte gehen. Diese relativ lang anhaltende Abhängigkeit von den Erwachsenen kommt aber durchaus einem Beschützerbedürfnis der Erwachsenen und besonders der Mütter entgegen, die die kindliche Unversehrtheit vor allem durch körperliche Nähe gewährleistet sehen. Nicht der kindliche Entdecker- und Erobererwille steht im Mittelpunkt der frühkindlichen Erziehung, sondern die Einordnung in die soziale Welt der Erwachsenen samt Etikette, Zeremonien und Ritualen« (Krasberg 1996, S. 67 ff.).

Während Selbstständigkeitsförderung als Lernziel nur sehr am Rande erwähnt wurde, wird – neben dem Lernziel »Deutsch lernen« – vor allem das »Soziale Lernen« im weitesten Sinne als eine Chance der Kindergartensozialisation und eine Aufgabe der Kindergartenerziehung genannt und ausführlich beschrieben.

F.4: *»Wenn Kinder gehen erste Mal, dann ›guten Tag!‹ oder ›guten Morgen!‹ lernen!« (**46**/18)*

I.2: *»... das Teilen, Zusammenarbeit, Dialoge mit den Freunden, ... wie man mit den Erziehern auskommt usw.« (**47**/98)*

I.2: *»Ich meine ja auch nicht, dass in den Kindergärten gar nichts gemacht wird. Das Kind lernt umso mehr, wenn es sich in einer breiteren Gruppe aufhält. ... So lernt das Kind zu teilen. Wenn ein Kind das Teilen gelernt hat, dann lernt es langsam alles. Mein Kind ist momentan ein Einzelkind und deshalb möchte es auch nicht die Spielzeuge mit anderen teilen. Muss man halt eben unbedingt beibringen. ...« (**47**/77)*

I.3. *»Außerdem erfahren die Kinder, die zu Hause frech sind, wo ihre Grenzen sind. Das Kind verändert sich dort. Sie lernen zu teilen ...« (**47**/64)*

Soziales Lernen beinhaltet aber auch für die Befragten explizit Toleranzerziehung, das Akzeptieren von Andersheit – der Nationalität, der Religion, der Hautfarbe.

I.1: *»Das Zusammenleben, das Teilen, Hilfsbereitschaft, mit Kindern aus anderen Ländern kommunizieren ...« (**47**/93–99)*

I.3: *»Er sollte alle seine Freunde respektieren, wenn er mit ihnen zusammen leben möchte. Er sollte alle Kinder lieben, ohne die Hautfarbe zu trennen. In unserem Kin-*

dergarten wurde es so gemacht, dass die Kinder nicht getrennt wurden nach Nation, aber die Deutschen waren dagegen. Die Kinder sollten sich aber schon von klein auf gut verstehen, eine Solidarität kennen.«
Interv.: *»Wie empfinden Sie das?«*
I.2: *»Ich finde das wundervoll! ... Die Kinder sollten von klein auf lernen, ohne die Religion, Nation oder ›Rasse‹ zu trennen, miteinander umzugehen.« (**47**/49–53)*

Zum wertschätzenden Umgang miteinander gehörte auch die Vermittlung von Kenntnissen über kulturelle Verschiedenheiten.

I.1: *»Meine Meinung ist, Kinder müssen im Kindergarten lernen, was Religion ist. Es gibt verschiedene Religionen im Kindergarten. Die Erzieherin muss erzählen, was darf diese Religion, was darf die andere Religion?!« (**46**/36).*

Die Antworten bezüglich der Verantwortungsübernahme in der Kindergartenphase widersprechen dem generalisierten Wahrnehmungs- und Deutungsmuster vieler Erzieherinnen, die Migranteneltern würden den Kindergarten pädagogisch nicht begleiten und suchten keinen Kontakt zu den Erzieherinnen.

I.3: *»Bis zum dritten Lebensjahr ist es in ihrer Hand (der Mutter). Danach wenn du dein Kind in den Kindergarten steckst, solltest du es nicht einfach auf sich alleine lassen. Man muss zusammen hingehen ...«*
I.2: *»Natürlich heißt das nicht, dass man das Kind einfach dort abgibt. In der Familie gibst du den Grundboden und z. B. in den Kindergärten wird es weiter ›bearbeitet‹. So eine Art Ergänzung.« (**47**/77–80)*
I.2: *»Wir müssen mitarbeiten, irgendeine soziale Aktivität, egal was. Es nützt nichts, wenn wir das Kind einfach nur dort abgeben. Wenn man Zeit hat, kann man bei manchen Aktivitäten dort mithelfen, so kann man das eigene Kind, die Erzieher und die Umgebung beobachten. Aber es soll auch nicht so laufen, dass das Kind dich immer sieht und sich immer nur auf dich verlässt. Man sollte im Hintergrund arbeiten.« (**47**/103)*

Allerdings beobachtet dieselbe türkischstämmige Interviewte auch Beispiele von Desinteresse und wenig Bemühen bei ihren Landsleuten, mit den Erzieherinnen in Kontakt zu kommen (**47**/203).

6 INTERAKTIONSBEZIEHUNGEN ZWISCHEN ERZIEHERINNEN UND ELTERN MIT MIGRATIONSHINTERGRUND (AUCH IM VERGLEICH ZU DEUTSCHEN ELTERN)

6.1 Sprachliche Kommunikation

Bei sprachlichen Verständigungsproblemen werden in der Regel andere Eltern, die beide Sprachen beherrschen, gebeten zu übersetzen (12/41–43; 29/220; 26/81; 25/112; 14/527; 15/116) und manchmal auch ältere Geschwisterkinder oder die 5- bis 6-jährigen »Schulkinder« (12/44–46).
Viele Eltern lösen auf selbstorganisierte Weise das Übersetzungsproblem und bringen des Deutschen kundige Ehegatten (meist Ehemänner) oder ältere Kinder mit oder lassen sich Papiere von Verwandten oder Nachbarn übersetzen (29/221; 30/119).

Die Erzieherin (Leiterin) nur eines Kindergartens berichtet über den Einsatz der vom Projekt Soziale Stadt eingesetzten muttersprachlichen Multiplikatorinnen – aus Anlass eines Elternabends zur Information über die Elternbeiratswahl, weil keine Eltern für die Übersetzung zur Verfügung gestanden hatten (14/279). Eine Erzieherin kannte das Angebot der »Eltern-Coacherinnen« überhaupt nicht (30/121) und eine hatte lediglich in der Zeitung davon gelesen (29/222). Woraus geschlossen werden könnte, dass im Team darüber nicht darüber geredet wurde. Andere Erzieherinnen kennen das Angebot, sehen aber vorläufig keinen Bedarf, da sie über genügend ehrenamtliche Übersetzungskapazitäten verfügen (24/136; 22/120).

Die Multiplikatorinnen werden offensichtlich eher als Dolmetscherinnen denn als Konfliktmittlerinnen oder Impulsgeberinnen für die interkulturelle Öffnung der Kindertagesstätten gesehen bzw. scheinen in dieser Rolle noch nicht so angenommen zu werden. Die Vorschläge der türkischen und marokkanischen Multiplikatorinnen zur stärkeren Einbeziehung der anderskulturellen religiösen Identität, indem beispielsweise das Zuckerfest aufgegriffen wird – als eine zugehende Geste, die die deutschen und muslimischen Kinder zusammenbringt und bei muslimischen Kindern die Schwellenangst vor den Kindern abbaut –, stieß bei einem von den Multiplikatorinnen organisierten Elternabend bei den Erzieherinnen auf wenig Resonanz.

*»Ja, wir haben auch einen Elternabend gemacht, mit den Eltern und so. Von den Eltern ist nicht soviel gekommen. Also da ist schon was, aber war nicht so viel. Aber von der Kindergarten-Seite ist nichts gekommen. Von den Kindergärtnerinnen. Das hat denen nicht so gepasst, dass wir ... Also die wollen nicht, dass wir uns einmischen irgendwie.« (**4**/110 – türkische Multiplikatorin)*

Dabei könnten die »Eltern-Coacherinnen« – wie die Multiplikatorinnen auch genannt werden – bei der Vermittlung komplexer pädagogischer Botschaften über Sprach- und Kulturgrenzen hinweg oder bei so heiklen Themen wie Diskriminierungswahrnehmungen eine wichtige Brückenfunktion erfüllen. Hierbei sind andere Eltern überfordert bzw. wäre es auch pädagogisch kontraproduktiv und unprofessionell, sie bei sensiblen – auch persönlichen – Themen einzuschalten.
Eine Befragte sieht die Grenzen der Übersetzungstätigkeit anderer Eltern deutlich und meint, dass sie nur für reine Sachinformationsaufgaben in Anspruch genommen werden sollten (29/220).
Das folgende Zitat beschreibt die Schwierigkeiten bei der Diagnose von psychosozialen Problemen der Kinder und bei der Entwicklung von pädagogischen Interventionen, bei denen es auf die Mitarbeit des Elternhauses ankommt.

»Wenn man einem Kind helfen will, wo man merkt, das könnte Schwierigkeiten haben, wo das Elternhaus mithelfen sollte. Ja, oder dass wir Erfahrungen sammeln. Das ist halt, wenn man der Sprache nicht mächtig ist, sehr schlecht. Da kann ich nur beurteilen, wie sich das Kind sich in der kleinen Gruppe verhält. Dann muss ich sagen, das ist vielleicht auch personenabhängig, wie ich das aufnehme. Ein anderer nimmt das anders auf. Ich muss den Kulturkreis dazu kennen lernen. Das liegt halt auf der Strecke.« (12/55)

Der zitierten Erzieherin wäre es auch ein dringendes Anliegen, die jungen Mütter, die ihr erstes Kind in den Kindergarten bringen, näher kennen zu lernen, damit ihr der häusliche familiäre Hintergrund erkennbarer wird, um sie in die Erwartungen des Kindergartens – im Unterschied zu den Normen in Elternhaus und Schule – einzuführen. Dazu fehlten aber bei den nachgezogenen Ehegattinnen die Deutschkenntnisse (12/57–61). So erlebten viele »Neue« im Kindergarten einen »Schock«:

»Die kommen sich völlig auf den Mond geschossen vor, weil sie gar nicht wissen, was soll das eigentlich, und da kann ich jetzt natürlich auch nicht erwarten, dass

der jetzt sofort auf mich anspringt und was macht, was ich möchte oder so.« (12/179)

Der Schock ist besonders groß, wenn die Kinder sprachlich überhaupt nicht auf den Kindergarten vorbereitet sind.

»... weil es da auch eben oft ... zu Schwierigkeiten kommt, wo das Kind kein einziges Wort Deutsch kann, und durch diese Überforderung des Kindes, nichts zu verstehen, nicht zu wissen: ›Wieso bin ich überhaupt hier‹ und dann noch manchmal stundenlang da zu bleiben.« (14/456)

Die Integrationsschwierigkeiten in den Kindergarten werden noch potenziert durch die Uninformiertheit der Mütter, die primär auch als eine Folge der fehlenden Sprachkenntnisse gesehen wird (22/76).

»... das ist halt auch einfach Unwissenheit über diese Institution Kindergarten, ... Da ist halt durch Unwissenheit eine ganz große Hilflosigkeit da bei den Eltern, und ich denke mal, da wäre es dann auch wieder angebracht, überhaupt erst mal aufzuklären über diese Institution, dass es also hier nicht nur eine bunte Krabbel- und Spielgruppe ist, sondern dass eben auch hier an Regeln gehalten werden muss und dass gewisse Dinge aufgrund unserer Struktur, aufgrund unserer Größe, einfach nicht so funktionieren wie in einer Familie.« (22/78–80)

Ähnlich eine Erzieherin aus einem weiteren Kindergarten: Es fehle das

»... Sprachverständnis. Dass sie nicht genau wissen, was ist die Aufgabe des Kindes – nicht weil wir unsere Arbeit nicht transparent machen, sondern weil es einfach nicht verstanden wird ...« (30/65)

Ohne muttersprachliche Ressourcen ist es auch schwierig, z. B. Sprachfehler oder Sprachverzögerungen in der Muttersprache zu diagnostizieren, die auch auf den Zweitsprachenerwerb durchschlagen.

»Wir wissen aber auch gar nicht, inwieweit das Kind seine Muttersprache beherrscht. Das ist wirklich ein Problem für uns, um sich für eine zweite Sprache zu öffnen. Denn es wird bei den ausländischen Kindern solche Kinder auch geben, die Sprachverzögerungen ganz gewaltig haben. Und das können wir nicht heraushören, was für das Kind natürlich eine Überforderung ist.« (15/507)

Eine deutsche Elternbeirätin analysiert die Schwierigkeit, ohne differenzierte sprachliche Verständigungsmöglichkeiten die Anliegen des Kindergartens, die auch im Interesse der Kinder und der Eltern sind, so »rüberzubringen«, dass sie nicht »ausländerfeindlich klingen«:

»... das, was man immer sagen könnte, klingt immer gleich so, so denke ich, klingt ausländerfeindlich, aber man will so eigentlich nicht rüberkommen. Diese sprachliche Barriere und diese Geschichte mit ›Ausländern und Deutschen‹, es ist schon ein Problem, in vielen Fällen, nicht in allen.« (10/26 – deutsche Elternbeirätin)

6.2 Kommunikationsstil – Selbstbild der Erzieherinnen

Die Erzieherinnen bezeichnen Ihren Kommunikationsstil mit den Eltern durchgehend als »freundlich«, »akzeptierend«/»respektvoll«/»vorurteilsfrei«, »auf individuelle/soziale/kulturelle Hintergründe Rücksicht nehmend«, als »geduldig« – gerade bei Sprachschwierigkeiten – und seltener und situationsabhängig als »förmlich/distanziert«.

»... freundlich akzeptieren, respektvoll, Rücksichtnahme auf individuelle soziale kulturelle Hintergründe, Geduld – auch bei Sprachschwierigkeiten – und vorurteilsfrei. Dann haben Sie noch mal eine Reihe gelegt mit: förmlich, distanziert und nehme mir Zeit.« (26/56)

»Dann liegt hier als erstes, nehme mir Zeit, nehme Rücksicht auf individuelle Hintergründe, dann freundlich akzeptierend, dann habe Geduld auch bei Sprachschwierigkeiten, dann respektvoll, dann förmlich und dann distanziert.« (25/79)

»... ich denke, das ist alles gleich, ich sehe das hier auch als eine Einheit wieder.« (30/77)

»An erster Stelle: habe Geduld auch bei Sprachschwierigkeiten, bin freundlich, akzeptierend, immer rücksichtsvoll auf individuelle, soziale, kulturelle Hintergründe, nehme mir Zeit, kurz angebunden und förmlich und zum Schluss distanziert.« (15/432)

»... keine Reihenfolge, sondern eine Gruppe von ›Habe Geduld, auch bei Sprachschwierigkeiten‹, ›Nehme Rücksicht auf individuelle soziale und kulturelle Hintergründe‹, ›Bin freundlich akzeptierend, respektvoll, vorurteilsfrei und nehme mir Zeit‹.« (22/99)

Eine Befragte bedient sich in Situationen, in denen es um förmliche Angelegenheiten – wie Bezahlung des Frühstücksgeldes oder Unterschriftsleistungen – eines förmlich/distanzierten Kommunikationsstils »gerade auch bei so manchen ausländischen Familien«:

F.1: *»... förmlich distanziert ist gerade auch bei manchen ausländischen Familien in gewissen Fragen wirklich auch so eine Sache. Wenn ich von denen zum Beispiel Frühstücksgeld will, dann muss ich wirklich mal förmlich sein und sagen: ›Das ist bei uns so üblich‹. Nicht jetzt noch Rücksicht darauf nehmen, sondern sagen: ›So und so ist das‹. Oder wenn ich irgendwelche Unterschriften brauche, irgendwelche Formalitäten müssen erledigt sein, dann muss ich das wirklich so, ich mein', dann habe ich zwar immer noch die Geduld bei den Sprachschwierigkeiten, aber ich muss es nun mal auch durchziehen.« (26/58)*

Kommentar: Bei dem interkulturellen Vergleich der Erziehungswerte war schon die Einschätzung aufgetaucht, dass die Migranten die Sekundärtugenden (u. a. Pünktlichkeit, Verlässlichkeit) nicht sehr hoch hielten. Ausgehend von dieser unterschwelligen Zuschreibung versucht die Erzieherin häufiger bei Migranten die Regeln mit mehr Nachdruck durch die Demonstration der professionellen (Macht-)Stellung mithilfe eines förmlich distanzierten Umgangsstil durchzusetzen. In der Wahrnehmung der betroffenen Migranten könnte diese Kommunikationspraxis als Ungleichbehandlung interpretiert werden, die entweder »runtergeschluckt« wird und langfristig zur Aufschaukelung von Ressentiments führt oder Reaktionen der Selbstbehauptung durch einen aggressiven Kommunikationsstil hervorruft (vgl. Beobachtungen bei der Behördenkommunikation mit Migranten: Seifert 1996).

Zu ähnlichen negativen Kommunikationszirkeln kann es kommen, wenn die Mitarbeiterinnen Gesprächsansinnen der Eltern zur Unzeit – wenn die Erzieherinnen durch ihre pädagogischen Arbeit absorbiert sind – zurückweisen und die Eltern auf die Vereinbarung eines Termins verweisen. Auch wenn sie dies mit einem freundlichen, aber dennoch bestimmten Tonfall tun, brüskieren sie u. U. die Kommunikationsgewohnheiten und -erwartungen von traditionell geprägten Migranten, die das Unterbrechen der Arbeit durch dringende Kommunikation als ganz normal betrachten und die aufgrund der traditionellen Erwachsenenzentriertheit (s. o.) es nicht verstehen können, dass die Kommunikation mit einem Kind oder einer Kindergruppe, die im Spiel begriffen sind, nicht unterbrochen werden darf.

»Das Thema ›nehme mir Zeit‹ ist so ein Extrapunkt, das Zeitnehmen in unserer Einrichtung ist halt ein Problem mit Elterngesprächen. Und ich muss manchmal ein-

fach darauf hinweisen, dass mir die Kinder in dem Moment wichtiger sind. Es gibt immer wieder Eltern, die sich gerne lange unterhalten oder, auch wenn sie reinkommen, meinen, sie müssen sofort drankommen. Denen muss man dann auch deutlich zeigen, im Moment bin ich mit einem Kind beschäftigt. Oder eben kommt ein Kind, das Hilfe braucht, und das geht jetzt erst mal vor. Natürlich versuche ich, mir für ein normales Elterngespräch Zeit zu nehmen oder wenn Eltern mit Problemen kommen, dass ich mir dann die Zeit für ein Elterngespräch nehme oder auch den Rahmen dafür schaffe, dass ich die Zeit dafür habe. Aber so generell so zwischendrin, da muss ich auch schauen. Oder dass ich dann eben, wenn so eine Plappertante ankommt, mich dann distanziert verhalte.« (26/59)

6.3 Bild der Migrantinnen von der Kommunikation mit den Erzieherinnen

Eine deutsche Befragte beurteilt den Kommunikationsstil mancher Erzieherinnen viel kritischer als die mit ihr zusammen interviewte türkischstämmige Kindergarten-Mutter.

»Also arrogant, überheblich und wenig Bemühen findet man in jedem Kindergarten. Es kommt darauf an, in welcher Gruppe dein Kind ist. Ob du Glück hast oder nicht. Es ist einfach so, es gibt solche leider immer wieder.
Es gibt aber auch wiederum welche, die sich viel Zeit nehmen, die Geduld haben auch bei Sprachproblemen, die vorurteilsfrei sind, respektvoll und freundlich. Gibt es viele und es gibt aber auch leider genügend, auf die das alles zutrifft hier, also das Negative. … ich habe schon Kindergärtnerinnen erlebt, die es noch nicht mal mehr für nötig gehalten haben, wenn du gekommen bist, um dein Kind zu bringen oder abzuholen, ›guten Tag‹ oder ›auf Wiedersehen‹ zu sagen. Das habe ich auch schon erlebt.« (13/509–511 – deutsche Mutter in Gruppeninterview)

*»Also wenn ich jetzt an unseren Kindergarten denke. Ja respektvoll, ganz normal. Also allgemein finde ich die schon ganz nett alle, man kann auch mit denen reden, die nehmen sich die Zeit auch. Logisch gehen die Kinder vor, aber wenn sie mal ein paar Minuten Zeit haben, zwischendurch, dann nehmen sie sich die auch, um mit einem zu reden.« (**13**/517)*

Eine befragte Türkin berichtet über den Fall ihres Kindes, bei dem sie den Eindruck hatte, dass die Erzieherin sich nicht genügend um die Integration in die Gruppe bemüht hatte. Positiv vermerkt sie aber, man könne mit den Erzieherinnen reden. Kritik würde nicht ignoriert.

I.3: »... *Ja, es kann sein, dass in manchen Kindergärten türkische Kinder vernachlässigt werden, aber wenn man mit den Erzieherinnen redet, dann betrachten sie dein Kind auch anders.*« (**47**/64)

6.4 Bild vom Fremdbild – Annahmen der Migrantinnen über das Bild, das sich die Erzieherinnen von den Migrantinnen machen

Eine Befragte türkischer Herkunft schließt aus der überdurchschnittlich positiven Reaktion der Erzieherinnen, wenn sich Migranten beteiligen oder Kooperationsbereitschaft zeigen, dass grundsätzlich negative Erwartungen in ihrem Falle positiv enttäuscht werden.

I.3: »*Wenn sie z.B. einen Brief geben, den wir unterschreiben müssen und wir es auch tun und dann wieder zurückgeben, dann freuen sie sich auffallend sehr. Das kommt mir so vor, als hätten sie das gar nicht von uns erwartet. Sie haben den Glauben, dass sich Ausländer um ihre Kinder kaum kümmern würden. Auch beim Laternenfest freuen sie sich unheimlich, wenn wir da sind, als ob sie das nie erlebt hätten.*« (**47**/181)

7 SPANNUNGEN UND KONFLIKTE ZWISCHEN ELTERN UND ERZIEHERINNEN

Pauschal nach Konflikten mit den Eltern gefragt kamen Antworten im Spektrum von »kann mich nicht an Konflikte erinnern« bis hin zu Konflikten, bei denen »die Karre so verfahren« war, dass die Eltern das Kind abgemeldet haben.

E.1: *»Ich kann mich jetzt an keine großartigen Konflikte erinnern ...«*
E.2: *»Ich kann mich auch jetzt an keinen Konflikt erinnern.« (29/256, 260)*

»Es gab natürlich auch schon Konflikte, wo Eltern ihre Kinder abgemeldet haben. Wenig, aber es gab sie auch, wo nichts mehr möglich war, wo die Karre einfach so verfahren war.« (24/98)

Auch bei den Kitas, deren Erzieherinnen sich an keine oder keine gravierenden Konflikte erinnern können oder spontan in Erinnerung rufen konnten, zeigten sich im Verlauf der Interviews – wie nicht anders zu erwarten – Reibungsflächen zwischen Erzieherinnen und Eltern.
Offen muss bleiben, ob die zögerliche Benennung von Konflikten eine Folge der Interviewsituation war (Antworten im Sinne der sozialen Erwünschtheit) oder tatsächlicher – in den auf Harmonie bedachten sozialen Berufen nicht seltener – Verdrängungspraxis.

7.1 Probleme bezüglich der Verlässlichkeit beim Bringen und Abholen

Am häufigsten und häufig an vorderster Stelle werden Konflikte bezüglich des verlässlichen Bringens und Abholens genannt (26/63; 25/83; 30/84; 15/440; 22/103; 14/487).
Eine Befragte räumt ein, dass es sich dabei meistens um dieselben handele, insgesamt eine Minderheit der Eltern (14/489). Als Grund wird angegeben, diese Familien hätten Probleme bei der innerfamiliären Organisation des Alltags (14/491).
Es bleibt unklar, ob hierbei ein unterschiedliches Verhalten von deutschen und nicht-deutschen Eltern beobachtet wird. Einerseits ist anzunehmen, dass dabei besonders Familien mit Migrationshintergrund gemeint sind, da die Befragung sehr auf Migranten fokussiert war. Ihnen wird auch in einem

geringeren Maß die Sekundärtugend der Zuverlässigkeit zugeschrieben (22/40), andererseits fand sich auch ein Statement, das in eine andere Richtung weist.

»Unsere ausländischen Eltern sind da weniger problematisch wie andere, die sind pünktlich da, die holen ihre Kinder ab, da kann ich jetzt nichts zu sagen.« (24/90)

7.2 Probleme bei der Informationsvermittlung und Auseinandersetzungen wegen unterschiedlicher Auslegungen der »Aufsichtspflicht«

Relativ häufig werden auch die Themen »Information« und »Aufsichtspflicht« als Reibungspunkte genannt (26/63; 25/83; 15/440; 22/103). Aufgrund der sprachlichen Kommunikationsprobleme und des daraus ableitbaren reduzierten Kontaktes häufen sich erwartungsgemäß bei Migranten die Probleme bei der Informationsübermittlung.
Hinter dem Item »Aufsichtspflicht«, das von den befragten Erzieherinnen relativ häufig ausgewählt wurde, verbirgt sich das oben bereits angeschnittene Thema der Kollision zwischen der traditionellen Fürsorgeerziehung und der Selbstständigkeitserziehung im Kindergarten. Diesem Konflikttypus widmen wir einen eigenen Abschnitt (7.5).

7.3 Konflikte wegen unterschiedlicher Erziehungsaufgaben von Kindergarten und familiärer Primärerziehung

Zwei befragte Erzieherinnen aus unterschiedlichen Kitas nennen an erster Stelle unterschiedliche Erziehungspraktiken als wichtigste Ursache von Konflikten (26/63; 25/63). Diese fokussieren – aus der Beschreibung konkreter Konflikte zu schließen – auf Konfliktmuster, die implizit und explizit als Kulturkonflikte wahrgenommen werden, auf die wir weiter unten eingehen werden. Darüber hinaus werden Ablösungskonflikte der Eltern benannt, die auch auf deutsche Eltern zuträfen. Die Eltern müssten erst einmal lernen, dass im Kindergarten andere Entwicklungsaufgaben erfüllt werden müssen und andere Regeln gelten als in der Familie. Dies ginge aber nicht immer ohne Konflikte zwischen Erzieherinnen und Eltern ab.

»Ja, und größtenteils sehen sie es halt dann schon irgendwo ein oder erkennen dann, zumindest wenn man das so ausführlich behandelt, dass die Werte, die man jetzt in der Familienerziehung hat, nicht auf uns hier pauschal übertragen kann. Aber dieses Bewusstsein kommt dann, wie gesagt, meistens erst in Konfliktsituationen. Das ist nicht von vornherein vorhanden, dass die sagen, ›Familie ist was ganz anderes als Kindergarten, das sind zwei verschiedene Paar Schuhe‹, sondern das kommt dann in Situationen, wo es eben dann richtig gescheppert hat.« (22/104)

Zu dieser Ablösungsproblematik gehört auch die Beobachtung, dass manche Eltern meinten, »… dass nur ihr Kind in der Gruppe ist und dass wir uns nur um dieses eine Kind kümmern sollen« (25/80). Ein weiterer Konfliktanlass sei die parteiliche Einmischung mancher Eltern in Streitigkeiten unter den Kindern.

»Wenn zum Beispiel Eltern meinen, dass wir bestimmte Situationen der Kinder, dass Kinder sich auch mal gegenseitig weh tun, also, es ist nun mal Alltag. … Es ist nun mal Alltag und das Verständnis dann aufzubringen auf der einen Seite natürlich, dass es passieren kann, auf der anderen Seite aber vielleicht auch sogar, dass ist jetzt schon öfters passiert. … Da gibt es auch halt immer mal wieder Konflikte, das Verständnis auch aufzubringen, dass ein Kind sich vielleicht selber mal wehrt. Dass es sagt: ›Das bin ich, das ist mein Körper und an den kann niemand ran‹. Also da gibt es auch mit den Eltern immer wieder Konflikte, wo man mit Eltern auch sprechen muss und was dann auch nicht so einfach ist oder wenn das Kind vielleicht selber gern in Konflikte rein geht, was aber von Elternseite ganz anders gesehen wird: ›Mein Kind haut nicht, mein Kind schlägt nicht.‹« (14/501)

7.4 Spannungen durch hohe – schwer erfüllbare – Erwartungen an die Erzieherinnen, den Kindern in kürzester Zeit Deutsch beizubringen

Wir erwähnten bereits das Beispiel einer Mutter, die die Erzieherinnen kritisiert, weil sie zu nachgiebig gegenüber dem Wunsch der Kinder seien, mit Kindern ihrer Muttersprache zu spielen. Sie sollen die Kinder trennen und ethnisch gemischte Gruppen bilden – auch gegen ihr spontanes Geselungsbedürfnis, auf das sich die Erzieherinnen berufen (46/29–31). Das folgende Zitat einer anderen Mutter zeigt, wie sich aus dieser Problematik auch ernsthafte Konflikte ergeben können.

I.3: *»Da sie (die Kinder) noch ungebildet sind, gruppieren sie sich, und auch weil sie etwas vernachlässigt werden. Wenn die Erzieher das bemerken, dann sollten sie dran was ändern. Sie sollte die Kinder auffordern, in einer gemischten Gruppe miteinander zu spielen. Die meisten machen das nicht!«*
Interv: *»Haben Sie diese Beispiele, die sie nannten, auch selbst erlebt?«*
I.3: *»Ja, und meistens ist es so, dass ich meinen Mann Bescheid geben musste, damit er mit ihnen redet, und erst dann wurde was unternommen, jedoch dauerte es nicht lange und sie achteten wieder nicht mehr drauf.«*
Interv.: *»Haben Sie diese Gruppierungen bei jedem Kindergarten erlebt?«*
I.3: *»Ja, habe ich! ... Wir haben uns beschwert, die Erzieher versicherten uns, sie würden sich drum kümmern. ... Sie haben sich nie gegen uns gestellt. ... trotzdem konnte ich es aber beobachten, dass es zwar eine Weile sich besserte, aber etwas später wurde alles wieder wie früher. Wir haben es dauernd erlebt! Was meine Freundin eben auch gesagt hat, sie müssen es von selbst erkennen und etwas dagegen tun, aber das tun die nicht.« (**47**/156–167)*

Auch einzelne Kinder, die noch kein Deutsch sprechen und den Wunsch hätten, deutsche Freunde zu gewinnen, würden zu wenig in gemischte freispielende Gruppen integriert. Die oben zitierte Mutter schildert das Leid ihrer Tochter, die von der deutschen Gruppe nicht hereingelassen worden wäre, und es hätte drei Monate gedauert, bis sich die Erzieherinnen auf Intervention ihres Mannes hin um ihre Integration bemüht hätten (**47**/83–90).

7.5 Kollision der traditionellen Fürsorgeerziehung des Elternhauses mit der Freizügigkeit und der Selbstständigkeitserziehung im Kindergarten

Die Betreuungsaufgabe wird aus der Sicht zweier befragter Erzieherinnen von einigen Migranteneltern im Sinne eines übertriebenen Wunsches nach Behütung ausgelegt (siehe auch w.o. Konflikte wg. »Aufsichtspflicht«).

E.1: *»Jetzt zum Beispiel viele ... wir lassen unsere Kinder ja auch alleine raus. Die dürfen im Freigelände spielen, und dann heißt es auch oft, ich muss neben dran stehen, wenn das Kind halt draußen spielt. Das ist halt oft dann schwer, aber das betrifft auch deutsche Eltern, nicht nur ausländische.« (29/172)*
E.2: *»Also das Frühstück ist meistens ein Gespräch. Warum die Kinder hier nicht ... Wir haben freies Frühstück, die Kinder können entscheiden, wann sie frühstücken*

können, oder überhaupt, ob sie frühstücken möchten, manche haben überhaupt keinen Hunger. Und wir haben halt oft das Problem, dass die Eltern kommen und sagen, warum hat mein Kind nicht gefrühstückt, und dann versuchen wir es den Eltern zu erklären, wie das hier abläuft, aber die erwarten dann praktisch von uns, dass wir die Kinder hinsetzen, und wenn es geht, auch füttern, sodass die Kinder alles aufessen, und das ist etwas, womit wir halt nicht einverstanden sind. Ja, also, das Gespräch kommt immer wieder, auch von verschiedenen Eltern, das ist dann nicht nur einer oder zwei, und da versuchen wir, mit Gesprächen eben, das zu klären, und den Eltern zu erklären, wie es halt hier bei uns läuft.«

Interv: *»Und das funktioniert, sozusagen die Aufklärungsarbeit?«*

E.2: *»Es muss. Ich meine, bis jetzt, manche sind halt nicht so zufrieden, und versuchen dann … wir sagen, okay, wenn es ihnen so viel wert ist, oder wenn es unbedingt … dann muss das Kind zu Hause essen, damit ist die Sache auch geklärt. Also manche machen es auch, dass sie das Kind zu Hause frühstücken lassen, weil es hier überhaupt nicht klappt mit den Kindern. Weil, wir erinnern sie immer wieder dran, aber wenn die Kinder nicht wollen, dann wollen sie nicht.« (29/176–178)*

E.1: *»Das einzige Ding, was wir haben, ist, dass eine Mutter sagt, die Kinder sollen nicht rausgehen, weil es jetzt kalt ist, dann holt sie die Kinder immer, bevor wir rausgehen, es ist ja jetzt so die Uhrzeit, dass wir halt so langsam rausgehen. Dann guckt sie auch, dass sie halt vor zwölf kommt und ihre Kinder abholt. Das ist jetzt ihre Entscheidung.« (29/205)*

Weiter oben hatten wir bereits auf die Kollision des protektiven frühkindlichen Erziehungsstils – was Fragen der Betreuung betrifft – und der risikobereiteren Selbstständigkeitserziehung der Pädagoginnen hingewiesen. Es handelt sich hierbei vermutlich auch um einen interkulturellen Konflikt, der weder den Erzieherinnen noch den Eltern als ein solcher bewusst ist. Beide Seiten müssten lernen, ihre verzerrende kulturelle Brille abzusetzen.

»Diese Beispiele belegen einmal mehr, dass wir nicht nur durch unsere kulturelle Linse schauen und beschreiben, was wir sehen, sondern dass wir immer auch bewerten, was wir sehen. Und es ist Teil unserer kulturellen Identität, dass wir das, was uns vertraut ist und was wir in unserem Umfeld für ›richtig‹ halten, auch generell für das ›Richtige‹ halten, mithin normative Aussagen machen. Das geht so weit, dass das, was in einem kulturellen Kontext als ›normal‹ und ›richtig‹ gilt, in einem anderen als pathologisch abgewertet wird. Die in vielen interdependenten Kulturen angestrebte Symbiose zwischen Mutter und Kind gilt hierzulande als ›Verstrickung‹ und damit als ein pathologisches Muster. Es ließen sich zahlreiche weitere Beispiele aufführen« (Keller 2004, S. 114).

Allerdings ist die Fixierung auf Aufsichtspflichtfragen womöglich auch ein Ausdruck mangelnden Vertrauens, das nicht nur auf die fremde Kultur zurückzuführen ist, sondern auch auf die Minderheitensituation oder möglicherweise auch Unzufriedenheit mit den Leistungen des Kindergartens. Der Vertrauensmangel respektive von Seiten vieler Migranten wird ja von den Erzieherinnen in vielen verstreuten Bemerkungen immer wieder erwähnt.

7.6 Konflikte wegen unterschiedlicher Auffassungen bei der Geschlechtsrollenerziehung

Nahezu alle befragten Erzieherinnen beobachten bei Migrantenkindern ein deutlicher akzentuiertes traditionelles Rollenverhalten als bei den deutschstämmigen Kindern (26/53, 70; 25/90; 15/457; 24/110; 22/110; 29/197).

»Also es ist auf jeden Fall so, dass die ausländischen Jungs wesentlich mehr bedient werden, alles gemacht bekommen. Dass die Mädchen zum Beispiel, was hauswirtschaftliche Sachen angeht, wesentlich hilfsbereiter sind und da mitmachen, während die Jungs das echt nicht können.« (26/70)

»Diese Differenzierung gibt es auf jeden Fall, die Mädchen werden zum Teil halt alleine reingeschickt, und vor den Jungen kniet halt die Mutter und steckt denen die Schuhe an die Füße, von klein auf wird diese Differenzierung vorgenommen ...« (22/110)

»Auch wenn ich jetzt von einem Jungen verlange, was weiß ich, Tisch abputzen oder der muss genauso mithelfen, und der schaut mich nur an und grinst sich einen und ich komme da auch nicht mehr ran. Weder im Guten noch im Bösen da irgendwelche Konsequenzen durchziehen, das geht ihm auf gut Deutsch am A... vorbei.« (26/53)

Alle befragten Erzieherinnen halten sich an das Gleichheitsprinzip bei der Verteilung der Aufgaben an die Kinder und erklären dies den Eltern auch in aller Deutlichkeit und Bestimmtheit.

E.2: *»... wir sagen, dass hier alle gleich sind, dass hier alle alles machen dürfen, sollen, müssen, je nachdem, um was es geht. Gut, die akzeptieren ... bis jetzt hatten wir, wie gesagt, keinen Konflikt mit den Eltern. Dass sie sich wehren oder so ...«*
E.1: *»Die hören sich das zwar an, aber ich glaub ...«*
E.2: *»Im Endeffekt ja, sie wissen, dass das Kind das hier machen muss, ja ...«*
E.2: *»Ja.«*
E.1: *»Also ja, da gibt es dann keinen weiterführenden Streit.« (29/199–204)*

Die Erzieherinnen haben den Eindruck, dass die Eltern die Regeln hinnehmen, weil ihnen gar nichts anderes übrig bleibt. Eine Erzieherin berichtet über geschlechterpädagogische Überzeugungsversuche auf den Elternabenden zur Schulvorbereitung und zeigt sich bezüglich der nachhaltigen Wirkung der Belehrung eher skeptisch.

»Wir hatten das bei den Schulgesprächen dem einen Elternteil gesagt, dass das Mädchen zu sehr in dieser Frauenrolle, dieser Beschützerrolle drinnen ist und dass sie ihre Bedürfnisse permanent zurückstellt. Haben das so erwähnt. Dann wird gelacht, aber ob wir da durchdringen und es ankommt, was wir eigentlich versuchen den Eltern zurückzumelden, ist fraglich.« (15/461)

Eine Mitarbeiterin eines anderen Kindergartens hat auch den Eindruck, dass es schwierig ist, mit den Eltern – vor allem im Beisein der Väter – in der Frage der Geschlechtsrollenerziehung eine offene Diskussion zu führen.

»Also die Erfahrung, die ich gemacht habe, da kommen ja dann auch die Väter, wenn Gespräche sind, dass das so ein bisschen verdeckt wird, das wird da nicht so offen ausgesprochen.« (24/114)

In der Befragung findet sich aber auch ein Beispiel, das belegt, wie Eltern zum Überdenken der traditionellen Rollenverteilung gebracht werden können, wenn die Erzieherinnen ihre Überzeugungsstrategie von der Ebene der politisch-ethischen Belehrung auf die pragmatische Begründungsebene verlagern und an dem hohen Bildungsinteresse der Eltern anknüpfen.

So brachte eine Erzieherin die Mutter eines Jungen, der sich weigert, den Tisch mit dem Lappen abzuputzen, zum Nachdenken, indem sie argumentierte, wie wichtig die Übernahme solcher Aufgaben für die feinmotorische Entwicklung sei.

»Ich habe zu einem 5-jährigen Jungen gesagt, ›komm, putz mal schnell den Tisch ab‹, ohne mir etwas dabei zu denken. Der hat den Lappen in die Hand genommen und wusste nicht, was er damit machen sollte. Und dann dieser bitterböse Blick: ›Wie kannst du es wagen, mir einen Lappen in die Hand zu drücken‹. Das kommt schon inzwischen alles vor. ... Ich habe mit der Mutter auch darüber gesprochen. Das war in dem Fall eine etwas aufgeschlossene Mutter, die also auch kein Kopftuch trägt. Und dann habe ich gesagt, ich habe ihn den Tisch abputzen lassen und habe ihr das vom Praktischen her mit der Feinmotorik erklärt. Wie wichtig das ist, auch grad so der Umgang mit dem Lappen. Gar nicht, dass das jetzt eine rollenspezifische Geschichte auch wäre, sondern einfach praktisch – macht jeder bei uns. ›Ja, ja, hat er zu Hause auch gemacht, hat er geholfen, macht er jetzt seit einiger Zeit nicht mehr.‹ Aha, wird jetzt ein großer Junge, hat mit anderen großen Jungs zu tun – da macht man das nicht mehr. Das war anscheinend so der Trend. Die Mutter war selber traurig darüber. Wie gesagt, ich habe das einfach versucht zu erklären, das ist eine ganz normale Sache, bei uns macht das jeder und es ist eben auch eine gute Übung eben. Pädagogisch begründet.« (26/70, 71)

Die Erzieherin interpretiert zudem das Verhalten des Jungen nicht nur unter kulturellen Gesichtspunkten. Die Mutter liefert ihr auch Argumente für die entwicklungsgeschichtliche Problematik der Geschlechtsrollenfindung, die sich hinter der Weigerung »Mädchenpflichten« zu übernehmen verbirgt. Auch eine andere Erzieherin sieht das so: Je mehr es auf die Schule zugeht, desto stärker dividieren sich die Geschlechter auseinander (25/94).

Je nach den Geschlechtsrollen-Definitionen des familiären Herkunftsmilieus drückt sich dies in unterschiedlichen Abgrenzungsstrategien aus. In Gesellschaften oder Schichtmilieus mit geringerer Arbeitsteilung der Geschlechter fokussiert sich die Demonstration von Männlichkeit eher auf körperliches und motorisches Dominanzverhalten. Die Rollenvorbilder hierfür werden heute weniger im Elternhaus als in den Medien und in der Peergroup vorgegeben. Auf der Suche nach einer Geschlechtrollenidentität betreten die Kinder nicht immer die vorgegebenen Pfade des Elternhauses, sondern treffen eine Wahl, die den Eltern u. U. überhaupt nicht gefällt (s. o.).

Wenn ein Junge darauf besteht, dass er keine weiblichen Hausarbeitstätigkeiten übernehmen will, muss das nicht immer bedeuten, dass diese Einstellung durch das Elternhaus indoktriniert wurde – auch wenn der Junge sich darauf beruft. Es kann außerdem auch sein, dass er die kulturellen Argumente nur benutzt, um sich vor der Arbeit zu drücken.

7.7 Konflikte mit Migrantenvätern

Die Erzieherinnen der Kindergärten mit einer stärker sozial durchmischten Elternschaft (Melanchton, Hermann Löns, Mainzer Str.) berichten, dass sie mit beiden Elternteilen gleich gut klar kommen (30/102) und ihre Berufsrolle auch durch die patriarchale Einstellung der Migrantenväter »auf das Gros übertragen« nicht in Frage gestellt sehen (25/104; 24/120).

»... das kann man nicht generell so sagen, dass die Männer uns das Gefühl vermitteln, dass man als Erzieherin nur eine Frau ist. Also ich würde nicht sagen, dass man das auf das Gros übertragen kann.« (25/104)

Während die Mütter den täglichen Kontakt über Tür-und-Angelgespräche pflegen, würden bei vereinbarten Gesprächsterminen häufig die besser Deutsch sprechenden Väter mit einbezogen. Aus demselben Grund nehmen Väter auch häufiger an Elterabenden teil als dies bei den deutschen Familien der Fall ist (24/116; 22/114).

»Also in aller Regel mit denen, die regelmäßig kommen, bei manchen sind das mehr die Mütter, aber bei manchen ausländischen Eltern sind auch viel die Väter da. Und wenn Gespräche anstehen, sind auf jeden Fall die Väter dabei, was bei den Deutschen nicht so unbedingt der Fall ist.« (24/116)

Einige befragte Erzieherinnen sehen deutliche Unterschiede im Auftreten nicht weniger Migrantenväter zu den deutschen Vätern, die allerdings kaum in Erscheinung treten. Sie würden bei Konflikten leicht aggressiv und ließen es an Respekt gegenüber der Berufsrolle fehlen. Dies wird als Ausdruck traditionell patriarchaler Überheblichkeit wahrgenommen.

»Ich habe aber auch schon erlebt, dass die uns als Frau nicht so wahrnehmen, dass die gesagt haben: ›Okay, wir müssen die akzeptieren, weil es in Deutschland so ist. Sie haben einen Beruf und sind eine Frau. Das müssen wir jetzt so.‹ ... Es ist auch schon zum anderes zum Ausdruck gekommen, eine ganz andere Szene in der Ecke mit angedrohten Tätlichkeiten mit Vätern. Das habe ich auch schon selbst erlebt, als ich hier angefangen habe.« (14/460)

»Es gibt Situationen, da werden so Konflikte nicht gelöst, weil man mit demjenigen oder dem Konfliktpartner nicht kooperieren kann, das sind dann meistens die Väter, die sich dann halt uneinsichtig zeigen oder auch gar kein Interesse daran ha-

ben, das zu klären, denen es dann teilweise einfach nur darum geht, mal so ein bisschen rumzublubbern, ja, so ein bisschen den Macho da raushängen zu lassen.« (22/104)

»Da haben wir eine Auseinandersetzung mit einem Vater gehabt, der reingeplatzt ist, war geladen. Der meinte, er will das nicht, dass seine Tochter da rausgeht, dass die draußen spielen darf. ... Wir haben mit dem Vater hin- und herdiskutiert, er war vollkommen uneinsichtig und es endete damit, dass wir dieses Mädchen leider nicht mehr rausschicken konnten.« (26/65)

»Und oft, was heißt oft, hin und wieder passiert es halt auch schon, dass so der Respekt uns gegenüber von der männlichen Seite zu wünschen übrig lässt, oder gar nicht vorhanden ist. Das ist halt einfach der kulturelle Hintergrund. Dann halt, dass gewisse Mütter eine gewisse Dankbarkeit uns entgegenbringen.« (22/90) »Von den Vätern werden wir nicht immer so ganz ernst genommen, und die sind auch meistens da einer anderen Meinung und man merkt eben auch, dass zwischen Mutter und Vater, wenn halt so Situationen auftreten, dass die sich auch nicht immer so einig sind. Aber, gut, die Frau steckt dann natürlich zurück, ist ganz klar.« (22/114)

Kommentar: Es scheint nicht immer so zu sein, dass die Frau »zurücksteckt« (22/114), sondern womöglich schickt auch die Frau den Mann auch vor – v.a. bei »harten« Verhandlungen, bei denen es zu massiven Interessenkollisionen und Wertekonflikten kommt.
In den Herkunftsgesellschaften hat der Mann die Aufgabe, die Interessen der Familie gegenüber den gesellschaftlichen Institutionen zu vertreten. Er ist der Außenminister der Familie. Traditionell sozialisierte Frauen scheuen diese Auseinandersetzung und verübeln es dem »Familienoberhaupt«, wenn er diese Familien-Stellvertreter-Rolle nicht übernimmt.
Darüber hinaus gibt es aber auch eine eingespielte Arbeitsteilung bei Verhandlungen mit Institutionenvertretern: Die Frau spielt die Rolle der Kompromissbereiten, der Mann verhandelt konfrontativ. Die Frau wird vom dominanten Verhandlungsführer scheinbar beiseite geschoben.
Was als »Macho-Gehabe« und Missachtung der professionellen Autorität der Erzieherinnen wahrgenommen wird, bedeutet aus der Perspektive der Herkunftskultur u.U. etwas ganz anderes, nämlich, dass der Mann – auch im Auftrag der Frau – seinen Pflichten als Wahrer der moralischen Integrität und der Interessen der Familie nachkommt.
Dass er massiv auftritt, hängt eher mit dem Misstrauen gegenüber der »deutschen« Institution zusammen, die die im Elternhaus vertretenen kulturellen

Orientierungen – in seinen Augen – nicht toleriert und scheinbar korrumpiert. Dem darf er nicht tatenlos zusehen. Im Rahmen dieser Auseinandersetzung reaktiviert und instrumentalisiert er u.U. auch traditionelle Rollenressentiments gegenüber berufstätigen Frauen, um im Machtkampf zu punkten – ohne voll dahinter zu stehen.

Dass es sich hierbei auch um einen Interaktionszirkel handeln könnte, bei dem auch die Erzieherinnen einen aktiven Part spielen können, darauf verweist eine Bemerkung einer befragten türkischen Mutter.

I.3: *»Ja, und meistens ist es so, dass ich meinen Mann Bescheid geben musste, damit er mit ihnen redet, und erst dann wurde was unternommen, jedoch dauerte es nicht lange und sie achteten wieder nicht mehr drauf.« (**47**/158)*

Wenn die Mütter die Erfahrung machen, dass sich die Erzieherinnen erst bewegen, wenn »Vater« ein Machtwort spricht, dann verbleiben sie in der passiven Rolle und die Männer werden in ihrer dominanten Rolle bestätigt. Nichts ist erfolgreicher als der Erfolg (vgl. auch I.3: *»Sie (die Erzieherinnen) haben mich wie eine von ihnen behandelt … Möglicherweise könnten Probleme auftauchen, wenn mein Mann nicht mehr da wäre.« (**47**/190)*)

Eine Erzieherin mit Migrationshintergrund meint, dass sie manchmal mit den Vätern besser klar komme. Sie könne sich mit ihnen sachlicher auseinandersetzen. Mütter reagierten emotionaler.

E.2: *»In der Regel kommen die Mütter, aber mit den Vätern haben wir auch kein Problem. Manchmal ist es sogar besser, weil sie auch verständlicher … also, die verstehen auch ein bisschen. Ich meine, die können halt … die sind halt nicht so subjektiv, die sind halt objektiver. Somit kannst du halt mit dem ein oder anderen besser reden. Aber jetzt zwischen deutschen und ausländischen, das ist in der Regel gleich.« (**29**/210–211)*

Kommentar: Die Befragungsperson spricht eine wichtige Ressource der Versachlichung von Konflikten durch die Beteiligung von Vätern an Elterngesprächen an. Die (traditionellen) Väter sind in den frühkindlichen Erziehungsprozess nicht so verstrickt, sie rivalisieren weniger mit den Erzieherinnen und ihr Erziehungsprestige steht nicht so auf dem Spiel wie besonders das der nicht-berufstätigen Mütter. Von daher könnte es rühren, dass die Erzieherinnen mit den Vätern manchmal »objektiver« reden können.

Sich sachlicher auseinandersetzen kann die angeführte Befragte vielleicht aber auch als Fachkraft mit Migrationshintergrund. Die befragte Leiterin des gleichen Kindergartens hat jedenfalls eine deutlich negativere Sicht – aufgrund von anderen Erfahrungen oder stereotyper Zuschreibung muss offen bleiben (vgl. oben 22/90, 114).
Die berufliche Interaktion zwischen Migranten ist womöglich auf der Beziehungsebene durch wechselseitige Zuschreibungen weniger gestört. Auch wenn sie aus verschiedenen Nationalitäten stammen, bekommen MitarbeiterInnen mit Migrationshintergrund einen Vertrauensvorschuss – als Minderheitenangehörige und als Kenner migrantischer Lebenswelten. Die Väter meinen bei ihnen weniger »kämpfen« zu müssen (Gaitanides 2006).

7.8 Konflikte bezüglich der Einhaltung anderskultureller, religiöser Vorschriften

Probleme mit der Beachtung islamischer Essensvorschriften

Für alle befragten Kitas ist die Berücksichtigung islamischer Speisevorschriften in ihrer gemäßigten Version eine Selbstverständlichkeit (kein Schweinefleisch) (15/435; 22/106; 26/68; 29/285; 25/88). Einige Kindergärten nehmen sogar auf höhere Ansprüche Rücksicht und raten beispielsweise den Müttern bei der Organisation von Kindergeburtstagen, keine Gummibärchen wegen der »unreinen« Gelatine zu besorgen (13/547).

Enerviert zeigen sich aber viele Erzieherinnen von – ihrer Ansicht nach überzogenen – Erwartungen einer hundertprozentigen Berücksichtigung rigider religiöser Vorschriften, genervt auch von dem Misstrauen mancher frommer Muslimfamilien, die ihnen keinen Glauben schenkten, dass sie die Speisevorschriften auch gewissenhaft beachten (29/182–186, 285; 10/28, 84; 13/547; 14/511; 24/84). Exemplarisch sei hier eine Interviewpassage angeführt, die die Perspektive zweier »genervter« Erzieherinnen anschaulich schildert.

E.2: *»Beim Mittagessen gibt es überhaupt kein Schweinefleisch mittlerweile, die Kinder essen kein Schweinefleisch … Beim Frühstück, sie haben alle zwei Wochen gemeinsames Frühstück, wenn wir das irgendwas mit Wurst, entweder teilen wir die Kinder so auf, dass die …«*
E.1: *»Aber generell gibt es keine Schweinewurst …«*

E.2: *»Ja, aber wenn, also letztens gab es halt nicht genügend Wurst im Geschäft, da mussten wir halt Schwein und Pute hole, dann haben wir die Kinder so gesetzt, dass die halt zusammen an einem Tisch sitzen, nicht dass sie halt in Versuchung kommen, aber in der Regel haben wir seit über einem Jahr …«*

E.1: *»Schon länger …«*

E.2: *»… ja, wo es wirklich gar kein Schweinefleisch im Haus gibt. Oder bei Geburtstagen, wenn die Eltern was mitbringen, dann sagen wir den Eltern, dass sie auch bitte darauf achten, dass sie auch was für die moslemische … schweinefleischlos praktisch … «*

E.1: *»Aber das Problem wird ja immer größer, jetzt kommen ja viele Eltern, die muslimischen, die Kinder dürfen überhaupt keine tierischen Fette, kein Schwein, kein …*

E.2: *»… oder kein Fleisch.«*

E.1: *»… keine tierischen Fette, das bedeutet für mich auch keine Butter, kein Kuchen. Es wird immer schwieriger dann.« (29/182–186)*

E.1: *»… oft misstrauen uns ja die Eltern, ob wir nicht ihrem Kind doch Schweinefleisch geben, obwohl wir das 100 Mal versprechen: ›Wir geben keins!‹, aber … Deswegen dürfen ja viele auch überhaupt kein Fleisch mehr essen.« (29/285)*

Und eine andere Erzieherin:

»Gerade bei den Muslimen. Dass bitteschön die Schweinewurst nicht neben der Rindswurst liegt, dass die Rindswurst nicht vom »Toom-Markt« ist, sondern dass die beim türkischen Metzger gekauft ist. Aber bitteschön für die Türken nicht vom marokkanischen Metzger, für die Marokkaner nicht vom türkischen Metzger. Das darf also auch bitteschön nicht sein. Es kommen immer mehr Regelungen.« (26/41)

Eine deutsche Elternbeirätin empfindet das Auftreten mancher muslimischer Eltern zur Durchsetzung der Speisevorschriften als »dreist«.

»Dann unterstellen, dass die doch andere Mahlzeiten bekommen, als sie eigentlich dürften. Also, dass man da richtig forsch vorgeht und da dreist versucht, dem Kindergarten Vorwürfe zu machen.« (10/84 – deutsche Elternbeirätin)

Wegen dieses Misstrauens oder eben unerfüllbarer Realisierung religiöser Speisevorschriften dürfen manche Kinder überhaupt kein Fleisch essen, verzehren nur das von zu Hause mitgebrachte Essen oder essen gar nicht in der Kita.

»An besondere Schwierigkeiten kann ich mich jetzt nicht erinnern, eher was Essen anbelangt, was ich eben gerade gesagt habe, da sind wir oft nicht so einig und wissen oft nicht warum, und haben oft den Eindruck, dass da irgendwelche anderen Antworten gegeben werden und die Kinder sind dann da und essen nichts, sind einfach nur da und gucken zu.« (24/84)

Kommentar: Interessant ist, dass eigentlich nur auf islamische Essensvorschriften eingegangen wird – weil dies die zahlenmäßig größte Gruppe ist? Oder weil den Muslimen ihre Essensvorschriften so wichtig sind? Was ist mit den Hindus, die z. B. kein Fleisch des bei ihnen heiligen Rindes essen dürfen? Was mit den Vegetariern? Was mit den Allergikern?

Wenn das Ergebnis ist, dass manche Kinder schlussendlich gar nichts mehr essen, weil mit den Eltern keine Einigung über die korrekte Speiseordnung erzielt werden kann, und nur noch zuschauen, wie die anderen essen, ist das für den pädagogischen Prozess fatal. Schon Max Weber, der Begründer der deutschen Soziologie, hat der »Commensalitas«, dem gemeinsamen Essensritual, eine große Bedeutung für die Überbrückung sozialer Distanz zugemessen. »Connubium« (Mischung durch Heirat) und »Commensalitas« (gemeinsam privat Speisen) sind Indikatoren für Herstellung sozialer Nähe und Zugehörigkeit (vgl. auch den Sozialpsychologen Bogardus und dessen »Social Distance Scale«). Im Umkehrschluss lässt sich daraus folgern, dass der Ausschluss vom gemeinsamen Mahl – wer immer dafür verantwortlich ist – vom Kind auch als ein sozialer Ausschluss erlebt werden kann.

Sicht der befragten MuslimInnen

Die befragten Frauen muslimischer Religionszugehörigkeit, die eher eine Auswahl undogmatischer Muslime darstellen, halten die Berücksichtigung des Schweinefleischverbots dennoch für eine Selbstverständlichkeit. Sie haben aber auch den Eindruck, dass diese Rücksichtnahme bei den Erzieherinnen ebenfalls zu einem unhinterfragten Standard geworden ist.

I.3: *»Bei meiner Tochter im Kindergarten hatten sie schon Verständnis, haben drauf geachtet, dass sie während des Frühstücks kein Schweinfleisch gegessen hat. Man muss es gar nicht mehr sagen, das wissen sie schon.« (47/218)*

I.3: *»Wir haben ihnen alles schriftlich gegeben, was unsere Kinder essen dürfen oder ob sie eine Allergie haben. Sie haben das genommen und waren einverstanden.« (**47**/228–233)*

Eine Mutter berichtet anerkennend, dass die Erzieherinnen den Kindern die unterschiedlichen Speisegewohnheiten erklären und beim Einkaufen für das Frühstück daraus eine interkulturelle pädagogische Aktion machen.

I.3: *»Es wird jeden Tag gefrühstückt, ein Mal in der Woche ist Frühstückstag. Der Erzieher nimmt einige Kinder mit sich, um einzukaufen, damit sie frühstücken können. So lernen sie auch, wie man einkauft. Sie fragen nach, was die islamischen Kinder essen möchten oder die anderen Kinder essen dürfen bzw. wollen.« (**47**/228)*

Eine Befragte hat beobachtet, dass Kinder strenger Muslime Druck auf die Kinder aus liberaleren muslimischen Familien ausüben, wenn sie es mit den Speisevorschriften nicht so genau nehmen. Das findet sie nicht gut.

I.1: *»Manchmal passiert es, wenn einige türkische bzw. islamische Kinder Schwein essen, werden sie von denen, die keins essen, etwas schief angeguckt.«*
I.3: *»So etwas habe ich nicht gehört. Ich weiß es nicht!«*
I.1: *»Ich habe es aber erlebt …« (**47**/230–232)*

Eine andere Befragte meint, es gäbe immer noch Erzieherinnen, die für die muslimischen Speisevorschriften kein Verständnis zeigten.

I.4: *»Es gibt aber immer noch einige, die dafür kein Verständnis zeigen. Ich kenne eine Frau, die wollte, dass ihr Kind dort kein Fleisch isst, sondern sie wollte es selbst von zu Hause mitnehmen, jedoch wurde ihr das nicht erlaubt. Wir suchen nach Alternativen, aber sie sind nicht damit einverstanden.«*
Interv.: *»Finden Sie, dass sie damit einverstanden sein sollten?«*
I.4: *»Natürlich!« (**47**/218–220)*

Interessant ist der weitere Verlauf des Gesprächs zwischen den Frauen. Obwohl die Frau, die das Beispiel angeführt hat, meint, dass es sich dabei eher um Ausnahmen handele, und eine andere Gesprächspartnerin ein gegenteiliges Beispiel anführt, beharrt die dritte Frau auf der generalisierenden Behauptung, die Deutschen wehrten sich gegen die Berücksichtigung flexibler Lösungen, weil sie sehr »regelgebunden« seien.

I.3: *»Bei mir, da hat jemand gesagt, dass sie das Salami selbst kaufen wollen, und zwar Rindfleischsalami, statt Schwein. Schwein ist nicht so gesund. Die haben ohne Probleme eingewilligt …«*

I.4: *»Die sind sehr tolerant! …«*
I.2: *»… die Deutschen sind ja sehr regelgebunden, deshalb kann es sein, dass sie nichts durcheinanderbringen wollten, aus diesem Grund haben sie vielleicht nicht eingewilligt.«*
I.4: *»Es gibt manche Ausnahmen …«*
I.2: *»Sie sind aber wirklich sehr an ihre Regeln gebunden!« (**47**/221–226)*

So ergänzen sich die Vorurteile. Auch einige deutsche Erzieherinnen generalisieren und werfen den muslimischen Eltern eine zu starre Haltung bezüglich der religiösen Speisevorschriften zu.

Probleme mit der Beachtung kulturell vermittelter Schamgrenzen

E.2: *»Manche dürfen sich nicht nackig ausziehen. … Wir haben auch ein Planschbecken im Sommer, dann dürfen die Kinder nicht rein. Es ist halt immer das Problem, wir sind dann der Buhmann, aber wir klären es auch mit den Eltern, dass sie es bitte zu Hause mit ihren eigenen Kindern klären, dass sie es aus dem oder dem Grund nicht machen dürfen, nicht dass wir halt dann immer diejenigen sind, die es verbieten, ja. Weil uns macht das ja nichts aus, es geht ja darum, dass die Eltern das nicht wollen. In der Regel klappt das, also, die Eltern, die wirklich Wert drauf legen, die versuchen auch, ihren Kindern beizubringen, dass sie das nicht dürfen.« (**29**/191–193)*

»Von manchen kriegen wir es halt von vornherein gesagt, dass das Kind sich also nicht ausziehen darf. … Wenn die das von zu Hause vermittelt kriegen, ›du ziehst dich da nicht aus‹, dann akzeptieren die das auch. Es ist halt auch grundsätzlich bei den Kindern eine große Schamhaftigkeit einfach so von vornherein schon da. Bei muslimischen Kindern ist se halt so, die ziehen sich von vornherein nicht von alleine aus.« (22/106–108)

»Und wir lassen die Kinder selber entscheiden, wo sie sich umziehen, und es gibt auch Kinder, die so rumlaufen, die das auch dürfen, das ist auch in Ordnung. Aber das akzeptieren wir dann auch oder sie kriegen sie, obwohl sie sie vergessen haben, wir haben immer Sachen da und sie kriegen sie von uns.« (30/93)

»… wir hatten ein einziges Mal einen Vorfall mit einem Vater, der meinte, er müsste hier eine Kleiderordnung für die Erzieherinnen einführen.« (25/68)

Probleme mit dem Feiern religiöser Feste?

»… ansonsten feiern wir unsere Feste, wo wir nicht nur christliche Hintergründe aufarbeiten, sondern auch allgemein.« (15/453)

»… Feste, das ist ja auch kein Thema, zum Beispiel es gibt muslimische Feste, wo die Eltern dann die Kinder entschuldigen oder so. Es ist nie ein Thema. Da wird auch durchaus permanent Rücksicht genommen.« (25/88)

»Aber es gibt viele Fälle, wo es problematisch wird, weil man einfach viele Sachen im Kindergarten nicht umsetzen kann, weil man Rücksicht nehmen muss. Zum Beispiel man macht jetzt eine Laternenfest und das fällt jetzt in den Ramadan. Ja, dann will jemand eine Gulaschsuppe aufsetzen, zum Beispiel Schweinefleisch. Oder man will einen Kindergeburtstag machen, dann muss man auf alles achten.« (10/26 – Elternbeirätin)

Die Fachdienstleiterin der städtischen Kindertagesstätten stellt den Einrichtungen frei, ob sie das muslimische Zuckerfest feiern oder nicht. In der Regel finde es aber selten statt, da nach ihrer Einschätzung die Konkurrenz der internen muslimischen Feiern zu groß sei.

»In der Regel findet es aber nicht statt, weil die Gemeinden zu Hause, mit Familien, in der Moschee, in der Gemeinde oder wie auch immer das Zuckerfest feiern. Da wären wir das letzte Licht an dieser Kette. Da würden vielleicht nur ein paar zu uns kommen. Also es ist keine Ignoranz von uns, aber der Bedarf ist einfach nicht da. Deshalb wird es bei uns nicht stattfinden, das heißt aber nicht, dass es ignoriert oder nicht geduldet wird oder wir nichts davon halten.« (20/219)

Kommentar: Der symbolische Wert der Integration des Zuckerfestes in den Kindergarten wird hier unterschätzt. Es muss ja nicht mit den privaten oder religiöse Feiern in Konkurrenz treten. Ostern wird im Kindergarten auch gefeiert, ohne das familiäre oder kirchliche Osterfest zu ersetzen. Die muslimischen Eltern ebenso wie die Kindern werten aber diese Geste (wie immer sie ausgestaltet ist) als einen Akt der Anerkennung ihrer Kultur, als eine Zugehörigkeitsbekundung und als einen Vorgang der Normalisierung des Fremden.

Dass ein Bedarf nach dieser Geste der Einbeziehung des »Eigenen« vorhanden ist, belegt der Bericht einer Erzieherin aus einem städtischen Kindergarten, der sich auf die Initiative von Eltern hin auf ein Zuckerfest eingelassen hat. Die Interviewte schwärmt von den pädagogischen Nebenwirkungen des Festes.

»Wir hatten hier in Raunheim mit Kindern ein Fest gefeiert, ein deutsches Fest, und dann kamen türkische Mütter auf uns zu, die haben sich dann im Gemeindehaus regelmäßig als Kreis getroffen und haben gesagt: ›Wir haben bald Zuckerfest und wir würden das gerne alle mit euch und den Kindern feiern.‹ Und dann haben es die türkischen Eltern vorbereitet, die Mütter. Es war eine wunderschöne Zeit, wo sie uns auch erklärt haben, was der Hintergrund ist, wo die Kinder auch sehr aktiv wurden, vor allem die ausländischen Kinder, die sonst mehr verschlossen sind, dass sie sich auch mitteilen können. Da kamen viele Sachen raus, die wir sonst nie erfahren hätten, und diese Offenheit. Das hat sich dann nachhaltig auf die weitere Arbeit ausgewirkt.« (15/509)

Eine befragte türkische Eltern-Coacherin zeigt sich unzufrieden über die mangelhafte Resonanz, die ihr Vorschlag, das Zuckerfest zu feiern, um die muslimische Kultur zu vermitteln, bei den Erzieherinnen hinterlassen hat.

*»... die Kindergärtnerinnen, die haben doch auch so Feste und so, dass da wenigstens eine Ecke ist. Zum Beispiel wenn das türkischen Zuckerfest ist oder so, dass sie dann vorbereiten und sagen, ›das wird so und so gemacht‹, oder beim Ramadan, dass die dann einem halt zeigen, ›guck mal, das gibt's auch‹. Die wollen ja, dass das irgendwie gemeinschaftlich ist und dass die ausländischen Kinder auch zusammen kommen und keine Ängste aufbauen ...« (**4**/97)*
*»Ja, wir haben auch einen Elternabend gemacht, mit den Eltern und so. ... Aber von der Kindergarten-Seite ist nichts gekommen.« (**4**/98–110 – türkische Multiplikatorin)*

Auf der anderen Seite scheinen die Erzieherinnen verunsichert, was das Feiern der hohen christlichen Feiertage betrifft. In einem Kindergarten werden überhaupt keine religiösen Feste gefeiert.

» ... Ramadan und sonst irgendwelche Feste, da gehen wir nicht drauf ein, in dem Sinne, dass wir da jetzt irgendwo informieren oder das feiern oder wie auch immer, weil wir halt auch andere kirchliche, oder ansonsten auch religionsfrei halt hier erziehen. Wir erzählen jetzt also dann auch beispielsweise an Weihnachten nicht die Weihnachtsgeschichte, wir halten so diesen religiösen Faktor ganz raus.« (22/106)

Eine deutsche Mutter aus einem anderen Kindergarten erregt sich über die interreligiöse Rücksichtnahme der Erzieherinnen beim Verfassen einer Einladung zum Weihnachtsfest.

»Beispiel, Weihnachten, wir saßen im Elternbeirat zusammen, haben überlegt … haben, was machen wir zu Weihnachten, also zum Jahresende für einen Abschluss machen. Machen wir eine Karte für jedes Kind. Was machen wir als Motiv darauf? Ein Vorschlag von mir war ein Weihnachtsmann, es ist Weihnachten. ›Nee, das kann man nicht machen, da sind viele mit moslemischer Religion.‹ … ›da gibt es Theater, da gibt es Stress. Mach mal lieber nur so einen Mistelzweig mit einer Kerze darauf‹. Und da habe ich gesagt: ›Hier sagt mal, wo leben wir denn? Wir leben hier doch in Deutschland und das ist doch unser Brauch und unsere Sitte und bei uns ist das halt nun mal: Weihnachten, Weihnachtsmann.‹« (13/65 – deutsche Mutter)

Dabei äußert sich eine Erzieherin ganz begeistert über die – zugestandenermaßen wenigen – Muslime, die auch zu den Adventsnachmittagen gekommen sind.

»… das hat mich sehr gefreut und ich habe mich gerne an solchen Nachmittagen zu solchen Leuten gesetzt und mich mit ihnen unterhalten, dass sie nicht den Eindruck haben, sie müssen pflichtgemäß an irgendeinem Programm teilnehmen. Wir haben ja auch immer mehr ausländische Eltern dazubekommen und sind da auch am Überlegen, ob man an solchen christliche geprägten Feiertagen noch festhalten soll. Und da gehen die Meinungen bei unseren Erziehern sehr weit auseinander.« (24/154)

Zusammenfassende Kommentierung

Auf den ersten Blick mag die Heftigkeit, mit der manche Migranten auf der Beibehaltung ihrer Speise- und Kleidervorschriften bestehen, als irrationale Übertreibung erscheinen oder als Ausdruck von monokultureller Intoleranz. Wenn man aber bedenkt, dass bei ethnischen Gemeinschaften die Merkmale der äußeren Lebensführung oft der kleinste gemeinsame Nenner und die zusammenhaltende Klammer darstellen und die ethnische Gemeinschaftsbildung gerade in der Fremde und gerade bei Einwanderergruppen »niedrigen Standes« für die moralische Integrität und »Gruppenehre« eine wichtige Bedeutung hat, kann diese Reaktion vielleicht besser nachvollzogen werden.

Einer der prominentesten Begründer der deutschen Soziologie, Max Weber, hat dazu schon das Wichtigste gesagt.

»Was bleibt aber an Merkmalen ethnischer Differenzierung, wenn man die Vergemeinschaftungsfaktoren Sprache, Religion, politische Gemeinschaft – als mit der Abstammungsgemeinschaft nicht immer deckungsgleiche – ausnimmt? der … nach außen hervortretende (ästhetische) Habitus …, die … ins Auge fallenden Unterschiede in der Lebensführung des Alltags. Und zwar, da es sich bei den Gründen der ›ethnischen‹ Scheidung stets um äußerlich erkennbare drastische Differenzen handelt, gerade solche Dinge, welche sonst von untergeordneter sozialer Tragweite erscheinen können.« (Weber 1972, S. 238)

»Neben wirklich starken Differenzen der ökonomischen Lebensführung spielten beim ethnischen Verwandtschaftsglauben zu allen Zeiten solche äußerlichen Widerspiegelungen, wie die Unterschiede der typischen Kleidung, der typischen Wohn- und Ernährungsweise, der üblichen Art der Arbeitsteilung zwischen den Geschlechtern und zwischen Freien und Unfreien: – alle solche Dinge also, bei denen es sich fragt: was für ›schicklich‹ gilt, und was vor allem das Ehr- und Würdegefühl des Einzelnen berührt –, eine Rolle.« (Weber 1972, S. 239)
»Scharfe Abgrenzungen des Geltungsgebiets von ›ethnisch‹ relevanten Sitten, … entstehen regelmäßig durch Wanderungen oder Expansionen, welche bisher dauernd oder zeitweise weit voneinander getrennt lebende oder daher an sehr heterogene Bedingungen angepasste Menschengruppen in unmittelbare Nachbarschaft miteinander bringen.« (Weber 1972, S. 239)

Gerade in Zeiten sich verschlechternder Integrationschancen und zunehmender Ausländerfeindlichkeit reagieren viele Migranten mit defensiven Reethnisierungstendenzen. Dieser Rückzug auf die ethnische Gemeinschaft fixiert sich stark auf die äußere Lebensführung, die mit starker symbolischer Bedeutung aufgeladen wird (symbolische Ethnizität). Dies scheint auch einer der wesentlichen Gründe für die Ausbreitung des Kopftuches.

Eine Erzieherin dürfte einen wichtigen Aspekt der Gründe für das rigide Festhalten an den religiös legitimierten Sittlichkeitsvorstellungen und Ritualen erfasst haben:

»Angst vor frühzeitigem Verlust der eigenen Kultur, Angst vor Abnabelung, kein Vertrauen in Kindergarten sehe ich in meiner 28-jährigen Berufserfahrung als zunehmendes Problem. Gerade bei den Muslimen.« (26/41)

7.9 Barriere christlicher Tendenzbetrieb

Eine befragte Türkin vermutet, dass in den christlich konfessionellen Kindergärten bevorzugt Kinder aus christlichen Einwanderer-Nationalitäten aufgenommen werden, die Gemeindemitglieder sind und Steuern zahlen. Ihr wäre es jedenfalls nicht gelungen, einen Platz im evangelischen Kindergarten zu bekommen, obwohl sie den gerne gehabt hätte – wegen des größeren Anteils deutscher Kinder und der ruhigeren, konzentrierteren Kita-Atmosphäre (4/132–140).

Eine der Begründungen für die Begrenzung des Migrantenanteils im evangelischen Kindergarten ist – aus der Sicht der Leiterin – die geringe Teilnahme an den Elternaktivitäten, ohne die ein so kleiner Kindergarten nicht gut funktionieren und harmonieren könne (30/33).

»… dieser Kontakt zu den anderen Eltern, diese Mithilfe auf den Festen, dass sie sich oft nicht dran halten, und das Kind wird damit mit rausgenommen aus diesem Kontakt, weil wenn sie an Sommerfesten nicht teilnehmen.« (30/91)

Könnte es nicht sein, dass der christlich geprägte Rahmen dieser Feste ein Hinderungsgrund ist für die mangelhafte Beteiligung muslimischer Eltern!? Nach Aussage der Befragten der städtischen Kitas ist die Beteiligung (auch die aktive) von Migranteneltern gerade bei Festen besonders gut – etwa im Vergleich zu den Eltern(informations)abenden. Aus einem der städtischen Kindergärten wird aber auch berichtet, dass dort die Beteiligung der hauptsächlich muslimischen Migranten an christlich geprägten Festen (Adventnachmittagen) ebenfalls unterdurchschnittlich war (26/77).

7.10 Mangelhafter pädagogischer Umgang mit kultureller Vielfalt und mit ethnisch/kulturellen und rassistischen Vorurteilen aus der Sicht von Migranten?

Weiter oben wurde schon eine muslimische Mutter zitiert, die sich von den Erzieherinnen mehr Aufklärungsarbeit bezüglich der religiösen Gebräuche erwartet. Sie verspricht sich davon eine Normalisierung der kulturellen Andersheit (**46**/36). Eine andere Mutter schildert ein Beispiel, das demonstriert, zu welchen kränkenden Missverständnissen es führen kann, wenn die Erzieherinnen diese Aufklärungsarbeit unterlassen.

I.1: *»... Sie hatte Henna in den Händen. Dann kam ein deutsches Kind und dachte, dass das Stuhl wäre. Wie versuchten vergeblich zu erklären, dass es nicht so sei, aber wie soll man einem Kind die türkische Tradition erklären? Jetzt verfärbe ich ihre Hände nie mehr mit Henna, damit sie so was nicht mehr erleben muss.«*
I.4: *»Solche einfachen Sachen müsste jeder Erzieher wissen!«*
I.1: *»Meine Nichte, die einen anderen Kindergarten besucht, hat erlebt, dass die Erzieherin die meisten Kinder in der Gruppe Henna in die Hände geschmiert hat, weil es Ramadan war.«*
I.2: *»Sie müssen bestimmte feste Eigenschaften in den verschiedenen Kulturen kennen lernen! ... Ein gutes Beispiel ist, dass deine Tochter ausgelacht wurde, weil sie Henna in den Händen hatte. Nicht du solltest das bemerken und handeln, sondern die jeweiligen Verantwortlichen! ... man muss ihnen alles erklären, damit sie es nachvollziehen können.« (**47**/144–148)*

Ein Thema, das von keiner Erzieherin angesprochen wurde, ist das Thema »Vorurteile und Rassismus unter Kindern«. Befragte schwarze Frauen sprechen es an. Eine eritreische Mutter berichtet von ihrem Sohn.

F.2: *»Der eine hatte Angst gehabt. Er sagt zu uns, ›Ich gehe nicht mehr! Ich habe keine Lust!‹, weil er denkt, die akzeptieren ihn nicht. Er ist auch dunkel, er denkt, die akzeptieren das nicht.«*
Interv.: *»Die Hautfarbe?«*
F.2: *»Ja! Er hat diesen Schock!« (**46**/53)*

Aus der Erfahrung mit ihrem älteren Kind befürchtet sie, dass später, in der Schule, die Stigmatisierung durch die Hautfarbe noch schlimmer wird.

F.2: *»Aber wenn er in die Schule geht, dann gibt es richtige Probleme. Wenn die Kinder älter geworden sind, dann sind sie grausamer.« (**46**/24)*

Im Kindergarten könnten die Erzieherinnen auch noch leichter pädagogisch intervenieren, dies zeige das lobende Beispiel ihrer Erzieherin.

F.2: *»Im Kindergarten ist das Problem noch nicht so groß. Die Kinder fragen, die erzählen und erzählen. Die hat gesagt, vor zwei Tagen ein Junge, ›Oh! Was ist das denn? Er ist schwarz!‹ Dann die Erzieherin sagt, ›Er ist nicht schwarz, er ist braun. Er kommt aus Afrika!‹. Die hat das sehr gut gemacht. Aber in der Schule ... In der Schule ist das dann ein kultureller Schock. Das ist so großes Problem.« (**46**/53, 54)*

Auch eine muslimische Mutter erzählt von dem Kummer ihrer Tochter, die sich wegen ihrer nationalen und/oder religiösen Andersheit von einer Gruppe von deutschen Kindern, mit denen sie gerne spielen würde, ausgeschlossen fühlt.

F.2: *»Meine Tochter geht in den Kindergarten, fünf Jahre alt. ... gut, aber Kindergarten gehen andere Kinder. ›Guten Morgen!‹ und böse gucken. Warum? Ich, weil ich türkisch oder Kopftuch oder andere ... ich weiß nicht! Nicht herzlich.« (**47**/22)*

Kommentar: Da die Untersuchung nicht auf neutralen Interaktionsbeobachtungen basiert, sondern auf der Mitteilung subjektiver Wahrnehmungen und Deutungsmuster, muss offen bleiben, ob es sich bei diesen Aussagen um selektive Wahrnehmung und Projektionen handelt, die keine Entsprechung in der Wirklichkeit finden, oder um tatsächliche diskriminierende Zuschreibungen der Kinder. Dabei ist es zweitrangig, ob diskriminierende Kommunikationen in diskriminierender Absicht getan werden oder gedankenlos geäußert werden und »nur« in ihrer Wirkung verletzend sind.
Untersuchungen in den USA und Australien stellen den Mythos von den vorurteilslosen Vorschulkindern in Frage. Kinder unterscheiden auch in diesem Alter schon zwischen den bevorzugten Standards der dominanten Kultur bzw. Dominanz der weißen Hautfarbe und den Abweichungen von der »Normalität«. Die als anormal kategorisierten Kinder empfinden dies als Kränkung und als eine ausschließende Etikettierung, die im zarten Kindesalter, in dem das Ich noch wenig gefestigt ist, ganz besonders schmerzt, wenn pädagogisch nicht dagegen gehalten wird.

»Die meisten KleinkindpädagogInnen hatten eine Sichtweise, die wir ›farbenblind‹ nennen. Sie stehen auf dem Standpunkt: ›Kinder nehmen Unterschiede nicht wahr und solange wir nicht über Unterschiede reden, werden sie auch keine wahrnehmen!‹ ErzieherInnen mit dieser ›farbenblinden‹ Sichtweise rühmen sich sogar, selbst niemals nach Ethnie oder ›Rasse‹ zu unterscheiden, sondern alle Kinder gleich zu behandeln. Es ist eine Art ›Kopf-in-den-Sand-stecken‹ ... Es ist eine Position, die außerdem im Widerspruch zu immer mehr Untersuchungsergebnissen steht, wonach kleine Kinder sehr früh ein Bewusstsein für Unterschiede haben, sehr früh von gesellschaftlichen Annahmen über verschiedene Aspekte von Identität beeinflusst sind und die zeigen, dass Kultur in der Entwicklung kleiner Kinder von entscheidender Bedeutung ist.« (Derman-Sparks, Luisa 2001, S. 7, vgl. auch für Deutschland: Diehm/Kuhn 2006)

Der aus diesen wissenschaftlichen Beobachtungen abgeleitete Anti-Bias-Ansatz wurde von dem »Projekt Kinderwelten« für Deutschland adaptiert, das Konzeptentwicklungsberatung, Supervision und Fortbildungen unter dem Label »Vorurteilsbewusste Erziehung« anbietet.

Wie die zitierten Mütter empfehlen die Pädagoginnen des Anti-Bias-Ansatzes, kulturelle und »rassische« Vielfalt (bzw. Vielfalt überhaupt) durch pädagogisch geeignete Thematisierung zu normalisieren und ihr damit den Stachel des Abnormen zu ziehen. Motto dieser Erziehung ist: »Alle Kinder sind gleich und alle Kinder sind besonders!« (Wagner 2004).

7.11 Misstrauen durch Diskriminierungsverdacht?

Wahrnehmung von Diskriminierung bzw. Diskriminierungsvermutungen aufgrund des Migrationshintergrundes äußerten eher befragte Migrantinnen, die weniger in die deutsche Gesellschaft integriert sind. Eine Befragte türkischer Herkunft, die schon 30 Jahre in Deutschland lebt, gut Deutsch spricht, sich nicht als religiös bezeichnet und viele deutsche Kontakte hat, fühlt sich im Kindergarten überhaupt nicht mehr an ihre türkische Herkunft erinnert.

»... dieses Gefühl, das ich, weil ich eine Türkin bin, dass sie (die Erzieherin) deswegen so mit mir redet, das hatte ich ja noch nie oder ich denke mir so was nicht auch selbst. Wenn sie das denkt? ... ich komme nie auf die Idee ..., weil ich mich ja

auch, ich fühle mich halt ... ich bin 30 Jahre hier, ich fühle mich Deutsch. Also dieses Gefühl, das ich anders behandelt werde, habe ich im Kindergarten nicht.« (**13**/ 665, 661)

Dies ist nicht weiter verwunderlich, da wir schon an anderer Stelle zeigen konnten, dass die Erzieherinnen eine deutliche Unterscheidung machen zwischen »europäischen« bzw. »europäisierten« – an europäische Lebensformen angepassten – Frauen und traditionellen (zumeist auch als »Kopftuchfrauen« titulierten) Frauen. Die »europäischen« oder »europäisierten« Mütter stoßen bei ihnen weit weniger auf Akzeptanzprobleme.

Eine andere Befragte fühlt sich ebenfalls als Türkin nicht ungleich behandelt – mit der Einschränkung, dass Probleme auftauchen könnten, wenn ihr Mann nicht mehr schützend hinter ihr steht.

I.1: *»Uns gegenüber ist nichts Auffallendes. Ich wurde außerdem nicht als eine ›Türkin‹ zwischen ihnen betrachtet. Sie haben mich wie eine von ihnen behandelt. Ich kenne mich in der Gegend des Kindergartens aus, habe Kontakt mit vielen, deshalb fühle ich mich ganz und gar nicht fremd, solange mein Mann lebt. Möglicherweise könnten Probleme auftauchen, wenn mein Mann nicht mehr da wäre.«* (**47**/89, 90)

Einige Befragte äußern den Verdacht, dass sich die Erzieherinnen um ihre Kinder nicht so kümmerten, weil sie Ausländer bzw. Türken sind.

»... Weil das ist nämlich so: Da ist der Ausländer-Anteil größer, ja? Und die Eltern beschweren sich nicht, wenn was ist oder so, ja? Und weil sie, weil keine Kontrolle stattfindet, da können sie sich mehr erlauben als früher.« (**4**/191)

I.3. »Es hätte nicht so weit kommen müssen, dass wir das es erst bemerken müssen. Möglicherweise haben sie sich drum wenig gekümmert, weil wir Ausländer sind.« (**47**/90)

Eine Mutter kommentiert und dreht den Spieß um: Die Erzieherinnen zeigten für die Kinder genauso wenig Interesse wie – in ihrer Wahrnehmung – die Eltern für den Kindergarten.

I.2: *»Nach dem, was ich alles gehört und gesehen habe, ich meine jetzt keine rassistischen Erzieher, aber die meisten Erzieher denken sich, wenn die Eltern sich kaum im Kindergarten beteiligen, nicht helfen und selten auftauchen, dann empfin-*

*den sie das als eine Art Vernachlässigung. Diese Vernachlässigung seitens der Eltern wird von den Erziehern so aufgenommen, dass sie dann auch die jeweiligen Kinder mit Desinteresse betrachten. Wenn ich aber hingehen würde, egal ob ich Deutsch kann oder nicht, mich für meinen Kind einsetzen würde, dann würde sie auch zu dem Schluss kommen, dass ich eine engagierte Mutter bin. Das ist es genau, was ich meine!« (**47**/197)*

Empfindlich reagieren Migranteneltern, wenn ihnen ein besonders niedriges Bildungsniveau generalisierend untersterstellt wird und/oder das Fehlen minimalster Deutschkenntnisse – v. a. auch dann, wenn sie selbst gut Deutsch können und einen qualifizierten Beruf ausüben. Hierfür ein Beispiel:

»... kam ein Vater, der hat auch gefragt, warum das nur in Türkisch hier hängt (Ankündigung für eine Festvorbereitung), *ob sie alleine so doof wären, die (deutschen) Einladungszettel selbst mitzunehmen und zu lesen. Also da müssten mindestens noch ein paar andere Sprachen. Da haben wir dann halt erklärt, das also, wir wollten eigentlich einen Gefallen tun und es noch mal sicherstellen, das sie es versteht und da kam prompt verkehrt an.« (12/203)*

Eine Befragte erlebt es als zweifelhaftes Kompliment, wenn sie als Türkin für ihre normale Beteiligung am Kindergarten hohes Lob von den Erzieherinnen bekommt (**47**/181, Zitat s. o.). Sie schließt daraus, dass den Migranten generell wenig Interesse für die Kindergartenarbeit unterstellt wird. Dieses Phänomen wird in der Fachdiskussion als »positive Diskriminierung« diagnostiziert.

An dieser Stelle wollen wir aber auch ein Beispiel dokumentieren, das einen Einblick in »Diskriminierungsvermutung« als ein in Migrantenkreisen sehr verbreitetes stereotypes Erklärungsmuster gibt. Zur Struktur dieses »Vorurteil-Vorurteils« gehört auch die Verallgemeinerung von Einzelfällen.
Die Interviewsequenz beginnt mit dem schon oben angeführten Zitat, das einen Mangel an Aufmerksamkeit für die Ausländerkinder generalisierend unterstellt und dann die Erfahrung mit einer einzelnen Erzieherin wiedergibt.

I.3: *»Man sollte den Kindern aus anderen Kulturen mehr Interesse zeigen. Ich habe meinen dritten Sohn in den X-Kindergarten eingeschrieben. Dort ist eine fremdenfeindliche Frau namens ... Sie lässt ausländische Kinder sitzen und nimmt den Rest und spielt mit denen ein Spiel. Mein Sohn sitzt da einfach und würde gerne mitspielen, hat Tränen an den Augen.*

... Ein Jahr lang habe ich es ausgehalten, aber dann hab ich mir gedacht, so kann es nicht weitergehen. Es gab eine andere Kindergruppe in diesem Kindergarten, als es dann in dieser anderen Gruppe war, hat er dann mehr Selbstvertrauen bekommen. ... Dieser Erzieherin und so ein afghanischer Junge haben ihm das Leben schwer gemacht, sodass mein Sohn gar nicht mehr in den Kindergarten wollte ... Sie hat die Kinder aussortiert. Ich habe eine Türkin dort gebeten, sie zu fragen, warum sie denn mein Kind nicht spielen lassen möchte, sie hätte gesagte, er sei noch zu klein und könne nichts. Aber es gab dort auch andere ganz junge Kinder, die fröhlich spielen dürften, warum durfte das nicht mein Sohn?«
Interv.: *»Haben Sie denn auch mit der Leitung des Kindergarten geredet?«*
I.3. *»Ja, wir haben uns beschwert, die haben aber nichts gemacht, außer er wurde in eine andere Gruppe gebracht.« (**47**/137–141)*

Es ist offensichtlich, dass es sich bei diesem Fall um ein komplexes Geschehen handelt, womöglich um ganz »normale« Integrationsprobleme, vielleicht auch um Ablösungskonflikte. Vielleicht ist der Konflikt mit dem erwähnten anderen »ausländischen« Kind zentral. Vielleicht erfassen Sohn und Mutter auch tatsächliche Ressentiments der Erzieherin intuitiv. Auf jeden Fall urteilt die Mutter vorschnell und verallgemeinernd, informiert sich über parteiische Dritte (eine Landfrau), die ihre Sicht bestärken, und nimmt erst nach einem Jahr Kontakt zur Kindergartenleitung auf. Die wiederum löst zeitnah das Problem zur allgemeinen Zufriedenheit. Trotz der Auflösung des Konfliktes bleibt bei der Mutter ein diffuses, im Einzelnen nicht belegbares Gefühl von Ungleichbehandlung erhalten.

*I.3. »... Im X-Kindergarten hat man es mich manchmal spüren lassen, dass ich eine Ausländerin bin. ... Ich habe keine persönlichen Angriffe erlebt, aber man hat ab und zu einiges gesehen oder gehört. Im Moment fällt mir kein Beispiel ein. Nachdem ich meinen Sohn von dieser Gruppe rausgeholt habe, habe ich nichts erlebt, wo ich mich beschweren könnte.« (**47**/191–196)*

Der generalisierte Diskriminierungsverdacht wird noch geschürt, wenn Sprachprobleme hinzukommen. Sie öffnen Fehlinterpretationen Tor und Tür. Die Bedeutung der Interaktion wird statt durch sprachlich-kommunikatives Feedback durch einseitige, spekulative und stereotypengesteuerte Interpretation erschlossen.

Eine deutsche Elterbeirätin erklärt, wie schwierig es ist, nicht den Eindruck von Bevormundung oder Voreingenommenheit gegenüber Migranteneltern zu wecken, wenn eine differenzierte sprachliche Verständigung nicht möglich ist.

»Also ich zum Beispiel bin auch im Elternbeirat im Kindergarten tätig und es ist schon schwierig, überhaupt eine Verbindung herzustellen. Man weiß nicht, ist es gar nicht gewollt oder wie muss man auf diese Gruppe da zugehen, dass man es richtig macht. Also man hat da auch so Berührungsängste, dass man keinen Fehler macht. Es soll nie so herablassend wirken und es soll auch nie so wirken, dass man jemand belehren will. Das soll nicht so rüberkommen. Und es soll vor allem auch nicht ausländerfeindlich rüberkommen. Wenn man mal jemand sagt: ›Es wäre schon schön, wenn das Kind Deutsch könnte‹, es klingt immer so, was man so macht. Oder das was man immer sagen könnte, klingt immer gleich so, so denke ich, klingt ausländerfeindlich, aber man will so eigentlich nicht rüberkommen. Diese sprachliche Barriere und diese Geschichte mit ›Ausländern und Deutschen‹, es ist schon ein Problem, in vielen Fällen, nicht in allen.« (10/26 – deutsche Elternbeirätin)

Die Interviewpassage verdeutlicht auch die Kommunikationshemmung, die durch den Emotionen aufwühlenden öffentlichen Diskurs über »Ausländerfeindlichkeit« gesetzt wird. Er führt – gerade in Berufszweigen, die sich dem Sozialen verschrieben haben – zur Verdrängung von Ressentiments, die sich eben durch diese Verdrängungspraxis der kritischen Selbstreflexion entziehen.

Der Diskriminierungsverdacht, der nach Beobachtung einer Erzieherin immer stärker artikuliert wird, unterminiert das Vertrauensverhältnis zwischen Eltern und Erziehern und verstärkt die kommunikative Abwärtsspirale, bei der sich verdrängte Vorurteile und generalisierte Vorurteilsunterstellungen wechselseitig verstärken.

»... dass eben vor Jahren da noch mehr Vertrauen war. Ich sehe ein zunehmendes Misstrauen uns gegenüber. Ich habe natürlich im Moment auch ein paar aktuelle Fälle im Kopf, wo da auch sehr harte Konfrontation auch da ist.« (26/53)

»... und wenn da halt irgendwas auffällig ist, dann wird halt schnell was unterstellt.« (10/92 – deutsche Elternbeirätin)

»... ich würde mir wünschen, dass die Eltern aus Migrationsfamilien einfach mehr Vertrauen zu uns haben.« (30/137) »Idealvorstellung wäre, dass die Eltern mit ir-

gendwelchen Sorgen oder Problemen, was den Kindergarten betrifft, gerade zu uns kommen und es gleich sagen, dass wir es klären können. Oft sind es Missverständnisse, falsche Wahrnehmung auch oder unterschiedliche Wahrnehmung.« (30/143)

8 UMGANG MIT KONFLIKTEN

Die meisten Befragten suchen in Konfliktsituationen das klärende Gespräch mit den Eltern, zunächst beim Abholen und wenn, keine Lösung zu finden ist, in einem vereinbarten Elterngespräch (29/169; 26/66; 25/84; 15/442).

Eine Erzieherin betont, wie wichtig es sei, Konflikte sofort oder zeitnah anzusprechen und dabei auf die Qualität der Kommunikation zu achten, dann ließe sich das Aufschaukeln von Konflikten vermeiden.

»Man versucht natürlich Konflikte zu vermeiden, indem man, wenn irgendetwas aufkommt, gleich miteinander spricht. Und das ist auch das Allerbeste. Zeitnah und gleich direkt, oder am nächsten Tag spätestens, und das klappt auch in aller Regel. Und wenn etwas nicht klappt, dann liegt es meist an Missverständnis, an nicht richtig Ausgesprochenem, an falscher Kommunikation. Oder Gefühle, die sich irgendwie aufgeladen haben.« (24/96)

Während aus der Äußerung der einen Erzieherin ein dialogisches Gesprächssetting zur Klärung von Konflikten hervorgeht, weisen andere Äußerungen eher auf eine asymmetrische Kommunikationsstruktur hin. Die Eltern scheinen eher belehrt und auch moralisch unter Druck gesetzt zu werden. Sie »nicken«, aber ob die Appelle angekommen, scheint eher zweifelhaft.

»Also erst einmal holen wir uns die Eltern zu einem Elterngespräch und versuchen das in Ruhe zu klären und versuchen halt eine gemeinsame Lösung zu finden.« (25/84)

»Das Gespräch suchen und ganz, ganz viele Beispiele nennen und auch ein bisschen an das Gewissen appellieren, wie sie sich verhalten.« (15/442)

»Man versucht es. Meistens nicken die Eltern und man merkt irgendwann, dass das eine angekommen ist oder nicht angekommen ist.« (26/66)

Wenn mündliche Ermahnungen nichts fruchten, z. B. bei Eltern, die ihre Kinder permanent zu spät bringen, wird die Fachdienstleiterin eingeschaltet. Sie schreibt dann Mahnbriefe (29/170). Als Vorstufe wird angedroht, das Kind zurückzuweisen (14/496).

»Man kapituliert auch und man sagt auch: ›Wenn morgens die Tür zu ist um neun, dann ist die zu.‹ Aber das haben wir nie gemacht.« (14/496)

»Wo es ganz, ganz, ganz wichtig ist und es Sprachprobleme gibt, da hole ich mir einen Multiplikator.« (15/446)

Es scheint auch Konflikte gegeben zu haben, die nicht gelöst werden konnten und die Abmeldung des Kindes zur Folge hatten.

»Es gab natürlich auch schon Konflikte, wo Eltern ihre Kinder abgemeldet haben. Wenige, aber es gab sie auch, wo nichts mehr möglich war, wo die Karre einfach so verfahren war.« (24/98)

Nicht immer enden diese unaufgelösten Konflikte mit dem Rückzug der Eltern. Manchmal kapitulieren auch die Erzieherinnen und beugen sich den heftig agierenden Eltern (meist Vätern), die etwas von Ihnen verlangen, was ihren eigenen pädagogischen Ansichten widerspricht.

»Da haben wir eine Auseinandersetzung mit einem Vater gehabt, der reingeplatzt ist, war geladen. Der meinte, er will das nicht, dass seine Tochter da rausgeht, dass die draußen spielen darf. Wie schnell kann da jemand Fremdes kommen und kann sie da über den Zaun abgreifen. Ein Mädchen, das unheimlich gerne draußen gespielt hat. Die also wirklich da auch rumgetollt ist, auch jetzt keine Hitzeblitz, dass man meinte, die klettert selber über den Zaun – also wo wir auch keine Bedenken hätten. Wir haben mit dem Vater hin- und herdiskutiert, er war vollkommen uneinsichtig und es endete damit, dass wir dieses Mädchen leider nicht mehr rausschicken konnten. Wir haben dem Mädchen auch vermittelt, es tut uns leid, aber dein Papa möchte das nicht, dass du da draußen spielst. Vollkommen konträr zu dem, was wir eigentlich wollten, wir hätten es gerne dem Mädchen ermöglicht, dass sie weiter mit ihren Freunden draußen herumtollen kann, aber der Vater wollte das nicht. Er hat dann wirklich eine Aufsichtspflichtverletzung angebracht.« (26/65)

Eine deutsche Elternbeirätin sekundiert den Erzieherinnen und kritisiert das aggressive und eskalierende Konfliktverhalten so mancher Migranteneltern (10/84–92).

»Man beschwert sich nur an höherer Stelle. Man gibt die Kinder dort ab, damit sie Deutsch können und das sie dort ihrer Religion entsprechend behandelt werden,

und wenn da halt irgendwas auffällig ist, dann wird halt schnell was unterstellt.« (10/92)

Sicht von Migrantinnen

Eine der türkischen Multiplikatorinnen berichtet, dass die Eltern mit Erfolg auf konsensuellem Weg erreicht hätten, dass die Erzieherinnen gezielter deutsch mit ihren Kindern reden.

*»Die Eltern haben mehr darüber geredet, eben dass die Kinder zu Hause mehr türkisch reden zum Beispiel. Da sind die Eltern hin gegangen und haben gesagt: ›Könnt ihr nicht mal mit unseren Kindern deutsch reden?‹ Weil, zu Hause, wenn die deutsche Sprache nicht beherrscht wird, können die Eltern dann nichts sagen. Meistens ist der Mann ja auf der Arbeit und die Mutter ist zuhause und wenn sie dann nicht mehr Deutsch kann, dann verlangt sie das eben vom Kindergarten, dass die mehr deutsch mit denen reden. Früher war das so, dass sie gesagt habe: ›Okay, sie sollen die Sprache reden, weil sie verstehen kein Deutsch, aber jetzt ist das eben viel, viel anders geworden, eben dass die Erzieherinnen viel intensiver mit den Kindern umgehen.‹« (**7**/34)*

Diese Erfahrung kontrastiert mit der Schilderung einer anderen türkischen Mutter. Sie berichtet über ein Schlüsselerlebnis, das sie mit der Einbringung von Kritik an einem Elternabend gehabt hätte. Es ging um den Vorwurf der Verletzung der Aufsichtspflicht bei einem Ausflug – eine Beschwerde, die der Betroffenen auch von anderen türkischen Eltern, die aber nicht zum Elternabend erschienen waren, herangetragen worden sei *(»Die haben nur so geschimpft, allein, aber nicht mit der Lehrerin.« (**4**/267))*. Auf ihre Beschwerde beim Elternabend hin hätte die Erzieherin mit Vorwürfen ihrerseits und unterschwelligen Schikanen ihrem Kind gegenüber reagiert (4/239–292).

*» ... ich hab das früher einmal gemacht, beim Elternabend. Die hat mich dann irgendwann einmal schikaniert. ... Die Erzieherin. Die hat mich dann so hingestellt, als wäre ich schuldig. Und die haben mich alle nicht angeguckt. Deswegen mache ich das nicht mehr.« (**4**/249–251)*

Auf die Frage des Interviewers, woran sie fest mache, dass die Erzieherin ihren Ärger über die Beschwerde beim Elternabend an ihrem Kind ausgelassen habe, führt die Befragte Eindrücke ihres Kindes an:

*»... wenn was ist oder so, dann ... was Aufräumen oder irgendwas machen. Ja, dann machst du das« (**4**/286).* Unklar bleibt dabei, ob es sich um Phantasien der Mutter handelt, um negative Erwartungen der Mutter, die suggestiv auf ihr Kind übertragen werden, oder um tatsächliche Vorgänge.

Nach dieser Erfahrung sei sie sehr vorsichtig geworden und äußere vieles, was ihr missfalle, nicht mehr. Sie habe resigniert.

*»Aber da kann ich nix machen?« (**4**/292)*

Kommentar: Was lässt sich zu den angeführten Beispielen von Konfliktaustragungsmodi sagen?
Nehmen wir zum Vergleich das von einer deutschen Elternbeirätin wahrgenommene aggressive eskalierende Konfliktverhalten mancher Migrantenväter und das zuletzt beschriebene Beispiel:
In beiden Fällen unterstellt der eine Konfliktpartner dem anderen einen Mangel an Fairness, Verständigungsbereitschaft und das Führen eines Machtkampfes.
Beide Seiten unterstellen der jeweils anderen Seite Dominanzstreben. Befragte man/frau die jeweils andere Seite, würden vielleicht in dem einem Falle die Migranten sagen: Wir machen Druck, weil wir mit unseren berechtigten Anliegen auf keinerlei Resonanz stoßen. Und die Erzieherin verteidigt sich gegen den Vorwurf nachlässiger Betreuung, interpretiert den Schikanevorwurf als gemeine und rufschädigende Unterstellung und reagiert ihrerseits mit einschüchternden Schuldzuweisungen.
Solche Konflikte können kommunikationstheoretisch als zirkuläre Konflikte interpretiert werden, bei denen jede/r sich als Opfer der Angriffe des Anderen fühlt und seinerseits nur reagiert (Watzlawick u. a. 1969, S. 57 ff.). Es ist eine Kernaufgabe der Mediation – im konkreten Falle des Eltern-Coaching – solche Konflikte durch eine entsprechende Konfliktmoderation zu deeskalieren.

Unabhängig davon ist dabei aber von einem strukturellen Machtgefälle zwischen den Eltern und den Vertretern der Institution Kindergarten auszugehen, der es verhindern kann, dass Konflikte überhaupt offen ausgetragen werden. Wenn das nicht der Fall ist, schwelen die Konflikte weiter und treten mit umso größerer Heftigkeit an anderer Stelle aus nichtigem Anlass hervor bzw. enden mit dem Abbruch der Beziehung – sprich Abmeldung des Kindes mit allen negativen pädagogischen Folgen.

Die geringe Teilnahme an Elternabenden mag auch ein Indiz dafür sein, dass manche Eltern aufgrund eines »gefühlten« Machtgefälles sich nicht – wie die obige Mutter, die noch zu den Mutigeren und Artikulationsfähigeren zählt – getrauen, ihre Wünsche und Beschwerden vorzutragen. Ressentiments stauen sich gerade dadurch auf, dass sie im Verborgenen bleiben.
Eine Erzieherin berichtet, die Eltern, die zum Elternaben kämen, erschienen oft nur, um sich zu informieren, und beteiligen sich wenig an der Diskussion.

Interv.: *»Und da beteiligen sie (die Migranten) sich auch aktiv an diesem Elternabend?«*
E.1: *»Wenig, also sie lassen sich da schon berieseln. Sie sammeln Informationen einfach.« (26/79, 80)*

Diesen Eindruck hat auch eine Kollegin desselben Kindergartens in einem getrennt geführten Interview.

»Ich würde sagen, Migranteneltern halten sich eher zurück was Forderungen angeht. Sie nehmen das wahr, was angeboten wird, und Wünsche kommen eher von den deutschen Eltern.« (24/128) »Ich denke, sie sind zufrieden mit dem, was hier läuft. Oder, wenn die Wünsche nicht ausgesprochen werden, ist es vielleicht auch Zurückhaltung oder die trauen sich vielleicht nicht so.« (24/132)

Wie das obige Beispiel einer konstruktiven Konfliktaustragung belegt, gibt es aber auch Konfliktausgänge, die den Eltern Mut machen, ihre Anliegen einzubringen (Beispiel: Wunsch der Eltern, dass die Erzieherinnen gezielter deutsch mit ihren Kindern reden). Und eine andere Mutter konstatiert nach einer längeren Auseinandersetzung mit positivem Ausgang:

*»... Ja, es kann sein, dass in manchen Kindergärten türkische Kinder vernachlässigt werden, aber wenn man mit den Erzieherinnen redet, dann betrachten sie dein Kind auch anders.« (**47**/64)*

9 ELTERNBETEILIGUNG AM KINDERGARTEN – ELTERNABENDE, FESTE

»Suchen Sie zuallererst in der Institution nach Gründen, wenn Eltern nicht mit ihnen zusammenarbeiten.« (Prott 2004, S. 18)

9.1 Sicht der Erzieherinnen

In den meisten Kindergärten wird die Beteiligung von Eltern mit Migrationshintergrund als unterdurchschnittlich im Vergleich zu den deutschen Eltern angegeben (12/226 ff.; 22/116; 15/465 f., 26/76). Die Erzieherin des evangelischen Kindergartens berichtet, dass bei ihr die Beteiligung sogar gegen Null tendiere (30/115). Allerdings erwähnen zwei Erzieherinnen aus zwei verschiedenen Kindertagesstätten das Interesse und Engagement der wenigen, die regelmäßig kommen, die in der Regel diejenigen seien, die gut Deutsch sprechen (24/76–78; 15/241–244).

»Es gibt ein paar, die sind immer dabei und haben Interesse. Das sind eben die, mit denen auch ganz normal hier immer wieder ins Gespräch kommt. Und die, die total zu machen und sich nichts sagen lassen, die kommen auch nicht zum Elternabend. Die kriegt man auch nicht.« (26/76)

E.1: *»Das ist wirklich so, ausländische Eltern sind interessiert und die kommen auch wirklich und fragen nach und möchten mitarbeiten und wir haben in unserem Elternbeirat in den letzten Jahren ausländische Eltern aktiv dabei. Auch dieses Jahr. Da ist schon eine Mischung da.« (15/241)*
E.2: *»... gewisse Eltern sind da dran einfach interessiert. Die sind an der Arbeit interessiert, die sind daran interessiert, was ihr Kind lernt, und es sind auch die Eltern, die der deutschen Sprache mächtig sind. Die sich einfach mitteilen und äußern können. Sie kommen, äußern sich und sagen: ›Das möchten wir tun‹, um hier einfach was zu bewegen, um hier einfach andere Offenheit zu bekommen. Wir sprechen auch ausländische Eltern zum Laternenfest im Vorfeld an. Sie sind auch da aktiv.« (15/243)*

Die Befragte hebt auch lobend die Vermittlerrolle der aktivsten Eltern – v. a. der Elternbeiräte mit Migrationshintergrund – hervor. Sie würden den Eltern z. B. erklären, wenn der Kindergarten während der Konzepttage schließen muss, *»weil sie ja den Hintergrund wissen und von uns eingeführt wurden, warum wir das machen.« (15/244)*

Inwieweit die aktiven Migranteneltern auch offensiv Elterninteressen vertreten, bleibt unklar. Andere Erzieherinnen aus einem anderen Kindergarten geben den Eindruck eher passiver Beteiligung wieder. Auf die Fragen der Interviewerin, ob sich denn Migranten aktiv an der Diskussion der Elternabende beteiligten und auch Wünsche äußerten und Forderungen stellten, antworten sie:

E.1: *»Wenig, also sie lassen sich da schon berieseln. Sie sammeln Informationen einfach.« (26/80; vgl. 24/128)*

Im Vergleich zu den Deutschen kommen bei den Migranten häufiger Väter zum Elternabend (12/246; 24/121; 22/114). Dies liegt wohl in erster Linie an den besseren Deutschkenntnissen der Väter, die eher aus der zweiten Einwanderergeneration stammen und deren Frauen häufig auf dem Wege des Familiennachzuges erst vor einigen Jahren oder vor Kurzem nach Deutschland gekommen sind, sehr isoliert in ihrem Familienkreis leben und in der Regel auch keine Arbeitskontakte haben, bei denen sie ungesteuert Deutsch lernen könnten.

Die Väter arbeiten nach der Aussage einer Erzieherin in den letzten Jahren immer häufiger im Schichtbetrieb oder mit wechselnden Arbeitzeiten in prekären Arbeitsverhältnissen und seien deswegen immer weniger verfügbar – egal ob die Treffen auf den Nachmittag oder den Abend gelegt würden (15/465; vgl. auch 12/256).

Während die Erzieherin des evangelischen Kindergartens den Mangel an Beteiligung der Mütter überwiegend auf deren mangelhafte Sprachkenntnisse zurückführt (30/117), mutmaßen die Erzieherinnen des Kindergartens inmitten der Ringstraßensiedlung, der den höchsten Migrantenanteil aufweist und sozial vergleichsweise stärker entmischt ist, dass viele muslimische Frauen abends und unter der Woche von ihren Männern aus nicht an den Elterabenden teilnehmen dürfen *(»Das ist unsere Interpretation!« (12/258))*.

Das Gros der Eltern wird eher durch informelle Veranstaltungen, durch Mütter-Kaffee-Kränzchen, samstägliche Familiennachmittage, das Laternenfest usw. erreicht. Hieran beteiligen sich die Mütter auch sehr aktiv (22/116; 12/253; 15/251; 25/110).

»An den Festen ist es gut. Da beteiligen die Mütter sich ganz toll und viel. Man merkt auch, da sind das Interesse und der Spaß an der Sache da. Elternabende: Das sind mehr Sachen, wo Themen spezifischer sind, die da nicht so genutzt werden.« (15/251)

Ein Kindergarten mit überwiegend Migranteneltern berichtet, dass die Elternabende unter der Woche sehr zurückgefahren werden mussten, weil die Beteiligung auch wegen der Arbeitsbelastung der Väter und mancher Mütter sehr gering sei. Wenn Referenten zu Informationsabenden geladen sind, sei es blamabel, wenn so wenig Eltern erscheinen. Stattdessen versuchen die Erzieherinnen, Informationen im informellen Gespräch in einer lockeren Runde bei Familienangeboten zu vermitteln (12/253–260).

»... wir sind also deshalb schon ausgewichen auf Samstag, da ist so ein Familien-Nachmittag, in Anführungsstrichen ..., das ist ja meistens in Verbindung mit dem Sommerfest. Das funktioniert dann, weil die Verwandtschaft, Oma und Opa können auch kommen ... Das funktioniert, das geht, oder wenn ich jetzt die Muttis zum Kaffeeklatsch einlade, was mittags statt finden kann, Muttertagskaffee. Oder das Nächste ist ja das Kerb-Fest, da sind die Eltern um fünf Uhr eingeladen, da wird ein Umzug mitgemacht und vorher trinken die Kinder Kaffee und Kuchen und der Rest wird dann an die Erwachsenen verteilt. ... Dann kommen sie, wenn es als Familientag deklariert wird. Wenn ich jetzt einen theoretischen Abend über Verkehrserziehung oder was weiß ich, Kinderkrankheiten, das wird sehr wenig in Anspruch genommen.« (12/253)

Auf großes Interesse und hohe Beteiligung stoßen dagegen die Schulinformationsveranstaltungen, die die Eltern auf den Übergang ihrer Kinder zur Schule vorbereiten sollen, die teils außerhalb der Kitas stattfinden (12/261; 24/126; 15/465).

»Wenn das Kind dann in die Schule geht und wir haben Schulelternabende, dann sind die ausländischen Eltern genauso vertreten wie die deutschen Eltern.« (15/475)

Einige Erzieherinnen führen die vergleichsweise größere Beteiligung der Eltern an den Schulvorbereitungsveranstaltungen auf den geringeren Stellenwert, den die Eltern der pädagogischen Arbeit des Kindergartens zumessen, und die Leistungsanforderungen der Schule zurück, mit der die »Schonzeit« des Vorschulalters endet (2/277, 287; 12/287; 26/79).

Interv.: *»Gibt es bestimmte Themen, wo Sie den Eindruck haben, da interessieren sich ausländische Eltern besonders?«*
E.1: *»Das Thema Schule, wenn es um die Einschulung geht. Da haben wir dann auch diesen Elternabend mit Vertretern von der Schule. Da kommen sie dann auch schon mal. Da merken sie, es geht jetzt um was. Und Schule ist ja dann schon ein bisschen wichtiger wie Kindergarten.« (26/79)*

9.2 **Sicht der Migrantinnen auf die Elternbeteiligung**

Den türkischen Müttern ist bezüglich ihres Images bei den Erzieherinnen durchaus bewusst, dass ihnen mangelhaftes Interesse an der Kindergartenerziehung zugeschrieben wird.

*»Was ich auch höre, was die von den ›türkische Müttern‹ in Anführungsstrichen denken, sagen die auch ganz offen. Dass die desinteressiert sind. Das zeige zum Beispiel die Teilnahme am Elternabenden.« (**13**/489)*

In einer Gruppendiskussion streiten türkische Mütter aus dem Frauentreff diesen Vorwurf nicht rundweg als unberechtigt ab. Sie führen auch Einzelbeispiele von Eltern an, die überhaupt keinen Kontakt zum Kindergarten pflegen (**47**/203). Der schlechte Ruf hinge ihnen aber auch noch von den früheren Elterngenerationen nach, die sich sehr viel weniger als die heutigen um Kindergarten und Schule gekümmert hätten.

I.3: *»Das ist auch ein Fehler früheren Generationen. Ich kenne jemanden, die schon lange studiert, aber ihr Vater weiß nicht mal, wo sie studiert. Was die früheren Familien gemacht haben, daran müssen wir bis heute leiden. Bei den türkischen Kindern ist es oft so, dass die Eltern sich um Elternabende usw. nicht kümmern. ... Wir müssen uns viel mehr Mühe geben, damit wir die Fehler der letzten Generationen nicht weiterführen.« (**47**/200)*
Interv.: *»Schaffen Sie das? Wie machen das Ihre Freunde, Bekannte oder Nachbarn?«*
I.3: *»Wir versuchen es.« (**47**/200–202)*

Sie sehen bei der jüngeren Generation ein wachsendes Interesse an der Vorschulerziehung und eine zunehmende Bereitschaft zum Austausch mit den Erzieherinnen – auch bei denjenigen, die neu aus der Türkei zugezogen sind und kein Deutsch können. Die eine Diskutantin führt sich selbst als Beispiel an.

I.2: *»Bei mir war es so, dass ich mit sechs Monaten schwanger war, als ich hierher kam. Nachdem ich das Kind entbunden hatte, habe ich mich in den Kursen eingeschrieben.« (**47**/212)* I.2: *»Mein einziger Grund Deutsch zu lernen ist, weil mein Kind bald mit dem Kindergarten beginnen wird, und ich würde gerne mit den Erziehern einige Wörter reden können.« (**47**/112)*

I.2: *»Ich hab eine Bekannte, die ziemlich lang arbeitet und kaum Zeit hat, aber trotzdem nimmt sie sich immer die Zeit, auch wenn es nur zehn Minuten sind, mal im Kindergarten oder in der Schule vorbeizuschauen und mit den Lehrern zu reden. Sie ist zufrieden und der Kindergarten ist mit ihr zufrieden.« (**47**/203)*

I.1: *»Bei meiner älteren Tochter hab ich mich nicht beteiligt, da mein Deutsch nicht ausreichend war. Damals habe ich nichts kapiert …*
*Auch wenn ich nicht richtig Deutsch kann, werde ich aber dieses Mal versuchen, trotzdem hinzugehen.« (**47**/124–128)*

Eine an der Gruppendiskussion beteiligte, gut gebildete und sehr reflektierte türkische Mutter appelliert an die Gesprächspartnerinnen, trotz ihrer schlechten Deutschkenntnisse im Kindergarten präsent zu sein. Davon würden nicht zuletzt ihre Kinder profitieren. Wenn die Eltern Interesse für den Kindergarten zeigten, würden die Erzieherinnen auch ihren Kindern mehr Aufmerksamkeit schenken.

*»Ich glaub auch, dass sie keine Probleme haben, dass wir kein Deutsch können. Wenn sie dich hilfsbereit anpacken sehen, dann tun sie auch, was sie können. So verändert sich auch ihr Blickwinkel.« (**47**/112)*
*»… die meisten Erzieher denken sich, wenn die Eltern sich kaum im Kindergarten beteiligen, nicht helfen und selten auftauchen, dann empfinden sie das als eine Art Vernachlässigung. Diese Vernachlässigung seitens der Eltern wird von den Erziehern so aufgenommen, dass sie dann auch die jeweiligen Kinder mit Desinteresse betrachten. Wenn ich aber hingehen würde, egal ob ich Deutsch kann oder nicht, mich für meinen Kind einsetzen würde, dann würde sie auch zu dem Schluss kommen, dass ich eine engagierte Mutter bin.« (**47**/197)*

Eine befragte türkische Multiplikatorin führt passend hierzu das Beispiel von Müttern an, die nichts verstehen, aber dennoch kommen, um zu zeigen, dass sie interessiert sind.

*»Die türkischen Mütter, die kein Deutsch verstehen, die sind trotzdem einfach bei dem Elternabend dabei, nur um den Erzieherinnen zu zeigen, das sie Interesse haben, obwohl die kein Deutsch können. Eben dass das Interesse da ist, und daher zeigt die Erzieherin auch sehr viel Interesse, an den ausländischen Kindern, die kein Deutsch können.« (**7**/38)*

Eine Diskutantin meint, die zugehende Art ihrer Erzieherinnen habe ihr in ihrem Kindergarten geholfen, sich stärker einzubringen.

I.1: *»Die sagen mir: ›Kommen Sie und schauen Sie, was ihre Kinder machen! Wenn du willst, kannst du etwas bei uns bleiben, damit du besser lernen kannst.‹ Ich sage dazu, dass ich zwar Deutsch verstehe, aber beim Reden Schwierigkeiten habe. Sie sagen mir dann, dass ich ohne Probleme mit ihnen kommen kann. Ich könnte im Garten mein Kind beobachten und dabei mit den anderen zusammen sein, nützlich sein. Wenn man Hilfe braucht, schreiben sie es sogar auf die Tafel, ob jemand freiwillig mitmachen möchte.« (47/104)*

Eine andere an der Diskussion beteiligte Frau geht selbstkritisch in sich.

I.3: *»Ich glaube, da liegt das Problem an uns Ausländern! Da wir nicht ausreichend Deutsch können, ziehen wir uns zurück.« (**47**/133)*

*»Ich bin da etwas zögerlich, weil mein Deutsch nun mal nicht so gut ist. Ich gehe nicht hin. ... Wäre mein Deutsch gut, glauben Sie mir, dann würde ich auch gerne einen ganzen Tag dort bleiben. Ich bin ein offener Mensch eigentlich. Die Erzieher sagen aber das schon, dass wir kommen sollen und beobachten können ...« (**47**/108)*

Sie räsoniert über die Gründe ihrer Zurückhaltung und meint, ihr Mann rate ihr aber ab, sich stärker zu beteiligen. Sie würde sich bloß mit ihren mangelhaften Deutschkenntnissen lächerlich machen.

I.1: *»Er sagt, was, wenn du nicht verstehst, was sie sagen, dann kann es passieren, dass einige sich drüber lustig machen. Bei den Deutschen gibt es sehr gute liebe Leute, aber auch ganz gemeine!« (**47**/117)*

Der Appell der Gesprächspartnerin, sie solle sich doch nicht um die Meinung anderer Mütter kümmern (I.2: *»Sie sollen meinetwegen sich über mich lustig machen, aber mein Kind ist mir doch wichtig!« (**47**/116))* kann sie nicht ganz überzeugen. I.3: *»Ja, die Schwierigkeit mit der Sprache, sonst würde ich ja hingehen.« (**47**/120)*

Zu den Elterabenden ginge sie auch nur in Begleitung ihres Mannes, der gut Deutsch kann, da sie kaum etwas verstünde. Aber leider könne er nicht immer. Sie überlege sich aber, demnächst mit einer befreundeten Lehrerin, die gut deutsch spricht, hin zu gehen. Sie möchte auch einen Deutschkurs beim Frauentreff besuchen, damit sie in Zukunft mit den Erzieherinnen besser kommunizieren kann (47/130).

Die Wichtigkeit der Bereitstellung von Übersetzern wird auch aus einer anderen Interviewpassage einer türkischen Multiplikatorin deutlich, die sich zzt. des Interviews auch als Elternbeirätin beworben hatte, um diese zentrale Zugangsbarriere zu Elternabenden zu beseitigen. Hier zeigt sich auch eine andere Sicht als die der Erzieherinnen, die meinen, über genügend improvisierte Übersetzungsmöglichkeiten zu verfügen.

*»Die (die türkischen Landsleute) stehen dann auch auf und gehen früher, wenn kein Übersetzter da ist, irgendwann, wenn die nichts mehr verstehen und nicht mehr wollen, dann sagen die: ›Ich muss arbeiten‹, gehen dann. ... aber das Angebot haben wir, dass Übersetzung da ist, jetzt. Ich habe das ja auch in meiner Bewerbung für den Elternbeirat mit reingeschrieben ..., uns so vorgestellt, und was ich mir vorstelle ändern zu können, und gerade eben weil, wegen diesen türkischen Familien, die eher selten beim Elternabend sind.« (**13**/77–81)*

An diesem Beispiel wird einmal mehr deutlich, wie die Eltern sich wegen ihrer schlechten Deutschkenntnissen genieren, wenn sie andere Gründe vorschieben.

Neben dem zentralen Problem des fehlenden sprachlichen Zugangs dürfte es aber auch kulturelle Barrieren geben. Die sehr traditionell eingestellten Familien, wollen nicht, dass die jungen Mütter zuviel Kontakt zum Kindergarten haben. Dort könnten sie von den Erzieherinnen beeinflusst werden oder mit anderen weiblichen Rollenmodellen in Berührung kommen. Durch Gespräche über Erziehungsfragen könnten Familieninterna nach außen getragen werden, die u. U. den Ruf der Familie in der Community beschädigen.

Womöglich intervenieren im oben zitierten Falle der Mutter, deren Mann vom engeren Kontakt zum Kindergarten abrät, auch solche unausgesprochenen Motive. Dafür sprechen auch andere Aussagen über das Regiment der Schwiegermutter bzw. der angeheirateten Familie, die es auch am Anfang unterbunden habe, dass die Mutter das Kind in den Kindergarten bringt und auch nicht wollte, dass sie Deutschkurse belegt.

I.3: *»Sie (die Erzieherin) hat mich auch gefragt, warum ich sie nicht abholen könne, weil die Kinder sie im Kindergarten fragen würden, aus welchem Grund ihre Mutter nicht kommen würde. Meine Schwiegermutter war streng und hat mich nicht gelassen.« (**47**/179)*

I.3: *»Meine Familie hat mir das (die Belegung eines Sprachkurses) damals nicht erlaubt. Wir hatten eine große Familie, mit den Schwiegereltern. Sie waren der Meinung, dass die Schwiegertöchter so etwas nicht machen dürfen.« (**47**/209)*

Eine am Gruppengespräch beteiligte andere Frau kommentiert:

I.1: *»Zuerst muss man diese kulturellen Einschränkungen brechen! …« (**47**/212)*

10 INTERKULTURELLE ÖFFNUNG DES KINDERGARTENS

Im Folgenden wurde überprüft inwiefern die Herausforderungen der Einwanderungsgesellschaft in der Organisations- und Personalentwicklung in den Kindertagesstätten in Raunheim aufgegriffen wurden. Indikatoren für die »interkulturelle Öffnung« von Kindertagesstätten – wie anderer personenbezogener öffentliche Dienstleistungen im Kontext der Einwanderungsgesellschaft auch – sind:

- die Anpassung des Leitbildes und des Konzeptes an die Herausforderungen der Einwanderungsgesellschaft,
- die Qualifizierung der Mitarbeiterschaft zur interkulturellen Kompetenz,
- die Einstellung von MitarbeiterInnen mit Migrationshintergrund und
- die Berücksichtigung von Mehrsprachigkeit in der Tagesstättenkultur und die Vermittlung von Deutsch als Zweitsprache

(Zu Zielen und Strategien interkultureller Öffnung von pädagogischen und sozialarbeiterischen Institutionen vgl. Handschuk/Schröer 2001; Simon-Hohm 2004; Gaitanides 2006).

10.1 Berücksichtigung interkultureller Aspekte bei der Konzeptentwicklung?

Um die interkulturelle Konzeptqualität der Kindertagesstätten in Raunheim zu prüfen, war es zunächst notwendig, zu ermitteln ob es überhaupt verbindliche, d. h. schriftlich fixierte, Konzepte gibt.

Schriftliche, für die jeweilige Einrichtung verbindliche Konzepte waren entweder nicht vorhanden (29/20; 25/12; 26/6) oder seit längerem »in Bearbeitung« (30/8).
Nur eine Einrichtung betreibt eine systematische Konzeptionsentwicklung, die aber noch nicht abgeschlossen ist (14/83 f.). Auch in dieser Einrichtung gab es bisher kein schriftliches Konzept. Es sei aber in Planung.

Die Ausführungen der Fachdienstleiterin der städtischen Kindertagesstätten bzw. der städtischen Jugendpflege lassen darauf schließen, dass diesbezüglich auch wenig Top-down-Initiativen ergriffen wurden. Die Fach- und Dienstaufsicht ausübende Stelle überlässt die Konzeptionsentwicklung den einzelnen Tagesstätten und begründet dies mit dem »situativen Ansatz«, der eher ein induktives Verfahren der Konzeptionsentwicklung nahe lege, das die konkreten Bedingungen vor Ort stärker berücksichtige (20/147, 148, 219).

Erzieherinnen des Kindergartens mit dem höchsten Migrantenanteil erläutern ihre praktische Auslegung des situativen Ansatzes. Sie müssten große Abstriche von den hehren Zielen der akademischen Pädagogik machen, da sie »bei unter Null anfangen« müssten. Das Programm sei eigentlich durch die Jahreszeiten vorgegeben.

I.1: *»Na ja, ich denke schon, dass oder sagen wir mal anders herum, für mich ist es in all den Jahren nicht viel besser geworden. Also wir fangen bei unter Null an. Es gibt ganz alltägliche Sachen, die einfach nicht da sind.«*
Interv.: *»Das wäre zum Beispiel?«*
I.1: *»Allgemeine Umgangsformen, alleine, um sich über den Alltag zu retten, sage ich jetzt mal. Das ist jetzt gar nicht ohne von wegen, didaktische Einheit oder diesen abgehobenen, sage ich jetzt mal, pädagogisch – theoretischen Kram, sondern einfach die Alltagsbewältigung, alleine die fehlt ja schon bei den meisten. ... (z. B.): Ich (das Kind) will da jetzt raus aus dem Zimmer ... und begegne jemandem, renne ich den um, und wenn er hinfällt, ich kucke ja gerade mal, er liegt ja noch da, er kann ja wieder aufstehen.« (12/84–89)*
I.2: *»Da ist keine Richtlinie, dass man sagt, das ist nun jetzt so. Und was wir jetzt so von uns geben, beschränkt sich ja halt auch. Das ist ja jetzt auch nicht übertragbar, das ist ja wirklich nur das, das was uns jetzt praktisch alltäglich begegnet, sage ich mal. Das soll ja jetzt nicht umgelegt werden auf die Masse.« (12/100)*
I.1: *»Standard ist eigentlich, dass wir uns an den Jahreszeiten orientieren oder Feste feiern, die in der Gruppe gemacht werden.« (12/155)*
I.2: *»Dass wir uns praktisch beschäftigen, was bescheren uns eigentlich die Jahreszeiten an, was weiß ich, an Blättern (12/160) ... für dieses Jahr, und das muss abgearbeitet werden, als Konzept. Wie im Lehrplan, das haben wir nicht.« (12/164)*

Kommentar: Hier tritt eine Skepsis gegenüber abstrahierenden Konzepten und pädagogischer Theorie zutage, die bei pädagogischen PraktikerInnen – nicht nur im Elementarbereich – häufig anzutreffen ist. Sie ist auch in der immer noch mangelhaften Verbindung von Theorie und Praxis in der grundständigen Ausbildung begründet, in den Zugangsvoraussetzungen zum Erzieherberuf wie auch im Niveau des Ausbildungsabschlusses. Die Abwehr gegenüber theoretischem »pädagogischem Kram« ist auch durch das wachsende Überforderungsgefühl erklärbar – in Anbetracht von Desintegrationspro-

zessen in der familiären Primärsozialisation und der Multikulturalisierung der Klientel, Aufgaben, die von der Kita-Erziehung ohne Zuwachs an Ressourcen bewältigt werden sollen. Der willkürlich ausgelegte »situative Ansatz« dient auch als Abwehr einer fundierteren und verbindlicheren Konzeptionsentwicklung (zu der man sowieso nicht kommt), da ja jedes Kind anders sei und jeder Kindergarten auf andere konkrete Bedingungen stoße.
Nur verstärkt sich durch die Abwehr scheinbar abgehoben theoretischen »pädagogischen Kram(s)« die Überforderungssituation. Der Blick bleibt auf die Defizite der Kinder und Elternhäuser fixiert. Die Erzieherinnen fühlen sich auf ein niedriges Niveau der Grundversorgung der Kinder (»einfach Alltagsbewältigung«) zurückgeworfen, arbeiten nicht mehr pädagogischen proaktiv (bis auf die traditionelle Einhaltung des Jahreszeitenzyklus) und machen Abstriche von den pädagogischen Entwicklungs- und Bildungszielen, die dem Beruf eigentlichen Sinn und Bestätigung verschaffen. Burn-out-Syndrome sind da vorprogrammiert.

Entlastung und berufliche Bestätigung ist eher durch ein Mehr an Beschäftigung mit dem abgewehrten »pädagogischen Kram« zu erreichen. Wirft man einen Blick in die »Konzeptionellen Ansätze des Situationsansatzes« wie sie vom »Institut für den Situationsansatz« der Internationalen Akademie für innovative Pädagogik, Psychologie und Ökonomie der FU Berlin entwickelt wurden, so wird das Ausmaß des Missverständnisses des situativen Ansatzes als ein unstrukturiertes induktives Eingehen auf die Besonderheiten der Kinder und der Kindertagesstätten – angeblich ohne allgemeine Leitlinien, Zielformulierung, Planung, Dokumentation und Evaluation – deutlich (Institut für den Situationsansatz o.J.; vgl. Preissing 2003).
Zum einen orientiert sich der Ansatz an allgemeinen Grundsätzen, zu denen u.a. die Lebensweltorientierung gehört – eine Ausrichtung der pädagogischen Arbeit, die gerade die Ablösung von der alten Jahreszykluspädogogik zur Folge hat, die die konkreten Alltagserfahrungen, die die Kinder mitbringen, durch lebensweltferne Kindertümelei überspielt. Zu diesen Grundätzen gehört auch die Ressourcenorientierung, die die Potenziale der Kinder und Eltern zu entdecken sucht und weniger auf die Defizite starrt. Im Sinne dieses Grundsatzes wird auch die multikulturelle Zusammensetzung einer Kindertagesstätte als eine Chance interkulturellen Lernens für alle Kinder begriffen und nicht nur als eine Last.
Kernaufgabe der pädagogischen und konzeptionellen Entwicklungsarbeit sind systematische Situationsanalysen von ausgewählten Schlüsselsituationen, die Entwicklung von Zielen auf dem Hintergrund des Leitbildes und der

Situationsanalyse und darauf aufbauend eine prozesshafte Planung, die laufend dokumentiert und ausgewertet wird. – Also ein Vorgehensweise, die sich stark an der strukturierten Methode des Qualitätsmanagements orientiert und wenig mit dem an Alltagstheorien orientierten Pragmatismus gemein hat, mit dem manche Erzieherinnen den situativen Ansatz verwechseln.

»Das ist eigentlich eine ganz pragmatische Sache. Wenn die Kinder kommen, sollen die sich erst mal, obwohl das ja nicht so vermeintlich pädagogisch klingt, aber man muss die Atmosphäre im Haus so schaffen, dass sie sich wohl fühlen. ... es soll sich ja wohl fühlen. Es soll ja nicht irgendwo hin gesteckt werden: ›Oh Gott ich muss da hin‹, und dann ist das Gekreische groß oder der Kummer oder Trennungsschmerz. Dass sie sich wohl fühlen und gerne kommen, das ist unser Anliegen, unser erstes Anliegen. Und dann muss man kucken, wo der Stand der Dinge ist, was sie können und was sie wissen und dann kann man sagen: ›Okay, das können wir probieren und da können wir eins draufsetzen‹, oder wir sagen: ›Oh das war etwas zu hoch angelegt, das würde keiner kapieren‹. Aber das ist auch individuell – in jeder Gruppe, im Grunde genommen, anders. Diesen Ansatz nimmt ja jeder für sich von seiner Gruppenbildung wahr. Also, was weiß ich. Sie kann anders arbeiten als ich oder umgekehrt, ja. Also wie gesagt, das ist wirklich praxisnah. So wie die Kinder kommen, werden sie angenommen. Ja darum habe ich gesagt, von wegen der Anspruch ist zu pädagogisch, zu sagen, ich kriege jetzt Kindergartenkinder, die haben eine gewisse Basis und da setze ich dran an und mache weiter und bereite sie vor. Das funktioniert bei uns nicht.« (12/170)

Während die obige Erzieherin mit den flexiblen minimalen Vorgaben der Abteilungsleitung zufrieden ist, äußert eine andere Erzieherin eines anderen Kindergartens ihr Missfallen an einer solchen – wie sie es sieht – Laissez-faire-Haltung. Sie fühlt sich nicht in ihrer Autonomie gestärkt, sondern eher als Einrichtungs-Leiterin alleine gelassen.

»Und ansonsten habe ich manchmal das Gefühl von der Trägerseite, also ich jetzt hier an der Basis als kleinstes Licht, solange man nichts hört von den Kindergärten, ist alles o. k., und dann lassen wir die da vor sich hindümpeln. Es hat sich sonst kaum jemand von den unmittelbaren Vorgesetzten hier mal sehen lassen, dass die also auch vor Ort kommen, dass die wissen, was an der Basis los ist. ... Aber in dem Sinne gefordert oder gefördert wie man das vielleicht von anderen Kommunen kennt, wenn man sich beispielsweise austauscht mit Kolleginnen auf Fortbildungen, wo dann der Träger kommt und sagt: ›Zeigen Sie mir mal ihre Kon-

zeption der Einrichtung, oder wie machen Sie dieses oder wie machen Sie jenes‹ – das vermisse ich hier halt schon, das findet nicht so statt.« (22/4)

Dieselbe Leiterin führt aber ähnlich wie die Fachdienstleiterin zeitliche Ressourcenargumente an, die sie daran hinderten, für ihren Teil eine systematische Konzeptionsentwicklung zu initiieren und zu moderieren bzw. Konzepttage zu veranstalten (22/8–10; 20/148).

»Weil, wenn ich jetzt so was mache, so eine Auswertung, das läuft ja dann unter Teambesprechung, und die muss ich dann in die Dienstzeit einbauen. Und wenn ich das häufig mache, geht mir dann halt Zeit verloren für die Betreuung der Kinder, oder es sind dann Stunden nicht mehr vorhanden für die Betreuung der Kinder, und für Vor- und Nachbereitung. Das fehlt dann halt einfach. Und da kommen wir schon ganz schön ins Schleudern ...« (22/8)
»... es ist nicht so einfach, es ist schwierig zu handhaben, weil ja auch nie der Idealzustand da ist, dass alle da sind, und dass man so aus dem Vollen schöpfen kann. Aber das liegt, denke ich, einfach halt daran, dass die Personalplanung sehr knapp gehalten ist – leider.« (22/10)

10.2 Fortbildungen zur Qualifizierung für die Arbeit mit Migranten?

Teamfortbildungen scheinen in einigen Kitas sehr selten angeboten zu werden:

E.1: *»Wir hatten einmal eine Teamfortbildung, das war einmal in fünf Jahren, in denen ich hier bin. Es ist halt immer schwierig, so wird es uns jedenfalls immer vermittelt, die Einrichtung mal für ein, zwei Tage zu schließen. Und dafür braucht man halt mindestens so viel Zeit, und wenn man nur zwei Stunden hat, das ist ja ein Witz?« (29/26)*

Die Möglichkeit der Nutzung der Konzepttage zur internen Fortbildung scheint unterschiedlich genutzt zu werden. Nur eine Einrichtung berichtet, dass sie diese voll ausschöpft – auch gegen das Murren mancher Eltern, die nicht wollen, dass der Kindergarten so oft zu macht (siehe oben 22/10).

»Wir können Konzepttage beantragen, und dann eben die Einrichtung schließen, nur so häufig sollte man das halt auch nicht machen. Also was uns zur Verfügung steht, ist ein erster Montag im Monat, den wir zur Teambesprechung nutzen, am ersten

Montag im Monat ist die Einrichtung nachmittags ab 13.00 Uhr für alle Kinder geschlossen, aber die Essenskinder, also die Ganztagskinder werden notbetreut. Das heißt also, eine Kollegin muss immer außen vor sein und für die Kinder da sein, weil man die ja nicht alleine irgendwo rumlaufen lassen kann, also einer ist schon immer mal nicht dabei bei dieser Teambesprechung und bei dieser Auswertung.« (22/10)

Die Klagen der Eltern – respektive der migrantischen – konnten in dieser Tagestätte aber über die Vermittlung des Elternbeirats eingedämmt werden. Die Elternbeiräte konnten die Eltern davon zu überzeugen, dass sie und v. a. ihre Kinder von der Qualifizierung der Arbeit profitieren würden. Dabei spielen auch die Elternbeiräte mit Migrationshintergrund eine wichtige Vermittlerrolle (15/244).

»Aber der ausländische Elternbeirat ist auf jedem Multiplikator, z. B. wenn wir ein Fortbildung, eine Konzeptionsfortbildung haben, machen wir einen Tag zu, weil es ja alle betrifft. Aber manche Mama ganz spezifisch: ›Oh, schon wieder macht der Kindergarten zu!‹, weil sie einfach nicht verstehen, warum er zu macht, dann ... Und dann kreisen die das schon ein und erklären das, warum und wieso. Weil sie ja den Hintergrund wissen und von uns eingeführt werden, warum wir zu machen ...« (15/244)

Der erwähnte Kindergarten führte zum Zeitpunkt der Befragung eine – durch eine externe Beraterin angeleitete – Konzeptionsentwicklung durch und nutzte dazu die drei Konzepttage im Jahr, in der die Einrichtung ganz geschlossen werden darf. Im Rahmen dieser Konzeptentwicklung werden Schlüsselprozesse thematisiert und Mitarbeiterinnen zu einschlägigen externen Fortbildungen delegiert. Als Nächstes stand das Thema »Integration« von behinderten Kindern auf der Tagesordnung. Der Aspekt der interkulturellen Öffnung (Interkulturelle Kompetenz, Umgang mit Mehrsprachigkeit, interkulturelle Konfliktbearbeitung usw.) stand bisher nicht auf der Agenda (14/86). Interkulturelle Aspekte der Kindergartenarbeit wurden bisher lediglich unsystematisch aus konkretem Anlass in Teamsitzungen thematisiert (15/128–134).

Die befragten Erzieherin der Tagesstätte bedauerten, dass nicht mehr Ressourcen an Zeit und Geld zur Verfügung stehen, um den als notwendig erkannten zusätzlichen Fortbildungsbedarf bezüglich des interkulturellen Themenspektrums abzudecken.

»Wir sind aber mit unserer Konzeption … zu einem so ausgelastet, zum anderen auch von der Stadt her: Die Gelder sind ja gar nicht da, um da weitere Sachen zu belegen, also das ist ja auch eine finanzielle Geschichte. Wir sind ja schon froh, wenn wir zu unserem Integrationsthema einzelne Personen an Fortbildung noch teilnehmen lassen können, aber die Gelder sind auch gar nicht da. Wir würden das gerne machen, weil wir merken selber, auf Fortbildung können wir endlich mal wieder ein bisschen pädagogisch arbeiten, pädagogisch hinterfragen. Was leider Gottes immer sehr kurz kommt, weil der Spielraum da nicht gegeben ist.« (15/140)

Die Tagesstättenleiterin bestätigt, dass sich mit den drei Konzepttagen im Jahr, an denen eine externe Fortbildnerin ins Haus kommt, der Fortbildungsmittel ausgeschöpft sind (14/102).

Kommentar: Das Ressourcenargument zählt nicht im Falle der staatlich subventionierten jährlichen Fortbildungen zur interkulturellen Öffnung der Kindertagesstätten, die die Landeszentrale für Politische Bildung in Zusammenarbeit mit einem ausgewiesenen einschlägigen Fortbildungsträger, dem »Verein Binationaler Familien und Partnerschaften (iaf)«, seit vielen Jahren durchgeführt hat und die im Allgemeinen auch stark nachgefragt wurden (Gaitanides 1999, S. 122).

Die obigen Aussagen verweisen auf ein additives Nebeneinander von Konzeptionsentwicklung, die in der angeführten Einrichtung vorangetrieben wird (versuchsweise Einrichtung gruppenübergreifender, altershomogener Projektnachmittage, die systematisch dokumentiert und ausgewertet werden – 14/142), und der Beschäftigung mit interkulturellen Aspekten der Konzeptionsentwicklung. Die interkulturelle Öffnung ist aber ein Querschnittsthema, das in allen Bereichen der Organisations- und Personalentwicklung berücksichtigt werden sollte – also auch bei der Konzeptionsentwicklung und dort an prominenter Stelle in Anbetracht der hohen Migrantenanteile (Handschuck/Schröer 2001). Die vorrangige Behandlung des Themas »Integration von Behinderten« bei der Konzeptionsentwicklung zum Zeitpunkt der Befragung wurde offensichtlich auch durch den Umstand vorangetrieben, dass die Tagesstätte für »Integration« zusätzliche Fördermittel bekommt, die mit einem Controlling verknüpft sich, zu dem auch der Nachweis von »Konzeptqualität« gehört.

»Das ist die Konzeptionsentwicklung. Genau das. Das ist aber noch nicht fertig, den wir müssen jetzt, aufgrund der Tatsache, das wir ein Integrationskindergarten

sind und vier behinderte Kinder haben, ist es auch ein Teil unserer Arbeit geworden, aber ein neuer Teil, für uns alle neu. Wir alle haben noch nie mit behinderten Kindern gearbeitet, ja. Also das muss schon in unserer Konzeption, in unserem pädagogischen Konzept Niederschlag finden. ... das kommt mit in die Konzeption, in das pädagogische Konzept hinein.« (14/141)

Dies wirft ein Licht darauf, wie durch zweckgebundene Ressourcenaufstockung Qualitätsentwicklungsprozesse zur Bewältigung neuer Aufgaben angeschoben werden können. Das gilt für die Integration von Behinderten genauso wie für die Aufgabe, in Regionen mit hohen Migrantenanteilen Kinder und Eltern unterschiedlicher kultureller Herkünfte in den Kindergarten zu integrieren. In manchen Kommunen und Landkreisen wird der Personalschlüssel bei hohen Migrantenanteilen anders berechnet, sodass dann auch mehr Ressourcen für die interkulturelle Qualitätsentwicklung zur Verfügung stehen. Die Verbesserung der personellen Ausstattung wird aber nur dann die gewünschten Effekte zeigen, wenn ein entsprechendes Controlling darauf achtet, dass mit den zusätzlichen Mitteln nicht nur Defizite kompensiert werden – wie das immer wieder im Schulbereich beobachtet wird (Auskunft Frau Blum, AmkA Frankfurt am Main).

Man/frau hätte aus Anlass der Beschäftigung mit dem Thema Integration aber auch »mehrere Fliegen mit einer Klappe schlagen« können. So wird in jüngerer Zeit immer stärker auf das Konzept der »Pädagogik der Vielfalt« zurückgegriffen. Es versucht die integrative, die geschlechterspezifische und die interkulturellen Ansätze in der Elementar- wie der Primarpädagogik miteinander zu verknüpfen (Prengel 1995). Passend zu dieser Pädagogik gibt es Bestrebungen auf der Managementebene unter dem Label »Diversity-Management«. Es macht die kreativen synergetischen Potenziale von Heterogenität zum Ausgangpunkt von Organistations- und Personalentwicklungsmaßnahmen (Besamusca-Jannsen/Scheve 1999).

Top-down-Impulse werden nötig sein, um den Prozess der interkulturellen Öffnung der Kindertagesstätten weiterzuentwickeln, da die Mitarbeiterschaft – aus welchen Gründen auch immer – bisher wenig individuelle Initiativen zur Qualifizierung auf diesem Gebiet unternommen hat. Keine der befragten Erzieherinnen konnte die Frage nach dem Besuch interkulturell fokussierter Fortbildungen positiv beantworten. In einem Kindergarten – demjenigen mit dem höchsten Anteil von Migrantenkindern – wurde auch gar kein Bedarf gesehen (12/63–65).

Hier wäre sicherlich auch mehr Steuerung durch die Dienst- und Fachdienstleiterin geboten. Gegenwärtig werden die Auswahl der Fortbildungsthemen und die Freistellung für individuelle externe Fortbildungen allein den Kindergarten-Leiterinnen überlassen.

»Also alle Kindergärten hier bei uns haben einen Haushaltsplan, ein Budget. Da gibt es auch die Haushaltsstelle der Lehrgangsgebühren und Fortbildungen und es bleibt erst mal jeder Einrichtung offen wie und für was sie es benutzt, thematisch, wie auch immer. Da hänge ich mich nicht rein. Da sind für mich die Leiterinnen zuständig, das könnte ich auch gar nicht leisten.« (20/147, 148)

Impulse von oben setzen allerdings voraus, dass die Notwendigkeit gezielter interkultureller Fortbildungsangebote bzw. Konzeptentwicklung überhaupt gesehen wird. Dieses Erfordernis wird aber von der Fachdienstleiterin für die Raunheimer Erzieherinnen bestritten, da diese von klein auf genügend Alltagserfahrung im multikulturellen Kontext gesammelt hätten und für sie der Umgang mit kultureller Vielfalt normales Routinehandeln sei.

Systematischer Wissenserwerb über fremdkulturelle Essensvorschriften, Feste, Sittlichkeitsvorstellungen sei nicht nötig. Die meisten Erzieherinnen seien in einem multikulturellen Umfeld aufgewachsen. Dieses Wissen würde durch die Alltagserfahrung erworben:

»Welches Essen darf ein Kind essen und welches nicht und warum das so ist? Das sind so Grundkenntnisse, die ich einfach über eine andere Nation haben muss. Aber wir machen jetzt hier keine Kurse ›Ich lerne die Türkei oder Marokko kennen‹. Wir sind ja Gott sei Dank da sehr weltoffen. Die Generation vom Alter her, die bei uns arbeitet, die Jugendlichen die kommen, die sind ja schon bei uns damit groß geworden. Sofern jemand von hier aus der Region ist. Die haben ja alle ihre ausländischen Mitschüler ... Für die ist das nichts Neues. Die müssen da nichts extra lernen. Die leben so da rein. Die besuchen die Familien. Da wird zum Beispiel das Zuckerfest gefeiert, weil Ramadan gerade vorbei ist. Dann fragt vielleicht ein deutsches Kind einmal: ›Oh, was macht ihr da, was ist das?‹ Aber damit ist es erledigt, und das folgt jedes Jahr, das kennt man hier im Jugendhaus. Manche Kindergärten nehmen es zum Anlass, da wird nicht nur Ostern gefeiert.« (20/217)

»Kindertagesstätten, das (Feiern des Zuckerfestes) ist freigestellt. Das ist sicherlich davon abhängig, wie der Nationalitäten-Spiegel dort ist und ob es dort eine Nationalität gibt, die im Verhältnis besonders stark vertreten ist. Weil wir eben situativ

arbeiten, können wir das, aber müssen es nicht. Und wenn es gewollt wird und wir es auch wollen, dann wird es auch getan. Das heißt, wir bieten an, ein Zuckerfest zu feiern. In der Regel findet es aber nicht statt, weil die Gemeinden zu Hause, mit Familien, in der Moschee, in der Gemeinde oder wie auch immer das Zuckerfest feiern. Da wären wir das letzte Licht an dieser Kette. Da würden vielleicht nur ein paar zu uns kommen. Also es ist keine Ignoranz von uns, aber der Bedarf ist einfach nicht da. Deshalb wird es bei uns nicht stattfinden, das heißt aber nicht, dass es ignoriert oder nicht geduldet wird oder wir nichts davon halten.« (20/219)

»Es schreibt ja auch kein Mensch in eine Konzeption ›Ich feiere das Zuckerfest‹. Das hat ja einen ganz anderen Hintergrund. Es geht ja darum ob, und inwiefern und in welchem Ausmaß man sich mit anderen Nationalitäten, die eine Einrichtung besuchen, auseinandersetzt ... Unser Konzept ist ganz einfach: dass wir wissen müssen, mit wem wir es zu tun haben, welcher kulturelle Hintergrund steckt dahinter? Daraus bedingt sich unter Umständen ein gewisses Verhalten, was man auf Teilgruppen oder die ganze Nationalität sich abstellt, das hat unter Umständen Auswirkungen auf unsere Arbeit.« (20/221)

Interv.: *»Sie erwarten von Ihren Mitarbeitern schon eine gewisse interkulturelle Kompetenz, aber Sie machen keine Fortbildungen zum Thema Islam oder so irgendetwas?«*
Fortbildungen zur interkulturellen Kompetenz *»... sind kein Schwerpunkt. Weil die Menschen hier das größtenteils mitbringen. ... Wer hier arbeitet, bringt dieses Wissen eigentlich mit und wer hier lebt sowieso. Vielleicht nicht mit den Fachausdrücken, oder sie wissen vielleicht gar nicht, dass sie das leben und eigentlich so praktizieren, weil es für sie normal ist.« (20/223)*

Kommentar: Hier kommt ein sehr verkürztes Verständnis von interkultureller Kompetenz zum Vorschein. Kenntnisse über fremdkulturelle »Sitten und Gebräuche« sind nur ein Baustein interkultureller Kompetenz – und nicht einmal der wichtigste. Abgesehen davon erschließt sich die tieferliegende sozio-kulturelle Bedeutung dieser Sitten und Gebräuche nur durch sozialwissenschaftlich angeleitete Interpretation.
Viel zentraler als das Wissen über fremdkulturelle Kulturstandards sind Handlungskompetenzen, die ethnozentrischer und/oder diskriminierender Wahrnehmung und Deutung vorbeugen und den konstruktiven Dialog auf gleicher Augenhöhe ermöglichen – wie: eigenkulturelle Reflexivität, Fähigkeit zu Empathie und zum kognitiven Perspektivenwechsel, Ambiguitätstoleranz (Fähigkeit Ungewissheit, Mehrdeutigkeit, Widersprüche auszuhalten,

Akzeptanz des Andersdenkenden), Konfliktfähigkeit, Herstellung transkultureller Gemeinsamkeiten, Aushandlungsfähigkeit (Gaitanides 2006, S. 223; vgl. Leenen u. a. 2002; Leiprecht 2002).
Interkulturelle Kompetenz stellt sich nicht automatisch durch Kontakterfahrung und »Learning by Doing« in der interkulturellen beruflichen Interaktion ein.
Abgesehen davon, dass auch Grundinformationen trotz jahrelangem Nebeneinanderlebens und Arbeitens oft fehlen, lösen sich ethnozentrische, negative, die berufliche Interaktion beeinträchtigende, Deutungsmuster nicht zwangsläufig auf, da in der sozialen Wahrnehmung Informationen selektiv verarbeitet werden. Professionelle wissensbasierte Arbeit erfordert eine theoretisch/konzeptionelle und selbstreflexive Überprüfung alltagstheoretischen Erfahrungswissens und -könnens (implizites Wissen). Durch systematische theoretische und selbstreflexive Aneignung in Aus-, Fort- und Weiterbildung bzw. einschlägige Supervision kann das wertvolle und unersetzliche implizite Erfahrungswissen und -können erst explizit gemacht und im Team kommuniziert werden bzw. in der Konzeption festgehalten und theoretisch gerahmt werden.
Aus demselben Grund kann auch nicht davon ausgegangen werden, dass MitarbeiterInnen mit Migrationshintergrund interkulturelle Kompetenz allein aufgrund ihrer bikulturellen Biografie mitbringen. Auch sie müssen sich einem systematischen Bildungs- und Selbstreflexionsprozess unterziehen, um die Erfahrungsvorsprünge ihrer Migrantenbiografie im professionellen Kontext zur Optimierung des Arbeitsergebnisses einzubringen zu können (Gaitanides 2006).

10.3 Gezieltes Eingehen auf Mehrsprachigkeit?

Die meisten befragten Erzieherinnen haben nichts gegen das spontane Sprechen in der Muttersprache. *»... die haben hier auch das Recht, sag ich mal, untereinander türkisch zu reden. Es verbietet keiner hier die eigene Sprache, dass die gesprochen wird.« (**29**/250)*

Eine Erzieherin wehrt sich auch aus pädagogisch/pragmatischen Gründen gegen die Intervention mancher Migranteneltern, die wünschen, dass den Kindern die Muttersprache im Kindergarten verboten wird, damit sie besser Deutsch lernen.
»Sie werden nie in der Lage sein, einem Kind Sprachen zu befehlen.« (14/542)

Sie finden es auch gut, wenn Lieder der Herkunftssprachen gelernt oder gelegentlich muttersprachliche Kassetten gehört werden (**29**/250; 30/133; 26/86). Die meisten Befragten, die sich dazu geäußert haben, finden es auch in Ordnung, wenn die Muttersprache in der frühen Kindheit im Elternhaus vermittelt wird (**29**/135; 25/130; 14/550).

Gleichzeitig sind die Befragten aber auch ambivalent und lehnen ein weitergehendes Eingehen auf die Herkunftssprachen im Kindergarten ab.

Folgende Argumente begründen die Zurückhaltung:

- Wie soll man auf die Fülle der Nationen eingehen. Das ist nicht machbar.

E.1: *»Ich kann mir nicht vorstellen, dass so was funktioniert, weil, wie gesagt, wie viele Nationalitäten haben wir hier im Haus. Und dann müsste ja sämtlicher muttersprachlicher Unterricht stattfinden. Mindestens 15 verschiedene haben wir, oder?« (29/241–243)*

- Theoretisch sei die Vermittlung von Mehrsprachigkeit ein gutes Konzept bei gesunder Mischung, problematisch aber bei der Dominanz einer Nationalität (in Raunheim der Türken).

»Das ist ja sicherlich richtig und wenn man das jetzt gut mischen würde, wäre das auch keine schlechte Geschichte. Wenn das nicht der Fall ist, wie es bei uns hier in Raunheim ist, wird das etwas kopflastig. Ich mein', ich habe früher auch griechischen Kindern schon ein griechisches Lied beigebracht. Aber wenn es jetzt nur noch um das Türkische geht, dann ist das so eine Sache für sich. Also wenn dann auch mit anderen Kindern zusammen, auch dass die Deutschen ein ausländisches Lied lernen. Ein englisches Lied lernt man ja auch mal, das wäre nicht der Punkt. Wie gesagt, wenn das Ganze ausgewogen wäre, dann fände ich das toll, wenn man das machen könnte.« (26/86)

- Ein Problem der Überrepräsentation der türkischen Kinder sei ja gerade, dass sie untereinander Gruppen bilden, die in der Muttersprache miteinander kommunizieren und dass sie dadurch zuwenig ungesteuert deutsch lernen.

E.2: *»Weil die würden sich dann eher ins Türkische ..., weil die sind nun mal zu viele, und die reden sehr oft türkisch miteinander.« (**29**/248)*

- Die Eltern würden den Kindern die Muttersprache zuhause ausreichend beibringen (s. o.)

Dieses Argument versieht allerdings eine Erzieherin mit Migrationshintergrund mit einem Fragezeichen. Sie weiß aus eigenen Einblicken in ihre griechischen Bekanntenkreise, dass viele Eltern aus bildungsfernen Elternhäusern mit einem einfachen muttersprachlichen Niveau stammen und dass sie in Deutschland ohne weitergehende schulische Förderung in der Muttersprache aufgewachsen sind.

E.2: ... *»weil viele Eltern können halt die eigene Sprache nicht, das heißt, die können schon, aber die einfache. Nicht jetzt so, dass die Kinder dann perfekt ... man hat ja viele Kinder, die wirklich nur das Wichtigste in der eigenen Sprache ... oder das ganz einfache, weil viele Eltern, das sehe ich auch hier, die sind halt hier aufgewachsen, die können auch nur das Wichtigste in der Sprache, ja, so besondere, also Hochdeutsch oder das Hochgriechisch, das können sie auch nicht dem Kind beibringen.« (**29**/250)*

Von daher kann sie auch gut nachvollziehen, dass die Eltern eine Förderung in der Herkunftssprache wünschen. Nur sei der Kindergartenphase nicht der geeignete Zeitabschnitt. Dies sei mehr eine Aufgabe der Schule, die ja auch muttersprachlichen Unterricht auf freiwilliger Basis z. B. in Kelsterbach für Griechen anbiete (29/250).
Den Eltern, die gebrochenes Deutsch sprechen, rät sie, lieber mit den Kindern in der Muttersprache zu sprechen. Es sei leichter etwas neu zu lernen als eingeschliffene Fehler zu korrigieren.

E.2: ... *»Ich meine, Eltern, die kein gutes Deutsch sprechen, die können ihren Kindern kein Deutsch beibringen. Und ich finde es besser, dass sie gar nichts machen, bevor sie es den Kindern etwas falsch beibringen, in diesem gebrochenen Deutsch. Okay, ein paar Wörter ist klar.« (**29**/135)*

Ganz anderer Ansicht ist eine in der Elternarbeit engagierte deutsche Mutter, die es schlimm findet, dass die Elternhäuser ihre Kinder nicht auf die deutsche Sprache vorbereiten.

»Wie kann ich denn so unverantwortlich als Elternteil sein, wenn ich weiß, mein Kind versteht nicht ein Wort Deutsch und mein Kind dann in so eine Schockphase reinschubsen. Das ist ja ein Schock.« (13/375)

Sie meint auch, dass die Kinder durch eine mehrsprachige Erziehung und Code-Switchen überfordert seien und dass sie dadurch in die Falle der doppelter Halb-Sprachlichkeit gerieten:

»Das bringt die Kinder nur noch durcheinander, da wissen die ja überhaupt nicht mehr, was sie babbeln sollen. Finde ich.« (13/632)

- Die Kinder seien in Deutschland aufgewachsen, sie könnten nicht früh genug in die Sprache ihrer Umgebung eingeführt werden, die auch die Sprache ihrer erweiterten Lebenswelt ist. Über die frühe Einführung in die deutsche Sprache erfolge auch die Indentifikation mit ihrer faktischen Heimat.

»... unsere Kinder, die wir hier bekommen, da sind die meisten in Deutschland geboren und haben zumeist auch einen deutschen Pass und sind in der dritten Generation hier, für mich ist es sehr unwahrscheinlich, dass die irgendwann mal wieder zurückgehen. Also ich denke, eine Identifikation mit dem Land, wo man geboren ist, aufwächst, wo die Mutter eventuell sogar auch schon geboren ist, oder der Vater, sollte dann schon stattfinden.« (25/130)

- Der Erwerb der entwickelten Form der Muttersprache im Kindergarten sei keine Aufgabe der Allgemeinheit, sondern eher Privatsache und wenn überhaupt, dann eher eine Aufgabe der Schule.

»Und ich bin da sehr geteilt, was das betrifft. Sicherlich ist es wichtig, dass Kinder auch ihre Sprache sprechen, wenn sie dreisprachig aufwachsen und ihre Sprache auch gleichzeitig sprechen, aber ich denke, dann sollte das an Schulen passieren. ... und ich frage mich, warum wir hier das alles finanzieren müssen. Das frage ich mich, weil, wenn ich in dieses (Herkunfts-) *Land dort gehen würde, da frage ich mich, ob mir das geboten wird? Nein, wenn ich das machen wollte, dann müsste mein Kind sicher auf eine Privatschule gehen, müsste es bezahlen. ... und ich denke, dass hier alles auf den Staat und die Menschen, die hier leben, übertragen wird!? ... Ich habe nichts gegen Integration, ich habe nichts dagegen, dass Menschen ihre Sprache sprechen, lesen und schreiben lernen. Ich frage mich nur, warum das auf die Allgemeinheit übertragen werden muss? Das ist meine ganz persönliche Meinung.« (14/550)*

- Die Zeit, die die Kinder im Kindergarten verbringen, sei ohnehin so kurz, da sollte Deutsch als Verkehrssprache die Priorität haben.

»Weil das halt auch eine relativ kurze Zeit verbleibt, also z. B. sind es am Vormittag fünf, sechs Stunden, wo die Kinder hier sind, wenn sie so lange hier sind, das ist die Grundöffnungszeit. Und ich denke, das ist gerade mal genug Zeit um denen ein bisschen Deutsch zu vermitteln oder denen das beizubringen.« (25/130)

- Alle Anstrengungen sollten auf die Vermittlung der deutschen Sprache konzentriert werden, damit das Sprachniveau auch der deutschen Kinder nicht noch mehr absinkt.

»Also ich finde es, um diese Sprachbarrieren endlich mal aus dem Weg zu räumen, dass die Kinder alle einheitlich erst mal im Kindergarten Deutsch lernen sollten ... Meine Tochter hatte, bis sie in die Schule kam, wirklich Schwierigkeiten, die Endungen auszusprechen ... Andere Kinder, wo in den Kindergarten gehen, wo nicht so viele Ausländer drinnen sind, die sprechen ein besseres Deutsch als meine Tochter jetzt spricht.« (13/646 – deutsche Mutter*)*

Kommentar: Eine gezieltere Einbeziehung der Muttersprache wird eher in Konkurrenz zu dem wichtigeren Ziel der Vermittlung der deutschen Sprache gesehen. Die Tendenz der Erzieherinnen geht eher dahin, das Sprechen in die Muttersprache in Nationalitäten-Cliquen durch geeignete Gruppenarrangements einzudämmen als die muttersprachlichen Potenziale zu integrieren. Keine der befragten Erzieherinnen hatte sich mit der »Cummins-Hypothese« auseinander gesetzt (Theorie von dem besseren Erwerb der Zweitsprache bei guter Fundierung der Erstsprache bzw. Anknüpfung an die Sprachkompetenzen in der Erstsprache) oder mit den psychosozialen Aspekten der Nutzung und Bewertung der sprachlichen Vorerfahrungen der Kinder durch die Institutionen der öffentlichen Erziehung auseinandergesetzt.

Zur Wichtigkeit der Einbeziehung der Erstsprachen in den Zweitspracherwerb seien hier einige vertiefende Zitate ausgewiesener Fachleute, die einschlägige wissenschaftliche Literatur ausgewertet und praktische Erfahrungen in Modellprojekten oder als PraxisbegleitforscherInnen gesammelt haben, angeführt:

»Derzeitiger Konsens in der internationalen Forschung zum Zweitspracherwerb:

1. Individuelle und gesellschaftliche Zwei- und Mehrsprachigkeit sind, weltweit und weltgeschichtlich betrachtet, eine Normalität.

2. Individuelle Zweisprachigkeit hat keine negativen Auswirkungen auf die soziale, geistige und sprachliche Entwicklung von Kindern und Jugendlichen.
3. Erst- und Zweitsprache beeinflussen sich gegenseitig im Sinne von Transfereffekten, die Vorstellung von systematischen Blockadeeffekten ist wissenschaftlich nicht haltbar.« (Reich/Roth 2002, S. 37)

»Untersuchungen, die vorliegen, zeigen in paralleler Weise, dass die Beachtung und Förderung beider Sprachen, der Herkunftssprache und der Zielsprache Deutsch, deutlich bessere Ergebnisse für die Sprachaneignung der Kinder zeitigt als eine ungleichgewichtige Förderung nur der Zielsprache.« (Ehlich u. a. 2005 S.30)

»Wird die erste Sprache aufgrund des Eintauchens in eine neue Sprache nicht altersgemäß weiterentwickelt oder sogar streckenweise verlernt, so nennt man dies substraktive Mehrsprachigkeit. Unter solchen Bedingungen sind Nachteile für die gesamte sprachliche und kognitive Entwicklung des Kindes zu befürchten. Man vermutet, dass in einem solchen Fall wichtige sprachübergreifende Strukturen des Regelwissens und der Sprachlogik im ersten Sprachsystem wegbrechen, die dann nicht mehr für die Entwicklung vergleichbarer Strukturen in der zweiten Sprache genutzt werden können.
Als eine der einflussreichsten Theorien im Zusammenhang mit dem kindlichen Zweitspracherwerb ist die Interdependenzhypothese zu nennen, die hauptsächlich von Cummins entwickelt und vertreten wurde (Cummins 1982). Sie besagt im wesentlichen, dass die beiden Sprachen, die das Kind erwirbt, sich in gegenseitiger Abhängigkeit entwickeln.« (Küpelikilinc/Ringler 2004, S. 31)

»Sprachliche Signale in der Erstsprache werden sehr sensibel wahrgenommen und vermitteln dem Kind: Hier werde ich gehört, es ist wichtig, was ich kann und hier will man auch von mir wissen, was ich zu sagen habe. Die Erstsprache kann so nicht nur eine Brücke zur Zweitsprache bilden, ihre Wertschätzung ist vielmehr erst der Beweggrund für das eigene Reden und sich Einbringen. Und erst in der Kommunikation entsteht weitere Sprachkompetenz.« (Ringler 2004, S. 23)

»Ermutigend hierbei ist für Kinder, wenn sie in der Kindertageseinrichtung erleben, dass ihren sprachlichen Vorerfahrungen, ihren erstsprachlichen Kenntnissen und ihren Familiensprachen Respekt und Interesse entgegengebracht wird. Dies bedeutet auch Respekt für das, was Kinder mitbringen und was sie und ihre Familien in sprachlicher Hinsicht bereits geleistet haben – es ist eine Menge.« (Wagner 2004, S. 6)

»Was bedeutet es für eine Person, wenn Begriffe aus der Sprache der eigenen Kindheit, die mit einem Gefühl von Geborgenheit und Sicherheit verbunden sind, nicht mehr gehört werden, weil kein Kontakt zu anderen Sprechern möglich ist oder weil die Sprache nicht benutzt werden darf, weil sie in dem Land, in dem man lebt, verboten ist. Oder man schämt sich für seine Sprache, weil sie wenig gesellschaftliches Ansehen genießt. Ein solcher Sprachverlust beschädigt auch die eigene Identität.« (Küpelikilinc/Ringler 2004, S. 48)

»Wenn … Kindertageseinrichtungen Kindern vermitteln, hier mit ihren Vorerfahrungen und dem, was sie in ihrer Familie gelernt haben – das bezieht sich auch auf die zu Hause gelernten Normen sowie die Kultur des Umgangs mit Menschen und Dingen – nicht willkommen zu sein oder auch nur nicht danach gefragt zu werden, wird ihnen der Zugang zum Bildungsangebot der Kita schwer gemacht. Sie bleiben in gewisser Weise am Rande des Geschehens und werden verunsichert und gehemmt, sich als ganze Person mit ihren Fähigkeiten zeigen. Sie können diese daher kaum erweitern. Von den in Kindertageseinrichtungen üblichen Spiel- und Erfahrungsmöglichkeiten profitieren sie dann wenig. Es müsste zur Professionalität von Fachkräften gehören, darin das Resultat von Marginalisierungsprozessen zu erkennen, in die Kinder geraten, für die es kaum Identifikationsangebote in der Kindertageseinrichtung gibt. Fachkräfte, die das Verhalten der Kinder als »defizitär« interpretieren, verstärken die schwierige Situation der Kinder durch weitere Aussonderung und durch Schuldzuschreibungen an die Familien. Damit behindern sie Kinder in ihren Bildungsprozessen, doch dieses wird nicht selten den Kindern als ›Behinderung‹ zugeschrieben. Im Ansatz vorurteilsbewusster Bildung und Erziehung werden Fachkräfte sensibel für diese Zusammenhänge und kompetent darin, die Potentiale von Kindern zu erkennen und ihre Entfaltung zu unterstützen, indem sie z. B. die Vielfalt der Familienkulturen und -sprachen zum Bildungsthema machen.« (Wagner 2004, S. 10)

»Wenn DaZ-Kindern (Deutsch als Zweitsprache S. G.) das Gefühl vermittelt wird, weniger Wert zu sein als Kinder deutscher Herkunftssprache, kann das zu Frustrationen, mangelnder Motivation, ggf. auch Aggression und Ablehnung gegenüber deutschen Bildungsangeboten führen.

- Wenn sich die Familie sehr stark am Herkunftsland orientiert bzw. weitestgehend in der eigenen ethnischen Gruppe lebt und/oder der Bildung nur geringe Bedeutung bemisst, ist es für die Kinder oft schwierig, sich aktiv, neugierig und mit Interesse der deutschen Sprache zuzuwenden.
- Die Kinder wie Einsprachige zu behandeln kann regelrecht behindernd wirken, weil viele der für einsprachige Kinder entwickelten pädagogisch-didaktischen Maßnahmen bei zweisprachigen Kindern nicht greifen oder zu deutlichen Benachteiligungen führen.
- Die Kinder auf ihre Zweitsprache zu reduzieren, bedeutet nicht nur einen wichtigen Teil ihrer Sprachsozialisation auszublenden, sondern sie entsprechend ihres Zweitsprachstandes und nicht ihres kognitiven Entwicklungsstandes zu unterrichten. Die Form von ›Schonpädagogik‹ führt letztendlich zum Ausschluss aus dem Bildungssystem.« (Rösch 2003, S. 62).

»Doch auch wenn die Einrichtung einsprachig arbeitet, kann durch die Einbeziehung der Erstsprache Akzeptanz und Offenheit gegenüber der Mehrsprachigkeit der Kinder und explizit gegenüber ihrer nichtdeutschen Sprache signalisiert werden. Dabei geht es nicht nur um die Kinder nichtdeutscher Herkunftssprache, sondern um alle, die auf diese Art erfahren, dass es in der deutschen Gesellschaft mehr Sprachen gibt und wie man damit umgeht.
Hierfür eignen sich zwei- oder minderheitensprachliche Bilderbücher, Spiele, Reime, einfache Redemittel etc. Sinnvoll ist auch eine altersangemessene Beschäftigung mit dem Phänomen der Mehrsprachigkeit wie sie etwa Rafik Schami in dem Bilderbuch ›Das ist kein Papagei‹ thematisiert. Dort geht es um einen Papagei, der – obwohl er mehrere Sprachen spricht – verstummt, weil er gezwungen werden soll, nachzusprechen. Einzig Lina, die Tochter der Familie, die ihn gekauft hat, lässt sich auf den Vogel ein, setzt sich zu ihm, wartet ab und siehe da, sie erkennt, dass er erstens kein Papagei, sondern eine Mamagei ist und zweitens arabisch, französisch und noch andere Sprachen spricht.
Mehr Sprache/n bezieht sich hier also auf mehrere Sprachen, die Kinder mit Migrationshintergrund in den Bildungsprozess einbringen. Diese Sprachen gilt es mindestens zu akzeptieren, zu reflektieren, soweit es möglich ist die daran gebundene Mehrsprachigkeit auch aktiv zu unterstützen und sie zur zweisprachigen Erziehung zu entfalten.« (Rösch 2003, S. 57 f.)

10.3.1 Einstellungen der Migranteneltern zur Berücksichtigung der Sprachenvielfalt im Kindergarten?

Eine der noch nicht genannten Gründe, warum die Erzieherinnen die Mehrsprachigkeit nicht ins Auge fassen, ist deren Feststellung: Die meisten Eltern wollen das gar nicht. Sie würden eine Arbeitsteilung zwischen Elternhaus und Kindergarten anstreben. Zuhause wird der Grundstock für die Muttersprache gelegt und im Kindergarten soll Deutsch gelernt werden. Statt der Forderung nach mehrsprachigen Angeboten würden sie im Gegenteil die Erzieherinnen unter starken Druck setzten, ihnen noch mehr Deutsch beizubringen und Nationalitäten-Cliquen aufzulösen (s. o.).

»Also solche Überlegungen gibt es bei uns in der Einrichtung nicht, wurden bisher auch nie geäußert. Ganz im Gegenteil, wir bekommen Kinder, die drei Jahre sind, deren Eltern sehr gut Deutsch sprechen können, die Kinder aber nur türkisch reden. Und die wollen, dass das Kind dann schnellstmöglich gut Deutsch lernt. Und wir haben natürlich gefragt: Sie können so gut Deutsch, sie leben hier so lange, warum sie mit ihrem Kind nicht Deutsch gesprochen haben. Und die sagen ..., die sollen erst mal gründlich die Muttersprache lernen und jetzt sollen sie die Zweitsprache lernen.« (24/148)

»... die Eltern selber kommen zu uns und sagen: ›Ach ..., die spielt ja nur mit Ayse‹ und ›die sprechen ja nur türkisch, ich möchte nicht ...‹ Die anderen sind auch schon zu uns gekommen und haben gesagt: ›Wir melden unser Kind wieder ab und bringen es in einen Kindergarten, wo nicht so viele Türken sind.‹ ... türkische Eltern, ja und das haben wir auch schon gehabt, dass ein Vater hier sein Kind raus genommen hat und es in einen Kindergarten gebracht, wo der Ausländeranteil ganz gering war.« (14/543)

Eine türkische Multiplikatorin bestätigt diese Beobachtungen.

*»... jetzt habe ich von einigen Eltern gehört, die sich beschweren: ›Mein Kind geht jetzt schon ein Jahr in den Kindergarten und spricht immer noch kein Deutsch‹, also das erwarten die eigentlich vom Kindergarten hauptsächlich.« (**13**/378)*

Sie selbst würde sogar ein Muttersprachenverbot im Kindergarten befürworten in der Annahme, dass dadurch der Deutschlernprozess beschleunigt würde. Sie hätte dies an einer Nichte beobachtet, die in einem der Kindergarten gewesen sei, in dem Türkischsprechen zeitweise strikt unterbunden worden sei.

*»Das sowieso und vor allem in der Oderstraße, ich weiß nicht, ob es noch so ist, aber als meine Nichte in den Kindergarten ging, die hat in drei Monaten, sie hat auch erst Türkisch gelernt und kurz bevor sie in den Kindergarten reinkam, haben wir dann Deutsch mit ihr gesprochen, aber in drei Monaten hat sie das Deutsch beherrscht, weil sie durften keine andere Sprache sprechen.« (**13**/647)*

Die deutsche Gesprächspartnerin hat ihre Zweifel an der Wirksamkeit des eines Muttersprachen-Verbotes.

»Die reden heimlich im Kindergarten dann untereinander ihre Sprache, wenn es die Erzieherin nicht mitkriegt. Und so viel reden mit den Erzieherinnen tun sie jetzt auch nicht, weil die sind meistens dann draußen beim Spielen.« (13/385)

Die Frauen einer eritreisch-afghanischen Diskussionsrunde im Frauentreff plädieren heftig für die systematische Mischung von deutschen und Migrantenkindern – auch durch pädagogische Intervention im Freispiel – bis hin zu eingreifenden Methoden (**46**/30, 31).

Die Sprachpraxis in den Familien scheint unterschiedlich. Die meisten Eltern versuchen zwar die Muttersprache v. a. in den ganz frühen Jahren weiterzugeben, aber die Kleineren kommunizieren ja auch mit den älteren Geschwistern, die je nach situativem Kontext zwischen Deutsch und der Muttersprache wechseln. Zudem gibt es Eltern, die beide in Deutschland in die Schule gegangen sind und Väter (seltener auch Mütter), die gezielt mit ihren Kindern Deutsch sprechen, gerade weil die Mutter als Neueinwanderin kein Deutsch kann (vgl. **28**/61–65, **27**/71–75).

*»Also mit den Kindern spreche ich deutsch-türkisch gemischt, mit meinem Mann eher türkisch« (**13**/31 – Türkin der 2. Generation, mit zehn Jahren nach Deutschland gekommen)*

*»Die Kleine fängt jetzt gerade an zu sprechen, deswegen spricht mein Sohn eher mit ihr türkisch, weil sie erst die türkische Sprache lernen soll. Ich denke mal, das sie dann auch eher ins Deutsche umsteigen werden, wenn die Kleine das dann auch kann, weil ich sehe das an meinen Nichten, die reden auch eher deutsch.« (**13**/33)*

*»Also ich habe ja mit meinem Kind auch die ersten zwei Jahre wirklich fast nur türkisch gesprochen und dann im letzten Jahr, also nachdem es zwei Jahre alt war, habe ich so langsam, langsam angefangen, damit er im Kindergarten wenigstens sagen kann oder verstehen kann, wenn er was will oder wenn ihm was gesagt wird. Und danach, je mehr er deutsch gesprochen hat, habe ich auch mehr deutsch mit ihm gesprochen. Also so habe ich das gemacht, aber nicht jedes Elternteil kann so gut deutsch sprechen wie ich, und die schicken ihr Kind hauptsächlich deswegen in den Kindergarten, damit es deutsch lernt.« (**13**/378)*
*»Ein Jahr später konnte ich mit ihm schon deutsch sprechen.« (**13**/642)*

10.4 Gezielte Förderung der Zweitsprache Deutsch?

Ungesteuerter Zweitsprachenerwerb durch Mischung der Gruppen

Einmal wird durch die Verteilungsrichtlinie der Kommune der Versuch unternommen die Migrantenkinder gleichmäßiger auf die verschiedenen Kindergärten zu verteilen, zum anderen versuchen die Erzieherinnen die festen Gruppen so gut wie möglich ethnisch zu mischen und v. a. die türkischen Kinder, die mit Abstand die größte Herkunftsgruppe, auf die Gruppen zu verteilen.

»Also unsere Gruppen versucht man halt schon, dass man die Kinder, die Türkisch sprechen, auseinanderreißt, und die Gruppen werden gemischt, dass die halt anders dazu geschoben werden, dass die deutsch sprechen sollen.« (10/94 – deutsche Kita-Elternbeirätin)
»Also die Erzieherinnen haben ihr Konzept und da wird schon gekuckt, bei der Gruppeneinteilung, dass das stimmt, das Verhältnis. Dass das einigermaßen gleich gestellt ist. Bei uns sind drei Gruppen, dass in allen drei Gruppen der Anteil gleich gehalten wird. Dass das auch passt mit dem Alter der Kinder, neue Kinder sind.« (10/102)

Es wird sich zeigen ob die Rahmenbedingungen für die interethnische Mischung sich im Experimentierfeld der offenen Arbeit als günstiger erweisen wird. Eine der Kindertagesstätten war zum Zeitpunkt der Untersuchung gerade dabei, am Nachmittag offene Angebote für altershomogene Gruppen anzubieten.
Einen Hinweis für die Fruchtbarkeit des altershomogenen Ansatzes bei den »ganz Kleinen« gibt die Untersuchung. Nach Beobachtungen einer Erziehe-

rin spielen die Dreijährigen trotz babylonischer Sprachverwirrung schön miteinander, weil in ihrer Entwicklungsstufe das Medium der averbalen Kommunikation noch nicht so stark vom Medium einer abstrahierenden Sprache abgelöst worden ist und die verbale Kommunikation auch durch den situativen Kontext durch sinnliche Wahrnehmung erschlossen werden kann.

»... ein griechisch-türkisches Kind und das andere ist ein vietnamesisches Kind und dann ist noch eine andere Nationalität, die habe ich schon beobachtet, die unterhalten sich so schön ... Jeder spricht in seiner Muttersprache, das, was er gerade erlebt bei diesem Spiel, aber trotzdem ist es eine Gemeinschaft für die Drei.« (12/33, 36)

Durch Mischung werden die Kinder eher gezwungen, sich die Verkehrssprache Deutsch anzueignen, wenn sie nicht aus dem Gruppenprozess herausfallen wollen. Eine Erzieherin bezieht sich implizit auf die Theorie des »Sprachbades« – je weniger Kinder aus einer Nationalität, desto eher »werden ins kalte Wasser (der deutschen Sprache) geworfen«. Beleg dafür seien die Kinder aus unterrepräsentierten Nationalitäten, die sehr viel schneller deutsch lernen würden.

»... bei unserer Klientel wird in erster Linie türkisch und marokkanisch und ... die einzelnen Zusteiger, die rein kommen, wie gesagt, aus Australien oder Pakistan oder Vietnam, die haben ja kein Gegenüber, wo sie die Sprache los werden können. Also die stellen sich schneller um. Die hören eine Weile zu und dann funktioniert das, sage ich jetzt mal, wie man das so sagt, Kinder lernen schnell, von selbst. Denen bleibt nichts anderes übrig, die werden ins kalte Wasser geworfen, die müssen.« (12/31)

Dies kann aber auch in Richtung des Erlernens türkischer Sprachbrocken gehen, wenn die türkische Sprache häufig gesprochen wird.

»Und da merkt man doch schon mal, das vielleicht auch anders sprechende Kinder sich der türkischen Sprache annehmen, weil da ein gewisser Stamm da ist. Das habe ich auch schon oft mitgekriegt.« (12/39)

»Unterschiede (beim Zweitsprachenerwerb) weisen dagegen die externen Faktoren auf; sie sind eng mit den kommunikativen Bedürfnissen und Notwendigkeiten der Lernenden verbunden und lassen sich auch mit der Situation des Sprachbads vergleichen, das nicht nur in den Medien immer wieder

als Grund für einen misslungenen Zweitspracherwerb genannt wird. Schaut man sich das Sprachbad genauer an, so zeigt sich, dass dieses für DaZ(Deutsch als Zweitsprache)-Kinder sehr unterschiedlich aussieht: DaZ-Kinder, die vereinzelt eine deutsche Einrichtung besuchen, zeigen – aufgrund der günstigen externen Faktoren bzw. des tatsächlich erlebten Sprachbads – in aller Regel einen schnelleren Erfolg als DaZ-Kinder in Einrichtungen, in denen viele DaZ-Schüler derselben Herkunftssprache betreut oder unterrichtet werden. Der Grund ist sehr einfach: Diese Kinder erleben eben kein Sprachbad. Statt in der Einrichtung in die deutsche Sprache eintauchen zu können, bleiben sie weitgehend unter sich und erfahren lediglich Sprachspritzer, um im Bilde zu bleiben, für den Erwerb der zweiten Sprache. Das Problem ist also nicht das Sprachbad, sondern die Tatsache, dass diesem Sprachbad das Wasser fehlt, konkret es mangelt am kommunikativen Umgang mit der deutschen Sprache.
Auch die Konsequenzen sind auf theoretischer Ebene simpel: Diese Kinder brauchen mehr Zugang zur deutschen Sprache, manche brauchen auch einen Motivationsschub, denn es etabliert sich gerade in Ballungsräumen, in denen vorwiegend Angehörige einer Sprachgruppe leben, ein von der Notwendigkeit deutsch zu sprechen weitgehend freier Raum. Ideal wäre die Schaffung ›natürlicher‹ Situationen, in denen die deutsche Sprache als Kommunikationssprache genutzt werden muss. Damit meine ich nicht ein Verbot der Erstsprache in Erziehungs- und Bildungseinrichtungen, sondern eine entsprechende Gruppenzusammensetzung und die Schaffung sprachintensiver Aktivitäten, die sich auf die deutsche Sprache konzentriert. Diese sollten möglichst authentisch sein und interaktiv gestaltet werden.« (Rösch 2003, S. 58 f.)

Förderung des Zweitsprachenerwerbs durch bewusstes Verbalisieren alltäglicher Handlungen

»Indem wir da ihnen immer wieder vorsprechen und sie das nachsprechen … Das erste, was jeder hier kann, ist, wie man sich zu verabschieden hat oder wenn man auf die Toilette geht.« (12/4)

»Die Kinder stehen an der Schwelle zu einer neuen Lebenswelt, sie brauchen möglichst schnell einen ›Schlüssel‹, um die wichtigsten Aktivitäten des Tages zu verstehen. Von daher sollte man ihnen direkt innerhalb der ersten Tage das Vokabular nahe bringen, das sie für ein Verständnis der wichtigsten Routinen im Kita-Alltag benötigen, und zwar dadurch, dass man ganz natürlich

mit ihnen spricht und die eigenen Handlungen durch ›Selbstgespräche‹ kommentiert. …
Die Erzieherinnen sollten vor allem ganz normal mit den Kindern reden, auch wenn die Kinder in den ersten Wochen relativ wenig verstehen und den unmittelbaren Kontext für die Bedeutungserschließung benötigen. Aber mit jeder Äußerung, die das Kind hört, gewinnt es einen potenziellen ›Beleg‹ für die Syntax der Zielsprache, i. e. für die benötigten Wortklassen und die Wortstellung. Die Erzieherinnen sollten ihre Sprache daher auch nicht vereinfachen. Das Kind muss Äußerungen hören wie ›Ich sehe was, was du nicht siehst.‹ ›Ich gebe dir meinen roten Ball, wenn du mir deinen blauen Ball gibst.‹ Die Kinder hören auf diese Art und Weise, dass die Verben im Deutschen im Hauptsatz und im Nebensatz in unterschiedlichen Positionen auftreten und dass Verben mit gleicher Bedeutung, wie sehe, siehst und gebe, gibst, verschiedene Formen annehmen. Wir können sehr viel mehr Vertrauen in die Fähigkeiten der Kinder setzen, diese Strukturen herauszufiltern, als wir dies zurzeit tun.« (Tracy 2006)

Es ist wichtig, dass die ersten Schritte in Richtung Erwerb einer abstrahierenden, sich vom unmittelbaren Handlungskontext lösenden Sprache, die für den längerfristigen Schulerfolg ausschlaggebend ist, schon im Vorschulalter getan werden.

»Die Kleinstkindforschung hat uns in Zusammenarbeit mit der Hirnforschung Erkenntnisse vermittelt, dass früh, aber nur kurzzeitig geöffnete Zeitfenster für das optimale Aufnehmen von Sprache(n) dafür sprechen, die pädagogischen Anstrengungen zu intensivieren und zwischen Familie und Bildungseinrichtung aufeinander auszurichten, um Kindern so früh wie möglich Sprache(n) zu vermitteln.« (RAA 2004)

Petra Wagner rät dabei von »didaktischem« Sprechen – also auch Nachsprechen-Lassen (12/4) ab. Dies schafft eine Unterrichtssituation (Wagner 2004, S. 9; vgl. Parabel vom mehrsprachigen Papagei von Rafik Schami, der sich weigert nachzusprechen – Rösch 2003, S. 58).

Effektiver als das Nachsprechen ist demnach das »Sprachvorbild«, das sprachliche Niveau der Erzieherinnen, ein Sprachausdrucksverhalten (Performanz), das an korrektes Hochdeutsch heranführt und die Kinder weder über- noch unterfordert.

Viele Migrantenkinder – und auch deutsche Kinder aus bildungsfernen Familien – erlernen im Vorschulalter nur die situationsgebundene Sprachfertigkeit, die für die alltägliche Kommunikation ausreichend ist (Basic Interpersonal Communication Skills –BICS), nicht aber die Fertigkeit, sich aus einer kontextreduzierten, abstrakteren und linguistisch expliziteren Form des Sprachgebrauchs die mitgeteilte Bedeutung zu erschließen (Cognitive Academice Language Proficiency – CALP). Sie kommen in ersten Grundschulklassen noch ganz gut mit, sind dann ab der vierten Klasse Grundschule, wenn es auch um die entscheidendende Weichenstellung im deutschen Schulsystem geht, überfordert (Penner 2002).

Deutschförderung in Kleingruppen

Nach den Angaben der Fachdienstleiterin der Kinder- und Jugendpflege bieten die Kindertagesstätten seit ca. zehn Jahren eine Sprachförderung in Kleingruppen an. Sie wird von speziell für diese Arbeit abgestellte Fachkräfte für die Kinder durchgeführt, die einen besonderen Bedarf haben. Darunter ist auch eine Honorarkraft mit Migrationshintergrund. Insgesamt steht ein Kontingent von 53 Wochenstunden für sieben Kindergärten mit knapp 500 Plätzen zur Verfügung. Das ist natürlich sehr wenig in Anbetracht der wachsenden Zahl von Migrantenkindern (20/13, 22–24; 15/76).

»Die Kollegin, die macht mittags praktisch mit kleinen Gruppen einen Deutsch-Förderkurs, dann haben wir noch eine Kollegin, die allerdings alle drei Einrichtungen ständig abdecken muss, die kommt nur stunden- oder tageweise. Also so ein Deutsch. ... Es ist nicht alleine nur für die Gruppenbegleiterin die Aufgabe, das ist zusätzlich. Ich meine logisch, im Alltag, mache ich oft dasselbe Spiel, nur ist es jetzt, dass da doch etwas dahinter ist, im Ruhigen halt, in der kleinen Gruppe, weil es in einer 25-kinderstarken Gruppe doch viel unter geht. Dann werden die einzelnen Kinder rausgezogen.« (12/52–54)

E.1: *»... die Sprachförderung, die kommt einmal die Woche zu uns, eine Stunde. Das ist eigentlich ein Witz.« (29/278)*
E.2: *»Ja, wenn halt die Mitarbeiterin mehr Stunden bekommen oder zusätzlich jemand im Haus immer jemand da ist und mit den Kindern was macht. Wir können noch von Glück reden, weil wir nicht so viele Kinder haben, die kein Deutsch verstehen. Aber in der Oderstraße ist es ja genau so, da ist es schlimmer, und da geht die auch nur einmal die Woche hin.« (**29**/280)*

Vorlaufkurse

»Ein weiteres Beispiel sind sprachliche Vorlaufkurse für die zukünftigen Schulkinder ... durch die Schule. ... Es finden Gespräche mit Schulvertretern und den Erzieherinnen vor Ort statt, weil diese die Kinder in der Regel schon zwei bis drei, manchmal vier Jahre kennen. Diese sprechen dann, aufgrund Ihrer Erfahrung, eine Empfehlung für die Gruppenzusammenstellung aus. Die Eltern müssen ihre Kinder dort nicht hinschicken und es gibt, Gott sei dank, einen sehr geringen Anteil, wo die Kinder nicht regelmäßig an diesen Vorlaufkursen in der Schule teilnehmen.« (20/22–24)

10.5 Beschäftigung von MitarbeiterInnen mit Migrationshintergrund?

Bisher war es im Untersuchungsgebiet dem Zufall – bzw. der Arbeitsmarktlage – überlassen, ob Erzieherinnen mit Migrationshintergrund eingestellt wurden. Ein systematischer interkultureller Personalentwicklungsprozess ist nicht erkennbar und auch nicht beabsichtigt (vgl. Äußerungen der Fachdienstleiterin 20/130; 20/254). Zum Zeitpunkt der Untersuchung arbeitete – nach den verstreuten Angaben der Befragten – lediglich eine Erzieherin mit griechischer Herkunft in einer der Kindertagestätten, in der Vergangenheit eine türkischstämmige und eine Erzieherin italienischer Herkunft (14/531; 29; 25/122).

Die meisten Befragten äußern eher Bedenken gegenüber der Einstellung von MitarbeiterInnen mit Migrationshintergrund. Dabei überlagern sich mehrere Argumentationsstränge.

Insbesondere »Kopftuchträgerinnen« sind unerwünscht. Eine Konferenz der städtischen Kindergartenleiterinnen hat sich hinter den Beschluss der hessischen Landesregierung gestellt, keine kopftuchtragenden Muslimas im öffentlichen Dienst einzustellen (26/82).

»... darauf berufen wir uns dann auch, aber wir haben unter uns eben auch gesagt: ›Das tut nicht gut hier.‹« (26/82)

Das Kopftuch wird als Symbol für die Verschlossenheit gegenüber der deutschen Leitkultur bzw. der Moderne gedeutet (26/83).

»Ich denke, wenn sie wirklich kein Kopftuch trägt, dann ist es ja schon mal ein ganz entscheidender Schritt für diese Frauen, dass sie sich wirklich auch dann öffnen. Denn das Kopftuch hat ja schon eine ganz ordentliche Bedeutung.« (26/83)

Bei kopftuchtragenden Frauen werden eine Reihe von praktischen und pädagogischen Problemen angenommen und/oder mit Beispielen von kopftuchtragenden Praktikantinnen belegt:

- Unbeweglichkeit durch die lange Kleidung: *»Aber das Problem ist zum Beispiel auch Sport machen oder so etwas – mit diesen ganzen langen Geschichten da. Ich mein', wie klettert die auf einer Sprossenwand vor oder im Wald beim Spaziergang über Stock und Stein steigen – das sind dann auch einfach so praktische Probleme dann auch schon wieder.« (26/85) ... beim Turnen oder beim Bewegen, das ging halt auch alles nicht so, weil da ja auch unheimlich viel von ihrer Kleidung da immer im Weg war.« (22/128)*

- Sie fassen kein Schweinefleisch an: E.2: *»Aber wenn es jetzt jemand ist, der mit Kopftuch, und, wie gesagt, mit der Praktikantin, das war vor meiner Zeit, also, es hieß, ich fasse das Schweinefleisch nicht an, dann ist das schon problematisch. Dann würde ich das halt nicht befürworten, das würde uns hier nicht gut tun, denke ich mal, und den Kindern auch nicht.« (29/240) »Eine Anerkennungspraktikantin, die war türkischer Herkunft und hat auch den Kaftan getragen, Und wir haben festgestellt, dass das nicht immer förderlich ist, hier in unserem Alltag in gewissen Dingen. Also, sie hat beispielsweise dann bei der Zubereitung von Frühstück nicht alles angefasst, weil sie halt auch nur Fleisch oder Wurst gegessen hat, das von einem Moslem geschlachtet worden ist.« (22/128)*

- Unterbrechen die Arbeit um ihre Gebetsrituale zu erfüllen: *»Aber wir hatten einmal auch das Problem, dass eine 16-jährige Praktikantin auf ihre Gebetszeit bestanden hat. Ja, wie machen wir das? Kinder, bleibt mal grad alleine, ich gehe jetzt beten. Geht in unserem Ablauf ja auch nicht. Das Problem ist zum Beispiel auch Sport machen.« (26/84–85)*

- Sie indoktrinieren die Familien mit ihrer dogmatischen religiösen Auffassung: *»Und negativ, ich hatte auch schon eine Erzieherin, die voll und ganz muslimisch war und auch probiert hat, ihre kulturellen Überzeugungen auf alle zu übertragen. Und das fand ich dann halt nicht so gut, weil ich probiere das ja mit meinen christlichen Ansichten auch nicht. Ich trage zwar mein Kreuz und die Kin-*

der fragen auch und ich sage ich glaube an Gott, aber das muss nicht jeder. Und sie war da so, es gibt nur Allah und keinen anderen, und das fand ich nicht so berauschend.« (25/122)

Kommentar: Der seit dem 11. September 2001 anschwellende Mediendiskurs über muslimische Parallelgesellschaften, Zwangsheiraten, Ehrenmorde und die durch das Kopftuchverbot im öffentlichen Dienst verstärkte Stigmatisierung kopftuch-tragenden Kolleginnen wirkt sich offensichtlich auch auf die negative Beurteilung der kopftuchragender Aspirantinnen für eine Erzieherinnenstelle aus.
Von den negativen Zuschreibungen bleibt aber auch die Vielzahl der kopftuchtragender Mütter nicht verschont. Auch wenn diese Ablehnung nicht verbal vor den Kindern geäußert wird, wird sie doch auf der averbalen Beziehungsebene bzw. auf der unbewussten Ebene kommuniziert. Dieser Mangel an Akzeptanz der kulturellen Identität der wichtigsten Bezugsperson, die Kinder als inneres Objekt besetzten, muss sich negativ auf die Entwicklung von Selbstwert auswirken und entsprechende die Integration erschwerende Bewältigungsstrategien zur Folge haben (Überanpassung, Rückzug oder aggressive Betonung der Andersheit).

»Die These lautet, unsere Identität werde teilweise von der Anerkennung oder Nicht-Anerkennung, oft auch von der Verkennung durch die anderen geprägt, sodass ein Mensch oder eine Gruppe von Menschen wirklichen Schaden nehmen, eine wirkliche Deformation erleiden kann, wenn die Umgebung oder die Gesellschaft ein einschränkendes, herabwürdigendes oder verächtliches Bild ihrer zurückspiegelt. Nichtanerkennung oder Verkennung kann eine Form der Unterdrückung sein, kann den anderen in ein falsches, deformiertes Dasein einschließen.« (Taylor 1993, S. 13f.)

Aber auch bei sich säkular kleidendenden und »europäisierten« Migrantinnen befürchten viele Erzieherinnen beim Einsatz muttersprachlicher Kräfte die Fixierung der Eltern mit geringen Sprachkenntnissen auf die muttersprachlichen Erzieherinnen.

»Das würde keine Verbesserung bringen, weil dann alle Eltern, die auch der Sprache nicht mächtig sind, sich natürlich alle auf die zustürzen würden …« (26/82)

»Ich sehe einfach nur die Problematik: Sobald so eine Kollegin da ist, wird sie von den türkischen Müttern sehr vereinnahmt, weil es auf der einen Seite legitim ist

aber auf der anderen Seite auch diese Offenheit von diesen Müttern ein bisschen zurücknimmt. Weil, sobald eine Ansprechpartnerin da ist, ist eine totale Fixierung da.« (15/84)

»Und dann läuft das alles über diese Kollegin, wo dann oft die Gruppenleiterin draußen vor bleibt und das hatten wir damals gehabt …
Wir sind beide deutsche Erzieherinnen und wir hatten ein Problemkind. Die Eltern sind einfach in die Gruppe von der (inzwischen nicht mehr beschäftigten) türkischen Erzieherin gelaufen, obwohl die mit dem Kind ja gar nichts zu tun hat, Einzelheiten des Kindes nicht weiß, wie das Kind entwickelt ist. Die haben uns einfach stehen gelassen und sind zu der gelaufen.« (15/86–87)
»Wir haben dann mit den Eltern darüber gesprochen. Wir haben dann die Kollegin geholt und haben dann versucht, das den Eltern zu verdeutlichen aber es war halt teilweise sehr schwierig.« (15/93)

Befürchtet wird auch, dass sich die Kinder beim Einsatz türkischer Erzieherinnen um diese Erzieherin scharen würden, wo diese Kinder sich sowieso schon viel zu viel in ihrer Muttersprache unterhielten.

E.2: *»Ich finde halt, das würde den Kindern nicht so gut tun, wenn jetzt eine türkische Mitarbeiterin hier reinkommen würde und mit den Kindern gezielt was auf türkisch machen würde. Weil die würden sich dann eher ins türkische … weil die sind nun mal zu viele, und die reden sehr oft türkisch miteinander …« (**29**/248)*

Ebenso meint eine deutsche Mutter bei einer türkischen Praktikantin eine zu große Nähe zu den Kindern beobachtet zu haben und damit einhergehend einen Mangel an professionellen Umgang mit den Kindern.

»Also wir hatten so bei uns im Kindergarten eine Praktikantin, die türkischer Herkunft war und auch eine aus Frankreich kam und die gehen einfach auch anders von ihrer Kultur her auch mit den Kindern um. Das heißt offener, verspielter, schließen auch zu manchen Kindern eine größere Bindung, als zu anderen wiederum. Also ich finde schon, dass das nicht gut ist, weil die können diese gleichbleibende für alle, es sei denn, die sind hier aufgewachsen und so und haben das.« (13/617)

Interessant ist der Einwurf einer am Gespräch beteiligten türkischstämmigen Mutter. Sie weist die Gesprächspartnerin auf die Nichtvergleichbarkeit der Kompetenz einer Praktikantin mit der einer ausgelernten Erzieherin hin.

*»Also die Erzieherinnen lernen ja auch eine ziemlich lange Zeit. Sie machen ja nicht nur eine dreijährige Ausbildung, die haben denke ich mal schon Vorschriften.« (**13**/ 618)*

Eine weitere Befürchtung ist, dass der Einsatz von Muttersprachlern dem übrigen Team die Kontrolle über die Situation entzieht.

»... und was dann dabei noch weiter vermittelt wird, haben wir überhaupt keinen Einfluss mehr darauf, weil wir das gar nicht mehr einschätzen können.« (26/82)

»Wie gesagt, wir haben es ja nicht mitgekriegt, was sie denen jetzt wirklich erzählt hat. Da es auch oft Praktikantinnen waren, die sich auf eine Diskussion mit den Müttern eingelassen haben, haben wir auch gesagt: ›Um Gottes Willen, was erzählt die denen jetzt eigentlich?‹« (26/84)

Kommentar: Das Argument des Kontrollverlustes ist eher Ausdruck projektiver Befürchtungen, die Kollegin könnte sich dem deutschen Team gegenüber illoyal verhalten. Umgekehrt könnte aber auch »ein Schuh draus« werden: Die Kolleginnen sprechen der muttersprachlichen Kraft ihr Misstrauen gegenüber aus, indem sie ihre Loyalität bezweifeln, solange sie sie nicht überprüfen können. Kollegialität schließt auch ein gerüttelt Maß an Vertrauen den Kolleginnen gegenüber ein, dass sie sich an die Leitlinien der Einrichtung und die Teamabsprachen halten, ohne dass dies ständig überprüft würde.
Die wenigen Studien über die Zuschreibungen gegenüber MitarbeiterInnen mit Migrationshintergrund weisen auf das Stereotyp des Mangels an professioneller Distanz und zu großer vereinnahmender Nähe zum Klientel der Landsleute hin (vgl. Anderson 2000, S. 57; Gaitanides 2005). Hier verschränken sich reale Beobachtungen, ethnozentrische Deutungen und projektive Konkurrenzängste. Die oben angeführten Beispiele beziehen sich auf noch nicht vollständig ausgebildete und berufsunerfahrene Praktikantinnen, die – wie alle Berufanfänger – erst einmal »Lehrgeld« bezahlen müssen, indem sie in die von der Klientel aufgestellten Nähefallen tappen. Warum sollte es beruflich qualifizierten jungen Migrantinnen auf die Dauer nicht gelingen, die notwendige professionelle Distanz herzustellen und nur in besonderen abgesprochenen Fällen in der Muttersprache zu kommunizieren bzw. den Näheangeboten und Loyalitätszwängen ihrer Landsleute widerstehen zu können? Dies ist auch eine zentrale Aufgabe interkultureller Teamentwicklung.

Verstreut zwischen den abwehrenden Argumenten finden sich aber auch positive Beobachtungen und Gründe für die Beschäftigung von Mitarbeiterinnen mit Migrationshintergrund.

Da wird als erstes die (eher instrumentell gemeinte) Übersetzerfunktion genannt.

»Also der Vorteil war halt damals schon, es war wie gesagt nicht hier in der Einrichtung, dass sie halt schon mit den Müttern was übersetzen konnten, die eben gar nichts verstanden haben.« (26/84)

»Wir hatten mal eine türkische Mitarbeiterin, die aber schon viele Jahre hier gelebt hat und die auch manches mir den Eltern besprochen und übersetzt hat. Es war nicht hinderlich, überhaupt nicht.« (24/144) »... dass sie mit manchen Eltern auch dann mal auf türkisch sprechen konnte, auch mal etwas übersetzen, etwas abklären konnte.« (24/146)

»... zum einen war das damals von Vorteil, damals hatten wir, glaube ich, eine Hand voll türkische Familien, dass sie da eben direkt Dinge vermitteln konnte, bei Aufnahmegesprächen, Oder dass sie eben auch die Kinder, die neu kamen, verstanden hat, wenn die geweint haben.« (22/130)

Allerdings wird diese Übersetzungsfunktion auch ambivalent beurteilt. Dadurch würden die Migranten bequem und müssten sich weniger anstrengen, sich selber mit der Institution auseinander zu setzen.

»... da bin ich, wie gesagt, immer so ein bisschen hin- und hergerissen. Einerseits erwarten wir von den Leuten, dass sie sich integrieren, dass sie sich einbringen, dass sie sich halt auch bemühen, aber andererseits machen wir es denen ja auch immer wieder leicht, indem wir halt diesen Satz darunter schreiben oder indem wir dann halt jemanden anbieten, der übersetzt.« (22/124)

Auch eine türkische Multiplikatorin ist hin- und hergerissen.

*»Das finde ich auch nicht gut. Das ist dann die Ansprech- und Anlaufperson dann für dies türkischen Kinder.« (**13**/614)*
»Aber ich meine auf der anderen Seite wäre es vielleicht für die Eltern nicht schlecht ..., obwohl, da haben sie dann wieder, wie du immer sagst: ›Hinten reingeschoben‹, haben sie dann jemanden, mit dem kann ich mich in meiner Mutterspra-

*che unterhalten ...« (**13**/622)* Sie greift damit einen ständigen Vorwurf ihrer deutschen Gesprächspartnerin gegenüber der interkulturellen Öffnung deutscher Institutionen auf.

Die Reduktion auf die Übersetzerfunktion wird in einer Aussagen deutlich.

»... Es ist hier aber auch nicht ganz so nötig wie es da war, weil hier der Ausländeranteil geringer ist und wir hier viel mehr deutschsprachige ausländische Muttis haben.« (25/122)

Es wird aber auch die Brückenfunktion gesehen, dass besonders die konservativeren Mütter sich bei den Landsfrauen eher zuhause fühlen und sich über sie öffnen können.

»Also die Familien, die von Grund auf an sich offener sind, die ... da war es dann früher auch eine sprachliche Geschichte ..., aber die Eltern die einfach noch verschlossener sind oder diese Mütter, die ihr Kind hier her bringen und schnell wieder hier rausgehen, die also überhaupt nicht diese Offenheit der Kultur gegenüber mitbringen, ... also die haben dann auch wirklich sich bei der Kollegin einfach von der Nationalität her wohler gefühlt.« (15/96)

Und es wird auch bemerkt, dass sich der Kontakt zu den ausländischen Müttern verbessert und nicht nur – wie oben bemerkt – die Mütter durch die Fixierung auf die Landsfrau sich vom übrigen Team zurückziehen.

»Ich hatte im anderen Kindergarten mal eine türkische Erzieherin, die war voll und ganz angepasst. Sie war trotzdem muslimisch, hat perfekt deutsch gesprochen, hat ihre Kinder auch mit beiden Sprachen großgezogen, die konnte beides perfekt, ihr Mann genauso. Mit ihr habe ich nur gute Erfahrungen gemacht. ... und das Schöne daran war halt, dass man jemanden da hatte, der zumindest mit den türkischsprachigen Muttis reden konnte und auch Dinge die uns damals sehr wichtig waren an die weitergeben konnte. Das war uns schon sehr wichtig. Und dadurch hat man auch einen viel engeren Kontakt zu den ausländischen Müttern.« (25/122)
Danach beschreibt die Interviewte als negative Kontrasterfahrung das Beispiel einer muslimischen Erzieherin, die ihre *»kulturellen Überzeugungen auf alle zu übertragen«* versuchte (25/122).

Dieses letzte (wie auch viele der weiter oben angeführten Zitate) lassen ein Muster erkennen, das sich durch die ganze Untersuchung zieht: Wohlgelitten

sind die kulturell assimilierten, »europäisierten« Mitarbeiterinnen mit Migrationshintergrund. Sie integrierten sich problemlos ins Team. Der Unterschied würde gar nicht mehr auffallen und spiele keine Rolle mehr (15/76, 504). Dagegen stoßen die Praktikantinnen und Kolleginnen, die ihre kulturelle Andersheit stärker leben, auf große Vorbehalte und sind als Kolleginnen nicht gewünscht.
Voll akzeptiert scheint auch die einzige derzeit beschäftigte Mitarbeiterin mit Migrationshintergrund, die von sich sagt, sie habe sich sehr angepasst.

Interv.: *»Fühlen Sie sich gut ins Team integriert?«*
E.2: *»Ja, also, wie gesagt, wir mussten eintragen, ob wir Migrantenkolleginnen haben, da hat die C. auch gesagt, du bist für mich deutsch, das hatten wir auch hier das Gespräch, ich bin hier genau so anerkannt, also, ich fühle mich auch wohl, und bin fast eine Deutsche.« (**29**/227, 228)*

Sie ist auch mit dem Team einer Meinung, dass nur Erzieherinnen eingestellt werden sollten, die sich an die vorhanden Strukturen anpassen.

E.2: *»... wenn es jetzt jemand ist, der sich hier anpasst, genau so wie ich mich hier angepasst habe, ja, ich mache auch manches anders daheim oder mein Leben halt hier als auf der Arbeit, aber ich passe mich hier an, weil ich denke, das ist meine Arbeit und das muss so sein, ja. Wenn sich auch eine moslemische Mitarbeiterin den Kollegen hier anpasst und dann auch alles macht, was hier alle machen, habe ich nichts dagegen. Aber wenn es jemand ist, der wirklich ... wo man merkt, einer ist ganz anders als die anderen, dann hätte ich schon was dagegen.« (**29**/238)*

Aus Nebenbemerkungen wird aber deutlich, dass der Anpassungskurs seinen Preis hat und dass es ihr nicht gelingt, die einseitige Perspektive der Mehrheitsgesellschaft zu teilen.

E.2: *»Man holt dann immer das Negative von den Ausländischen ... ich meine, für mich ist es ja sowieso schwierig, also ich weiß zum Schluss auch nicht, was ich will, weil ich ja mit beiden aufgewachsen bin.« (**29**/88)*

Kommentar: Die befragte Erzieherin mit Migrationshintergrund gerät an dieser Stelle ins Schwimmen. Sie wird unsicher, da Wirklichkeitskonstruktionen immer auch Aushandlungssache sind. Die Mehrheitsgesellschaft hat die Definitionsmacht über das, was als Realität anerkannt wird (Rommelspacher 1995). In einem von Repräsentanten der Mehrheitsgesellschaft dominierten

Team ist es schwierig die eigene Realitätswahrnehmung durchzuhalten. Der Platz »zwischen den Stühlen« ist sehr unbequem (Gaitanides 2003).

Als Gegenstück zu dem Bericht der im Team voll anerkannten Assimilierten kann der oben angeführte Bericht einer Eltern-Coacherin angeführt werden, deren Vorschläge zur stärkeren Repräsentanz der Herkunftskulturen im Kindergarten nicht aufgegriffen wurden, die überhaupt den Eindruck hat, die Erzieherinnen wollten nicht, dass sie sich einmische (**4**/110). Sollte auch der Umstand, dass sie ein Kopftuch trägt, die Abwehr mit ausgelöst haben? Nach den obigen Zitaten wäre dies nicht verwunderlich.
Eine renommierte Fortbildnerin und Organisationsentwicklerin auf dem Gebiet der interkulturellen Öffnung von Kindergärten, Gudrun Jakubeit, hat in ihrer Arbeit ähnliche Beobachtungen gemacht. Akzeptiert werden Erzieherinnen mit Migrationshintergrund, die als solche gar nicht mehr in Erscheinung treten und ihre Zugangsvorteile qua Sprache und Vertrauensvorschuss gar nicht nutzen. Dagegen können sie die Abwehr der Kolleginnen wecken, wenn sie selbstbewusst davon Gebrauch machen.

»Ich erlebe in vielen Teams, dass die spezielle zweisprachige und bikulturelle Kompetenz der ausländischen Kolleginnen nicht voll genutzt wird. Viele der ausländischen Kolleginnen arbeiten wie jede Deutsche auch. Dahinter steht die Angst auf der deutschen Seite, dass nicht alles, was mit den Kindern und Eltern in der fremden Sprache gesprochen wird, kontrollierbar ist. Selbstbewusste, fordernde, sehr deutlich ihre eigene Kultur und Sprache vertretenden ausländische Kolleginnen rufen oft Ängste und Abwehr bei den deutschen Kolleginnen hervor.« (Jakubeit 1997, S. 32)

Jakubeit plädiert deshalb dafür, dass diesen Erzieherinnen mit Migrationshintergrund der Rücken durch die Fachberatung gestärkt wird.
Der Verfasser selbst hat einen Qualitätszirkel interkulturelle Teamentwicklung in einem sozialpädagogischen Arbeitsfeld wissenschaftlich begleitet und ähnliche Ängste, Konkurrenzen und Abwehrhaltungen diagnostizieren können. Die weitgehend unbewussten Abwehrvorgänge können durch geeignete interkulturelle Supervisionsverfahren ins Bewusstsein gehoben werden und schaffen – in Verbindung mit konsensuell erarbeiteten Qualitätsstandards für die interkulturelle Zusammenarbeit – überhaupt erst die Voraussetzungen für die produktive Nutzung der Synergiepotenziale von kultureller Vielfalt im Team (Gaitanides 2003).

11 BEISPIELE GELUNGENER INTERKULTURELLER ABSTIMMUNG AUS SICHT DER ERZIEHERINNEN

Die Interviewerfrage lautete: »Bei allen Problemen ... erinnern Sie sich auch an Situationen und Vorgänge, bei denen Sie das Gefühl hatten, hier ist ein interkultureller Dialog zwischen Eltern und ErzieherInnen zustande gekommen? Beide Seiten haben fair und respektvoll miteinander verhandelt, sind der anderen Seite ein Stück weit entgegengekommen und haben eine kreative, intelligente Lösung gefunden, mit der beide Seiten leben können!?«

Für die Mitarbeiterin des evangelischen Kindergartens, die an anderen Stellen des Interviews wiederholt die Zurückhaltung und mangelhafte Beteiligung der Eltern mit Migrationshintergrund erwähnt, erübrigt sich diese Frage, da alle Konflikte auch so immer gut gelöst würden.

»Ich denk, dass haben wir eigentlich immer. Also die Konflikte werden bei uns immer gut gelöst ...« (30/135)

Die Abstinenz der Migranten von der Elternarbeit könnte allerdings auch ein Hinweis für die Zurückhaltung der Migranteneltern bei der Konfliktaustragung sein. Auch anderen Befragten fallen zu dieser Fragestellung keine Beispiele ein. Die eine Befragte neigt mehr zu der Einschätzung, dass die Differenzen in den letzten Jahren eher zugenommen hätten.

»Kann ich mich jetzt ehrlich gesagt so gar nicht erinnern, dass es da mal so eine Situation gegeben hat.« (22/136)

»Da fällt mir jetzt so spontan kein Beispiel ein. Da wüsste ich jetzt nichts. Wie gesagt, ich habe das Gefühl in den letzten Jahren, dass der Trend eher auseinander geht.« (26/87)

Eine Befragte führt als Beispiel gelungenen interkulturellen Perspektivenwechsels eine Anekdote über einen türkischen Vater an, der bei einem Kita-Fest Rindsbratwürste gebraten hatte, und sie nicht an seine misstrauischen Landleute loswerden konnte. Nach diesem Erlebnis hätte er zum ersten Mal die Frustrationen der Erzieherinnen bezüglich der rigiden Speisevorschriften muslimischer Eltern nachvollziehen können.

E.1: *»Zum Beispiel bei unserem Sommerfest, es war ein türkischer Papa im Elternbeirat, und der hat auch die Würstchen besorgt. Aber der hat trotzdem Schwierigkeiten gehabt, die Würstchen zu verkaufen, weil die moslemischen Eltern ihm auch noch misstraut haben. Also, die Würstchen, die Deutschen haben sie nicht gegessen, und die Ausländischen haben sie auch nicht gegessen, ... und das war ein Türke, und dann kann man doch sagen, dass es was Positives hatte, weil er das vorher kaum glauben konnte, und dann hat er es doch erlebt, dass es so ist, wie wir gesagt haben.« (29/259)*

Als ein weiteres Beispiel für gelungenes interkulturelles Lernen nannte eine Erzieherin die Teilnahme von Nicht-Christen an Adventfeiern.

»Also, was bei uns gibt es immer noch traditionsgemäß diese Adventsnachmittage, wo dann vielleicht auch manche daran nicht teilnehmen und denken, oh, das ist sehr religiös, das ist sehr christlich, das ist uns fremd, da wollen wir nicht kommen, sind aber dann doch gekommen. Und das hat mich sehr gefreut und ich habe mich gerne an solchen Nachmittagen zu solchen Leuten gesetzt und mich mit ihnen unterhalten, dass sie nicht den Eindruck haben, sie müssen pflichtgemäß an irgendeinem Programm teilnehmen.« (24/154)

Dieselbe Erzieherin verneint die Frage der Interviewerin, ob denn im Gegenzug auch muslimische Feste im Kindergarten gefeiert würden. Sie meint, die Muslime würden ihre religiösen Feste lieber zuhause feiern (24/158).

Im Unterschied zu dieser Einschätzung berichtet die Erzieherin eines anderen Kindergartens, dass ihr nachhaltigstes interkulturelles Lernerlebnis ein Zuckerfest gewesen sei, dass die muslimischen Eltern auf ihren Wunsch im Kindergarten ausgerichtet hatten.

»Wir hatten hier in Raunheim mit Kindern ein Fest gefeiert, ein deutsches Fest, und dann kamen türkische Mütter auf uns zu, die haben sich dann im Gemeindehaus regelmäßig als Kreis getroffen und haben gesagt: ›Wir haben bald Zuckerfest, und wir würden das gerne alle mit euch und den Kindern feiern‹. Und dann haben es die türkischen Eltern vorbereitet, die Mütter. Es war eine wunderschöne Zeit, wo sie uns auch erklärt haben, was der Hintergrund ist, wo die Kinder auch sehr aktiv wurden, vor allem die ausländischen Kinder, die sonst mehr verschlossen sind, dass sie sich auch mitteilen können. Da kamen viele Sachen raus, die wir sonst nie erfahren hätten und diese Offenheit. Das hat sich dann nachhaltig auf die weitere Arbeit ausgewirkt.« (15/509)

Die Leiterin desselben Kindergartens meint auch: *»Die Feste und Feiertage, das sind interkulturelle Anlässe.« (14/552)*

Eine Erzieherin war von einem Elternabend sehr angetan, an dem ein interreligiöser Dialog zustande kam. Sie war positiv von der Offenheit der Diskussion überrascht.

»Das sind also wo ich z. B. die eine Mutter auf dem Elternabend erlebt habe, wo ich neben dran saß, wo es um Religionen ging, die für alles sehr sehr offen war. Und auch sehr interessiert. Das fand ich unheimlich schön.« (25/132)

Kommentar: Die Erzieherinnen ignorieren entweder interkulturelle Konflikte oder sie können sich nicht an Konfliktlösungen erinnern, die im Rahmen eines konstruktiven interkulturellen Dialogs entwickelt wurden. Oder aber es werden Beispiele eines einseitigen Prozesses der Annäherung genannt, bei denen Migranten auf die Institution oder die deutsche Kultur zugegangen sind. Die Beispiele von interkulturellem Austausch auf gegenseitiger Basis beschränken sich auf das Thema Religion und die Öffnung des Kindergartens für muslimische Feste.
Keine der Befragten war auf den eigentlichen Gehalt der Frage eingegangen, der sich primär auf Konflikte aufgrund unterschiedlicher Erziehungsauffassungen bezog. Es ist zu vermuten, dass den Erzieherinnen mehr dazu eingefallen wäre, wenn ihnen das pädagogische Setting der interkulturellen Pädagogik vertrauter gewesen wäre.

12 DIE DRINGLICHSTEN WÜNSCHE DER ERZIEHERINNEN AN DIE ELTERN, DAS TEAM, DEN TRÄGER, AN DIE INSTITUTIONELLEN RAHMENBEDINGUNGEN

Eine Erzieherin spricht sicherlich auch für die Stimmungslage ihres gesamten Berufsstandes wenn sie sich mehr Anerkennung ihrer Arbeit wünscht.

»Ich wünsche mir einfach von allen, egal ob von deutschen oder ausländischen Familien, und vom Träger, dass unsere Arbeit einfach mehr gewürdigt oder akzeptiert wird, erkannt wird, dass es unheimlich wichtig ist für alle, ob jetzt für deutsche oder ausländische Kinder. Das wird einfach noch zu gering geschätzt ...« (26/88)

Nur eine Erzieherin richtet Wünsche an das Team. Sie wünscht sich mehr Rücksichtnahme, Akzeptanz und Einbeziehung besonders der muslimischen Familien und ihrer kulturellen Traditionen.

»Also ich denke mal, die oberste Pflicht ist von unserer Seite, dass wir respektvoll miteinander umgehen. Und dass man sich schon auch andere Meinungen anhören sollte, auf jeden Fall, und aber auch versuchen sollte sie bei uns zu integrieren. Die Mehrheit legt, denke ich, immer noch Wert auf christliche Werte. Es wird keiner verpflichtet da zu kommen und mitzumachen, aber man geht schon offen miteinander um. Das sollte an oberster Stelle sein. Und ich denke mal, etwas aufoktroyieren, von beiden Seiten, ist schlecht. Und ich denke, das wird sich auch von Jahr zu Jahr verändern. ... wenn Erzieherinnen, sage ich mal, je nachdem, was die für eine Einstellung haben, wenn die auch nicht mehr so viel Wert darauf legen. Wenn wir heute mal Erzieherinnen bekommen die sagen, o. k. wir feiern islamische Feste, wir feiern andere Kinderfeste, dann tritt das automatisch in den Hintergrund. Aber im Moment ist es noch nicht so.« (24/160–162)

Die befragten Erzieherinnen wünschen sich von den Eltern mit Migrationshintergrund (und nicht nur von ihnen) mehr »Erziehungspartnerschaft«, dass sie überhaupt mehr Erziehungsverantwortung übernehmen, die Kinder mit besseren Voraussetzung in den Kindergarten schicken und nicht so viele Erziehungsaufgaben an die Institutionen der öffentlichen Erziehung delegieren (22/138).

»... Mein Wunsch wäre, dass die Eltern ganz allgemein, ob deutsch oder ausländisch, die Verantwortung gegenüber ihrem Kind, die Erziehungsverantwortung nicht

mehr ausschließlich dem Kindergarten überlassen, dem Verein überlassen, den Schulen überlassen, weil es eben doch schon ganz stark so geworden ist, finde ich. Ob Sauberkeit, Spracherziehung, Selbstständigkeitserziehung, also es spielt sich immer mehr ab, dass das immer mehr die Aufgabe vom Verein oder von Kindergärten wird. Ich wünsche mir mehr Teilnahme an den Elternabenden, allgemein mehr Interesse an dem eigenen Kind zu zeigen …« (25/134)

Was die Interaktionsbeziehungen zu den Eltern mit Migrationshintergrund betrifft, sticht der Wunsch nach mehr Vertrauen und Offenheit heraus: weniger Misstrauen bezüglich der konsequenten Beachtung von Speisevorschriften, mehr Mut, sich bei Elternabenden zu äußern und mehr direkte, zeitnahe Äußerung von Kritik (30/137 f.; 29/285; 25/136).

»… ein vertrauensvolles Verhältnis, weil oft misstrauen uns ja die Eltern, ob wir nicht ihrem Kind doch Schweinefleisch geben.« (29/285)

»… ich würde mir wünschen, dass die Eltern aus Migrationsfamilien einfach mehr Vertrauen zu uns haben …« (30/137)

»Idealvorstellung wäre, dass die Eltern mit irgendwelchen Sorgen oder Problemen, was den Kindergarten betrifft, gerade zu uns kommen und es gleich sagen, dass wir es klären können. Oft sind es Missverständnisse, falsche Wahrnehmung auch oder unterschiedliche Wahrnehmung …« (30/143)

Eine andere Erzieherin wünscht sich ebenfalls eine Verbesserung der Kommunikationsbeziehungen, durch die allein Beziehungskonflikte bearbeitet werden könnten.

»Dass Kommunikation stattfinden kann, das wäre das Allerwichtigste. Weil wenn man nicht miteinander sprechen kann, ist alles andere für die Katz.« (22/140)

Die Erzieherinnen wünschen sich auch, dass die Eltern verschiedener ethnischer Herkunft ihre Berührungsängste untereinander abbauen und mehr aufeinander zugehen.

E.2: *»Ja, dass die halt offener werden, wenn man das auf Elternabenden sieht …, da bilden sich dann doch Grüppchen, die deutschen und die ausländischen, die moslemischen dann noch mal …, dass da ein bisschen Miteinander ist.« (**29**/288)*

»Es sind die Kontaktschwierigkeiten, die Angst vor Kontakt, die die Eltern haben … Sie sollten mehr auch den Kontakt zu den andern Eltern suchen.« (30/138–140)

Eine Erzieherin wünscht sich mehr Einblicke in die private Lebenswelt der Migrantenfamilien. Hausbesuche werden ja üblicherweise von Seiten der Raunheimer Kindertagesstätten nur in dringenden Problemfällen unternommen.

»Mir würde es unheimlich gut gefallen, in die Familien reinzuschauen, um zu erleben, wie leben die Kinder?« (15/536)

An die Adresse des Trägers bzw. des staatlichen Geldgebers gerichtet wünschen sich alle befragten Erzieherinnen eine Verbesserung ihrer Arbeitsbedingungen. Die personelle Ausstattung und die davon abhänge dauernde Beanspruchung durch die Arbeit in der Gruppe, ließe viel zu wenig Zeit für Vor- und Nachbereitung der pädagogischen Arbeit, für individuelles Eingehen auf die einzelnen Kinder in den sehr heterogen zusammensetzten und viel zu großen Gruppen. Hinzukomme in Raunheim der zusätzliche Bildungsaufwand durch viele Kinder (nicht nur mit Migrationshintergrund), die in der Sprachentwicklung verzögert seien. Hausbesuche und regelmäßige Entwicklungsgespräche könnten aus Zeitmangel nicht statt finden. Unter der Knappheit an zeitlichen Ressourcen leide auch der Besuch von Fortbildungen. Die Erzieherinnen sehen alle den Bedarf an einer weiteren Qualifizierung der Arbeit, meinen aber, dass die vorgefundenen strukturellen Rahmenbedingung den Qualifizierungsprozess sehr erschweren, wenn nicht verunmöglichen (29/264 ff.; 25/134; 15/541; 26/88 f.; 14/556).

»Also die ganzen Rahmenbedingungen müssten schon etwas verändert werden, also z. B. weniger Kinder in der Gruppe. … die personelle Zuwendung, die Zeit, die wir für jedes Kind brauchen, das muss da sein. Dass man eben auch die Möglichkeiten hat, zu einer Fortbildung gehen. Man überlegt sich halt, kann ich jetzt überhaupt? … geht nicht, passt nicht und kannste nicht alleine lassen, nee, lass' ich's halt. … Dass man da auch wesentlich mehr die Möglichkeit hat. Und auch das gesamte Team, dass es mehr Rückhalt hat. Zum Beispiel in der Form von Supervision, dass man sich auch über die ganzen Probleme austauscht, die Zusammenarbeit auch entwickeln kann. Weil so ist man ständig im Stress, man tauscht sich im Stress aus, man haut sich irgendwelche Sachen um die Ohren. Dann ist wieder Frust da, jeder ist auf den anderen sauer, die Zusammenarbeit funktioniert dann erst mal

auch wieder nicht. Dann muss man wieder da dran arbeiten, dass das funktioniert.« (26/88–89)

Eine Befragte wünscht sich einen personellen Ausgleich für die hohen Ausländeranteile wie in anderen Städten (29/264), und eine andere möchte, dass die Verteilungsregelung zur Herstellung einer »gesunden Mischung« von deutschstämmigen Kindern und solchen mit Migrationshintergrund unbedingt beibehalten wird und dass der Staat auch zusätzliche Gelder ins System einspeist, um den avisierten Bildungsauftrag des Kindergartens auch erfüllen zu können.

»Es sollte auf jeden Fall beibehalten werden, dass diese Einweisungen, aufgrund einer gesunden Mischung zwischen dem Anteil ausländischer und deutscher Kinder beibehalten werden. Wenn der Ausländeranteil die 80 % übersteigt, dann kann es zur Belastung werden. Da würde ich mir mehr Unterstützung von staatlichen Stellen wünschen, auch für eine Steigerung der Bildung überhaupt in Kindergärten.« (14/556)

III MASSNAHMEN-EMPFEHLUNGEN

Aus den Untersuchungsergebnisse lassen sich folgende Empfehlungen ableiten:

1 ENTWICKLUNG EINES – INTERKULTURELL GEÖFFNETEN – KRIPPENPLATZANGEBOTES

Im Untersuchungsgebiet gibt es nur zwölf Plätze einer privaten Krippe, die für die meisten Migranten mittleren Einkommens unerschwinglich ist.
Bei den Müttern der zweiten Generation, die das deutsche Schulsystem durchlaufen haben und keine lange Unterbrechung ihrer Berufstätigkeit wünschen, existiert durchaus eine Nachfrage. Hier wäre zu prüfen, ob nicht über zusätzliche Mittel von Stadt, Kreis, Land oder Bund eine Erweiterung des Angebotes mit interkultureller Ausrichtung erreicht werden kann – auch, um Familien mit günstiger Integrationsprognose im Stadtgebiet zu halten. Denkbar wäre die Angliederung an eine bestehende Tagesstätte, bei der die Vorraussetzungen für die Qualifizierung zur interkulturellen Kompetenz am günstigsten erscheinen, in die dann die Krippenkinder hineinwachsen.
Der interkulturelle Kontakt ist im Krippenalter noch leichter herzustellen, da die Kommunikation auch stark über averbale, sinnliche Mittel erfolgt. Sie sind – bei günstigen Rahmenbedingungen – empfänglicher für das gleichzeitige Lernen zweier Sprachen (Doppelspracherwerb, vgl. Küpelikelinc/Ringler 2004, S. 30f.), werden besser auf die Selbstständigkeitsanforderung des Kindergartens vorbereitet und erzielen einen Vorsprung in ihrer kognitiven Entwicklung im Vergleich zu Kindern, die keine Krippe besuchen.
Eine Verbesserung der Förderung von Migrantenkindern im Vorkindergartenalter ließe sich auch durch die interkulturelle Öffnung der in den Sportvereinen und Kirchengemeinden angesiedelten Kinderturn- bzw. PEKIP-Gruppen (Prager-Eltern-Kind-Programm) und Mutter-Kind-Gruppen erreichen. Hierdurch würde auch die starke Isolation der neu zugewanderten jungen Mütter aufgehoben. Bisher beteiligen sich nur vereinzelte »europäisierte« Migrantenmütter der zweiten Generation an diesen Aktivitäten. Die aus den Interviews mit deutschen Müttern ersichtlichen Zugangsbarrieren müssten schrittweise abgebaut werden – als erstes durch zielgruppenspezifische, besonders niedrigschwellige Angebote. Hierzu haben wir uns schon ausführlicher im Teil I der Untersuchung geäußert.

2 BEIBEHALTUNG UND MODIFIZIERUNG DES KOMMUNALEN MISCHUNGSKONZEPTS

Die Entmischung der Kindergärten nach Kindern mit und ohne Migrationshintergrund konnte durch das städtische Verteilungskonzept verlangsamt werden. Durch die demografische Entwicklung und das Wanderungsverhalten konnte der Trend aber nicht umgekehrt werden. Die Erzieherinnen versuchen durch geeignete Gruppenaufteilung die Dominanz türkischer Kinder aufzulockern, können aber nicht verhindern, dass sich im Freispiel immer wieder Cliquen dieser am stärksten vertretenen Gruppe zusammenfinden.
Einige Migranteneltern, deren ältere Kinder noch zur Schule gebracht werden müssen, unterlaufen die Verteilungsregelung, indem sie sich auf Warteliste setzen lassen. Sie haben entweder kein Auto oder die Mütter keinen Führerschein. Für diese Eltern kann die Verteilungsregelung somit eine besondere Härte darstellen. Zudem hat dies u. U. zur Folge, dass die Kinder ein Jahr später in den Kindergarten eintreten. Für solche Familien sollte ein – im Einzelfall zu prüfender – Ausnahmetatbestand geschaffen werden.
Einige deutsche Familien – außerhalb der Ringstraßensiedlung – wenden ebenfalls diese Taktik an und lassen sich auf die Warteliste ihres »Wunschkindergarten« setzen, oder sie melden ihre Kinder in Einrichtungen außerhalb Raunheims an.
Von einer Verschärfung der Restriktion bei der Umverteilung ist abzuraten. Sie könnte die Gründung von Privatkindergärten – wie im nahegelegenen Frankfurt – provozieren.
Die Umquartierung von Migrantenkindern in Tagesstätten mit niedrigerem Migrantenanteil scheint teilweise auch eine unbeabsichtigte Nebenwirkung gehabt zu haben. In diese Tagesstätten wandern eher die integrierteren Migrantenfamilien – auch aus eigenem Antrieb – ab, wodurch die Tagesstätten im Einzugsbereich der Ringstraßensiedlung sozial entmischt werden.

Familien mit Mittelschichtenhintergrund – deutschstämmige wie solche mit Migrantionshintergrund – sind eher durch eine Qualitätssteigerung des Tagesstättenangebotes zu attrahieren, als dass sie sich durch administrative Mittel zwingen lassen, sich auf Verhältnisse einzulassen, die in ihren Augen die Zukunftschancen ihrer Kindern mindern.

3 VERBESSERUNG DER EINFÜHRUNG DER MIGRANTEN-ELTERN IN DEN KINDERGARTEN

Viele Migranteneltern – wie auch manche deutsche Eltern – sind sich über die Betreuungs-, Erziehungs- und Bildungsaufgaben und -ziele des Kindergartens nicht im Klaren. Sie unterschätzen die Bedeutung des freien Spiels in der Gruppe für die kindliche Sozialisation, übertragen die Erfahrungen mit den Vorschulen der Heimatländer auf den Kindergarten und erwarten sich rasche Lernfortschritte in der deutschen Sprache durch konsequente Steuerung der Gruppenzusammensetzung im Freispiel (ein Widerspruch in sich) und quasi-schulisches Deutschlernen. Daraus ergeben sich Spannungen zwischen den Erzieherinnen und den Eltern.
Bei vielen Eltern scheitert die Einführung in den Kindergarten schon an der Sprachbarriere. Oft kommt noch Institutionenangst hinzu. Die Hospitationsangebote der Erzieherinnen werden daher selten angenommen.
Als Eisbrecher – und auch um den familiären Hintergrund kennen zu lernen – könnten Standard-Hausbesuche bei den Eltern dienen, deren Kinder gerade aufgenommen wurden. Die Einstiegsbarrieren würden auch durch den Einsatz von muttersprachlichem Personal wesentlich gesenkt. MitarbeiterInnen der gleichen Sprachgemeinschaft könnten Eltern mit unzureichenden Deutschkenntnissen differenziert und ausführlich informieren und könnten auch durch ihre Präsenz den Kulturschock der Kinder beim Übergang von Familie zum Kindergarten abmildern.

4 STÄRKUNG DER ERZIEHUNGSKOMPETENZ DURCH ELTERNBILDUNG

Viele Migranteneltern orientieren sich in ihrer Erziehung immer noch an traditionalen Mustern, die die Kinder unzureichend für die Herausforderungen des deutschen Bildungs- und Ausbildungssystems und das Leben in einer pluralistischen Gesellschaft vorbereiten. In der Untersuchung wurde bestätigt, was aus sozialwissenschaftlichen Studien bekannt ist, dass viele der traditional eingestellten Migranten eher einen kollektivistischen als einen individualistischen Erziehungsstil pflegen.
In der individualisierten »Leistungsgesellschaft« wird in den sozial begehrteren Positionsebenen ein gerüttelt Maß an individueller Handlungskompetenz – Ich-Autonomie, Rollendistanz, Rollenflexibilität und Ambiguitätstoleranz – verlangt. Traditionale Erziehungsstile mit ihrer Fokussierung auf Rollen- und Gruppenidentät und -konformität sind wenig geeignet, die Kinder auf die heutigen Anforderungsprofile von Schule und Beruf vorzubereiten. Eine Erziehung zur Ich-Autonomie und zugleich zur Einfühlung und Akzeptanz des Anderen befähigt auch zu einer produktiven Auseinandersetzung mit den unterschiedlichen kulturellen Milieus, in denen aufwachsende Migranten der zweiten und dritten Generation wie auch die deutschen Kinder sich ständig bewegen müssen.

Hinzu kommt eine durch den sozialen Wandel bedingte Orientierungskrise im elterlichen Erziehungsverhalten, das die Eltern zwischen Laissez-faire und unberechenbaren Sanktionen schwanken lässt – ähnlich wie bei bildungsfernen deutschen Sozialschichten (indifferenter, inkonsistenter Erziehungsstil).

Niedrigschwellige Elternbildungsangebote belegen, dass Migranteneltern ein großes Interesse an Familienbildungsangeboten zeigen. In der Vergangenheit hat auch der Frauentreff in der Ringstraßensiedlung immer wieder Informations- und Diskussionsveranstaltungen zu Erziehungsthemen angeboten und ist dabei auf großes Interesse und Lernbereitschaft gestoßen.

Würde die Familienbildung noch stärker an die Kindertagesstätten angebunden, könnte ein viel weiterer Kreis von Familien erreicht werden. Die Barrieren zur Familienbildung können durch den Einsatz muttersprachlicher Fachleute oder deutsch-migrantische Tandems bzw. durch eine zielgruppenangemessene Didaktik wesentlich gesenkt werden. Das »Elternseminar« des

Stuttgarter Jugendamts hat mit großem Erfolg vorgemacht, wie Migranteneltern durch geeignete Formen der Vermittlung, durch den Einsatz muttersprachlicher Ressourcen und eine enge Kooperationen mit Kindertagesstätten von der Elternbildung erreicht werden können (Gaitanides 2000, 2006; Elternseminar Jugendamt Stuttgart[1]).
Denkbar wäre auch eine Platzierung von Familienbildungsangeboten in Migrantenvereinen, in der nahegelegenen marokkanischen Moschee oder aber auch in der Grundschule, die v. a. bei Vätern noch mehr Autorität genießt als die Kindertagesstätten und dadurch vielleicht ihre Teilnahme begünstigt.

Schon im ersten Teil der Untersuchung wurde das Programm HIPPY (Home Intruction Program for Parents and Youngsters) zur Verbesserung der Erziehungskompetenz von Kindergartenmüttern erwähnt.[2] Dabei handelt es sich um eine Kombination von Hausbesuchen von geschulten Müttern (bei Migranten mit muttersprachlichen Kenntnissen) und Gruppentreffen zur Vermittlung kognitiv anregender und die Sensomotorik wie die sprachliche Entwicklung fördernder Beschäftigungen zuhause. In den Gruppentreffen werden auch allgemeine Erziehungsprobleme behandelt. Inzwischen ist man zu einer stärkeren Gewichtung der Gruppentreffen übergegangen, weil die Multiplikatorinnen bei Hausbesuchen für alle möglichen Beratungsthemen instrumentalisiert werden und der Wechsel in die deutsche Sprache eher künstlich ist, während in der gemischten Gruppenbesprechung zwangsläufig deutsch gesprochen wird (Schlussfolgerung aus holländischer Evaluation des Programms – Infos von einer Studienreise des Verfassers). Diese Gruppentreffen finden häufig in Kindertagesstätten statt. Sie sind auch die Rekrutierungsstätten für die TeilnehmerInnen. Als Synergieeffekt ergibt sich dadurch auch eine Verdichtung der Kontakte unter den Eltern sowie der Eltern zu den Erzieherinnen.

Optimal für die Elternbildung – aber mit einem hohen Ressourcenaufwand verbunden – wäre der Umbau der Kindertagesstätten zu Eltern-Kind-Zentren nach dem britischen Modell der »Early-Excellence-Centres«,[3] die v. a. in

---

1 http://www.stuttgart.de/sde/menu/frame/top.php?seite=http%3A//www.stuttgart.de/sde/item/gen/21444.htm

2 Informationen und Links zu HIPPY: http://www.stadt-frankfurt.de/amka

3 Hebenstreit-Müller, S. (2002): Zum Aufbau des ersten Early Excellence Centres im Pestalozzi-Fröbel-Haus, Berlin. Organisationsentwicklung im europäischen Dialog. In: Lipp-Peetz, Ch./Wagner, I. (Hg.): Bildungsort und Nachbarschaftszentrum. Kindertageseinrichtungen im zweiten Jahrzehnt des KJHG. Hohengehren, S. 149–159.

benachteiligten Sozialräumen angesiedelt werden und die sich nicht nur die Bildung und Erziehung der Kinder sondern auch die parallele Förderung der marginalisierten Mütter zur Aufgabe machen. Die Eltern-Kind-Zentren sehen »Angebote aus einer Hand« für Kinder von einem bis zwölf Jahren vor und neben Elternbildungsangeboten auch andere Erwachsenenbildungsangebote – u. a. Sprachkurse – sowie Berufsorientierung und Berufsvorbereitung. Dies Modell wird vom 12. Kinder- und Jugendbericht empfohlen und ist auch in die Vereinbarung der Großen Koalition unter der Bezeichnung »Mehr-Generationen-Haus« als anzustrebende Neuerung mit aufgenommen worden.

Für Raunheim wäre dies auch ein flächendeckender Ersatz für den Frauentreff, dem nach dem Auslaufen der Projektphase der »Projektes Soziale Stadt« der Boden vermutlich entzogen wird. Eine solche Überführung wäre auch ganz im Sinne des Nachhaltigkeitsziels der Projektphilosophie.

Bei allen Förderprogrammen darf nicht der Eindruck erweckt werden, sie seien exklusiv für Migranten. Deutsche Eltern – und nicht nur bildungsferne – brauchen pädagogische Orientierung in einer Gesellschaftsepoche rapiden sozialen Wandels, der die Eltern vor immer neue Herausforderungen stellt und tradiertes Erziehungswissen rasch veralten lässt.

Zudem sind gemeinsame Elternbildungsveranstaltungen ein guter Rahmen um sich als Eltern unterschiedlicher kultureller und sozialer Herkünfte näher zu kommen – getragen auch von dem gemeinsamen Motiv, dass ihre Kinder im Kindergarten gut miteinander auskommen. Allerdings dürfen zugunsten der Mischung dabei nicht die Eltern mit geringen Deutschkenntnissen »außen vor« bleiben. Hier lassen sich aber Lösungen finden im Sinne der »Pädagogik der Vielfalt«, die einen gut ausbalancierten Wechsel von (sprachlicher) Differenzierung und Integration in der Didaktik vorsieht (Prengel 1995).

5 AUSBAU DER BEGEGUNGSMÖGLICHKEITEN ZWISCHEN ELTERN MIT UND OHNE MIGRATIONSHINTERGRUND UM DIE INTERETHISCHEN FREIZEITKONTAKTE ZU FÖRDERN

Von den Erzieherinnen wurde berichtet, dass manche Eltern die interethnischen spontanen Freundschaftsbildungen nicht unterstützen. Sie kämen dem spontanen Wunsch der Kinder nicht nach, einmal den/die Freund/in zuhause besuchen zu können.

Nach dem Kindergarten trennen sich zumeist die Wege. Migrantenkinder sind auch weniger im Bereich organisierter Freizeit integriert und spielen eher vor dem Haus mit den Nachbarskindern derselben Nationalität.

Andererseits deuten die Interviews mit den Eltern darauf hin, dass einige Eltern sich diesen Kontakt wünschen aber wegen der Sprachprobleme oder der Scheu vor dem fremden Milieu nicht den ersten Schritt wagen. Dem könnte durch die Schaffung geeigneter Gelegenheiten zum Kennenlernen im Kindergarten nachgeholfen werden (Mütterfrühstück, offenes Elterncafé, informelle/themenzentrierte Elterngespächskreise, informellere Gestaltung von Elternabenden usw.).

Eine stärkere Integration der Migrantenkinder und -familien in die Sportvereine oder z. B. in die Musikschulen würde natürlich auch zur Verbesserung informeller Freizeitkontakte beitragen.

6 VERBESSERUNG DER SPRACHLICHEN VERSTÄNDIGUNG MIT DEN ELTERN

Fehlende komplexe sprachliche Kommunikation ist Ursache für eine lange Reihe von Problemen (das Elternhaus – für die Erzieherinnen eine »Black Box« / Probleme bei der Informationsvermittlung / keine Möglichkeit zum dialogischen Austausch über strittige pädagogische Fragen / Vorprogrammierung von Missverständnissen usw.). Die bisherigen Übersetzungsprovisorien durch Eltern und ältere Geschwister sind keinesfalls ausreichend, um die Kommunikationslücken zu füllen. Nötig wäre ein Bündel von Maßnahmen:

- Ausbau der Sprachkursangebote für Frauen und Anbindung an den Kindergarten – auch um den Kontakt zur Kita zu stärken und die Kooperation zu verbessern (vgl. »Mamma lernt Deutsch ... und Papa auch«),[4]
- Vermehrung und (Weiter)Qualifizierung des Angebotes an zweisprachigen Mittlerinnen auf Honorarbasis (Eltern-Coacherinnen) und deren stärkere Unterstützung durch die Kita-Leiterinnen bzw. die Fachdienstleitung, damit diese besser angenommen werden. Hilfreich wäre auch ein gemeinsamer Austausch über interkulturelle pädagogische Fragen und die Aufgabenteilung, damit Rollenkonflikten vorgebeugt wird,
- Einstellung von muttersprachlichem Personal – v. a. der am meisten vertretenen Sprachen,
- Übersetzung wichtiger Mitteilungen in die Muttersprachen,
- Nutzung muttersprachlicher Elternbriefe für die Vorbereitung von Elternabenden zu Erziehungsfragen (z. B. die hervorragenden des Arbeitskreises Neue Erziehung in Berlin – http://www.ane.de).

---

4 Koordination in Frankfurt am Main: Amt für multikulturelle Angelegenheiten http://www.stadt-frankfurt.de/amka

7 ABBAU VON LATENTEN SPANNUNGEN UND MANIFESTEN KONFLIKTEN ZWISCHEN ERZIEHERINNEN UND ELTERN DURCH ERWERB INTERKULTURELLER KOMPETENZ

Manifeste Konflikte werden von den befragten Erzieherinnen eher selten genannt. Das Machtgefälle zwischen der Institution und vielen Migranteneltern, die sich verbal im Deutschen schlecht artikulieren können und über wenig pädagogisches Wissen verfügen, erschwert eher die offene Auseinandersetzung bei strittigen Fragen. An den Elternabenden hält sich das Gros der Migranteneltern eher zurück, und sie stellen weniger Forderungen an die Erzieherinnen als die deutschen Eltern. Latente Spannungen und Konflikte ergeben sich hauptsächlich bezüglich der Beachtung traditioneller Speise- und Kleidungsvorschriften, der Selbstständigkeitserziehung und der Geschlechtsrollenerziehung sowie zum Komplex des Deutschlernens.
Bei allem individuellen Bemühen und Entgegenkommen lassen die befragten Erzieherinnen doch wenig professionell geschulten Umgang mit diesen Differenzen erkennen. Wie sollten sie auch, da die Vermittlung von interkultureller Kompetenz in der Ausbildung erst in jüngster Zeit Eingang gefunden hat, da keine der Befragten eine entsprechende Fortbildung besucht hat und die zuständige Fachdienstleiterin der Kommune in der Vergangenheit auch keine Initiative zu interkulturellen Qualifizierung des Kita-Personals ergriffen bzw. entsprechende Signale gesetzt hat.

Zur interkulturellen Qualifizierung gehört an erster Stelle die systematische selbstreflexive und wissensbasierte Hinterfragung der eigenen Bilder von den Eltern und den Kindern. Es könnte ja sein, dass das anderskulturelle Verhalten nicht aus dem fremdkulturellen Blickwinkel betrachtet wird, sondern aus der verengten und verzerrenden Perspektive der eigenen Kultur (ethnozentrische Wahrnehmung und Deutung). Ein Erziehungsverhalten, das in der eigenen Kultur als kontraproduktiv, ja als anormal und moralisch verwerflich erscheint, kann im anderskulturellen gesellschaftlichen Kontext durchaus funktional für die Vorbereitung auf das Leben sein. Und das ist ja »das Beste«, was alle Eltern auf der Welt ihren Kindern bieten wollen. Erzieherinnen, die diesen Reflexionsschritt durchführen und sich Wissen über anderskulturelle Hintergründe aneignen, werden mit kultureller Differenz weniger wertend, d. h. sachlicher und weniger affektbelastet umgehen und können dadurch eher eine akzeptierende Kommunikationsbeziehung aufrechterhalten, die für die Entwicklung eines Vertrauensklimas zwischen Eltern und Erzieherinnen Voraussetzung ist.

Ein zweiter Reflexionsschritt kommt hinzu. Orientieren wir uns in unseren Beobachtungen und Interpretationen nicht stark an der Verallgemeinerung von hervorgehobenen Negativbeispielen, die im privaten Umfeld wie in den Medien ständig breit getreten werden, und verlieren wir nicht dadurch den Blick für das repräsentative Ganze bzw. Differenzierungen?!
Eine selbstreflexive und informierte Auseinandersetzung der Erzieherinnen ist insbesondere nötig in Bezug auf das überall verbreitete negativ wertende Bild von den muslimischen »Kopftuchmüttern«.

Ein großer Teil der muslimischen Mütter im Untersuchungsgebiet trägt ein Kopftuch bzw. beachtet die traditionellen muslimischen Kleidervorschriften. Als Folge auch des aktuellen globalen Diskurses über den »antimodernen« und »vordemokratischen« Islam hat sich in den Köpfen vieler Erzieherinnen ein stereotypes Bild von unterdrückten muslimischen Frauen und deren engstirnigen, patriarchalischen Ehegatten verfestigt. Dieses Bild wird durch weitere defizitäre Zuschreibungen überlagert und negativ verdichtet. Die muslimischen Familien würden sich nicht um die Kleinkinderziehung bemühen. Sie würden die Erziehungsaufgaben vollständig an den Kindergarten delegieren und einige Väter die professionelle Autorität der weiblichen Erzieher nicht respektieren bzw. sich »machistisch« aufführen, wenn etwas nicht klappt.

Defizitäre Zuschreibungen der Klientel können zwar zu Spannungsabfuhr und zur Überhöhung des Selbst beitragen, sie führen aber gleichzeitig zur Einschränkung der beruflichen Interventionsmöglichkeiten. Wo keine Ressourcen, keine Handlungs- und Entwicklungsspielräume gesehen werden, können sie auch nicht genutzt und keine Anstöße zur Entfaltung von Potenzialen gegeben werden. Spürt mein Gegenüber den Mangel an kultureller Akzeptanz, ist es schwierig bis unmöglich ein Vertrauensverhältnis herzustellen, das Vorraussetzung für eine erfolgreiche Beziehungsarbeit ist.
Die negativen Fremdbilder ihrer Eltern werden auch unterschwellig an die Kinder weitergegeben und unterminieren ihre Selbstwertentwicklung mit allen negativen pädagogischen Folgen. Die Eltern sind die wichtigsten Introjekte der Kinder und prägen das Selbstkonzept maßgeblich.
Eine höheres Maß an interethischer Vorurteilssensibilität und Informiertheit könnte die Erzieherinnen auch dazu bringen, den Vorurteilen unter Kindern mehr Aufmerksamkeit zu schenken und sich kundig zu machen, mit welchen geeigneten pädagogischen Mitteln diese bearbeitet werden können. Thematisiert wurden interethische Vorurteile unter Kindern in der Untersuchung ausschließlich von Migranteneltern.

Das Projekt »Kinderwelten« der internationalen Akademie für innovative Pädagogik, Psychologie und Ökonomie der FU-Berlin, dem das Institut für den Situationsansatz angeschlossen ist, hat ein vorbildliches Fortbildungskonzept für eine an amerikanische Ansätze angelehnte »vorurteilsbewusste« Erziehung und einen »vorurteilsbewussten« Umgang mit Eltern im Kindergarten entwickelt, dem man sich anschließen könnte (http://www.kinderwelten.de).

In das Fortbildungs-Setting könnten teilweise auch Eltern miteinbezogen werden, damit es zu einer wechselseitigen Spiegelung von Fremd- und Selbstbild kommen kann, was erfahrungsgemäß zur Nachdenklichkeit über die verfestigten nevativen Fremdbildern anregt. Die Begegnung mit und das intensivere Kennenlernen von Individuen in einem Setting, dass nicht von akuten Problemen und Konflikten belastet ist, kann am besten zur Revidierung von generalisierenden ethnischen Zuschreibungen hinführen (Hewstone 2004, S. 9f.).

Zur interkulturellen Kompetenz gehört aber auch eine Aushandlungsfähigkeit, die umso erfolgreicher ist, je besser man über die Widersprüche und Transformationsprozesse in der Migrationssituation bescheid weiß, d.h. einschlägige lebensweltliche Kenntnisse hat. Die Familien sind ja nicht völlig realitätsblind gegenüber den Anforderungen der sie umgebenden Gesellschaft. Sie sehen, dass sie in der Erziehung etwas verändern müssen, wenn sie ihren Kindern in Schule und Beruf zum Erfolg verhelfen wollen. Aber sie sind diesen Veränderungen gegenüber ambivalent und befürchten den elterlichen Kontrollverlust bzw. die Beschädigung des Rufes ihrer Familie in ihrer ethnischen Bezugsgruppe. Hier gilt es behutsam vorzugehen und den Veränderungswillen durch die Bearbeitung der Ängste zu stärken – u.a. durch die Aushandlung und das Anbieten von intelligenten dritten Lösungen bzw. von Kompromissen, die den Freiheits- und Entwicklungsspielraum der Kinder erweitern.[5]

5 Das Finden kreativer Lösung in interkulturellen Überschneidungssituationen kann mithilfe eines bewährten Übungshandbuchs zur demokratischen Konfliktmediation trainiert werden, das von dem israelischen Friedensinstitut ADAM für die Bearbeitung von Konflikten in dem multi-ethischen Einwanderungsland Israel entwickelt und für den deutschen Kontext abgewandelt wurde: Ulrich, Susanne/Henschel, Thomas R./Oswald, Eva (1997): Miteinander, Erfahrungen mit BEZAVTA. Ein Konzept zur Demokratieerziehung aus Israel. Praxishandbuch für die politische Bildung. Verlag Bertelsmann Stiftung. Gütersloh.

Ängste können u. a. abgebaut werden, wenn die Erzieherinnen ihrerseits Anstöße zum interkulturellen Lernen der Eltern geben, indem sie ihnen dazu verhelfen, ihre negativ wertenden ethnozentrische Wahrnehmungen und Deutungen des »deutschen« Erziehungsstils zu überwinden und dessen Funktionalität für die Entwicklungs- und Bildungschancen der Kinder erklären. Dies erfordert insofern interkulturelle Kompetenz als zunächst einmal die fremdkulturelle Sicht durch die Einnahme der anderen Perspektive rekonstruiert werden muss, um dann auf der Überzeugungsebene dekonstruiert werden zu können. Wenn die Erzieherinnen wissen, dass in den traditionalen Herkunftskulturen eine starke Entgegensetzung von Spielen und Lernen (= Arbeiten) verbreitet ist und daher aus herkunftskultureller Perspektive der Einblick in die Sozialisationseffekte des Freispiels bzw. des angeleiteten Spiels fehlt, dann reagieren sie vielleicht nicht so gekränkt, wenn ihnen die professionelle Kompetenz als »Lehrerinnen« abgesprochen wird – eine Benennung, die in den auf türkisch geführten Interviews synonym für »Erzieherin« verwendet wurde und die treffend die Funktion der einjährigen Vorschule in vielen Herkunftsländern bezeichnet. Ihr Auftrag ist es, primär auf die Schule vorzubereiten. Die Beziehungsstörung zwischen Erzieherinnen und Eltern, die diesen Übertragungsvorgang zur Ursache haben, können durch entsprechende Metakommunikation und aufklärende Elterninformationen und -bildung bearbeitet werden.

Um die Mitarbeiterinnen für die Arbeit mit Migranten besser zu qualifizieren, empfiehlt sich eine betriebliche Fortbildung, die in einem Paket mit einer interkulturell fokussierten Konzeptentwicklung durchgeführt werden sollte. Evaluationen außerbetrieblicher Fortbildungen zum Erwerb interkultureller Kompetenz haben ergeben, dass die auf externe Fortbildungen delegierten MitarbeiterInnen zwar viel für sich profitiert hatten, es ihnen aber selten gelungen war, die neuen Erkenntnisse in der eigenen Einrichtung umzusetzen, weil die KollegInnen und auch die Leitungsebene an diesem Lernprozess nicht beteiligt waren. Deshalb bevorzugte das vom Familienministerium geförderte und inzwischen abgeschlossenen Qualifizierungs-Modell-Projekt »Transfer interkultureller Kompetenz – TiK« »Inhouse«-Fortbildungen in Verbindung mit Organisationsberatung der Leitungsebene (Curvello/Pelkhofer-Stamm 2003).

8 VERBESSERUNG DER PARTIZIPATIONSCHANCEN

In der Untersuchung gibt es Hinweise dafür, dass viele Konflikte gar nicht zur Austragung kommen wegen des strukturellen Machtgefälles zwischen Eltern und Kindertagesstätte, das sich bei den Migranten noch durch die Sprachprobleme und den allgemeinen gesellschaftlichen Minderheitenstatus – auch wenn sie in der Kita quantitativ in der Mehrheit sind – verstärkt. Die Beteiligung der Migranteneltern an den Elternabenden und am Elternbeirat wird sich in dem Maße erhöhen, in dem sie mitbekommen, dass das »Eigene« – MitarbeiterInnen aus den eigenen Reihen, Splitter der eigenen kulturellen Tradition: religiöse Feste, Lieder, Sprachen – im Kindergarten einen selbstverständlichen Platz eingeräumt bekommt und die Migranten sich dadurch anerkannt und zugehörig fühlen können. Dies war auch die Erfahrung die RAA/ NRW mit ihrem »Rucksack«-Projekt, das zugleich interkulturelle Pädagogik wie Sprachenförderung auf seine Fahnen geschrieben hat (siehe Anhang). Die Scheu vor der Kandidatur zum Elternbeirat könnte auch durch Schulungsangebote (Moderationstechniken, Protokolle verfassen usw.), die natürlich auch für alle interessierten Eltern offen sein müssen, abgebaut werden.

Die Hirnforschung lehrt uns, dass sich mit zunehmenden Alter, die »Zeitfenster« für das Sprachenlernen schließen. Je früher demnach die Kinder Sprache(n) in entwickelter Form lernen, desto leichter fällt es ihnen desto geringer ist der spätere Aufwand beim Erlernen weiterer Sprachen.
Die Kommune Raunheim hat schon seit Mitte der 1990er-Jahre Deutschförderung in Kleingruppen angeboten. Die Qualität dieser Angebote konnte nicht überprüft werden. Die Quantität ist jedenfalls trotz der fortlaufenden Ausweitung immer noch nicht ausreichend.
Um wirklich »Nägel mit Köpfen« zu machen, sollte sich die Kommune mit ausgewiesenen Trägern der Zweitsprachendidaktik im Kindergarten in Verbindung setzen und sich auf einem Gebiet, das sehr hohe Ansprüche an Grundlagenwissen und spezifische Didaktik stellt, beraten, coachen und/oder fortbilden lassen.[6]
Gleiches gilt für die beiläufige Sprachförderung im Kindergartenalltag, die an die Erzieherinnen neue – v. a. sprachstandsdiagnostische – Kompetenzanforderungen stellt, die durch Lerning-by-doing kaum erworben werden können. Die Qualifizierung der tagtäglichen Sprachförderungspraxis der Erzieherinnen erscheint noch wichtiger – weil wesentlich zeitintensiver – als die ergänzende punktuelle gezielte Förderung in Kleingruppen.
Starke Impulse für die Sprachentwicklung gehen auch von einer gezielten Early-Literacy-Pädagogik aus, durch die die Kinder ihren Wortschatz erweitern, die Komplexität des Satzaufbaus steigern und ihre sprachlichen Abstraktionsleistungen erhöhen lernen (v. a. durch Vorlesen, Nachfragen, Nacherzählen/-spielen) und durch die sie an die Schriftsprache auf spielerische Weise herangeführt werden.[7] Eine türkische Mutter berichtet in unserer Befragung, wie sehr ihr Kind in seiner geistigen Entwicklung vom Vorlesen und Kommentieren von Bilderbüchern profitiert hätte.

Viele Migrantenkinder – und auch deutsche Kinder aus bildungsfernen Familien – erlernen im Vorschulalter nur die situationsgebundene Sprachfertig-

---

6 KIKUS – Sprachförderung Deutsch (+ Erstsprache) im Zentrum für kindliche Mehrsprachigkeit München (http://www.kikus-muenchen.de); Zentrum für Sprachförderung und Interkulturelles Lernen in Frankfurt am Main, angegliedert an den »Verband binationaler Familien und Partnerschaften (iaf)« (http://www.verband-binationaler.de).

7 Vgl. Dr. Michaela Ulich vom Bayrischen Staatsinstitut für Frühpädagogik: Interview mit Journal »Lesen-in-Deutschland« zur Bedeutung der frühkindlichen Literacy-Erziehung. Mit vielen einschlägigen Links (http://www.lesen-in-deutschland.de).

keit, die für die alltägliche Kommunikation ausreichend ist (Basic Interpersonal Communication Skills –BICS), nicht aber die Fertigkeit, sich aus einer kontextreduzierten, abstrakteren und linguistisch expliziteren Form des Sprachgebrauchs die mitgeteilte Bedeutung zu erschließen (Cognitive Academice Language Proficiency – CALP) (Penner 2002; vgl. auch Pisa-Lesekompetenz-Defizite bei der Bedeutungserschließung des vorgelegten Textes). Sie kommen in ersten Grundschulklassen noch ganz gut mit, können dann aber ab der vierten Klasse Grundschule, wenn es auch um die entscheidende Weichenstellung im deutschen Schulsystem geht, an der Nicht-Verfügbarkeit elaborierter deutscher Sprachkenntnisse scheitern.

Von einer gezielteren Sprachförderung profitieren auch die deutschen Kinder, von denen viele aus bildungsfernen Schichten kommen und ebenfalls einen starken Förderbedarf haben. Auch die übrigen Kinder profitieren, wenn im Kindergarten das sprachliche Niveau durch gezielte Förderung angehoben wird und das »Sprachbad« mit korrektem Deutsch gefüllt wird. Damit würde auch ein Grund genommen, der immer mehr qualifiziertere Migranteneltern dazu veranlasst, ihr Kind aus dem »Ausländerkindergarten« heraus zu nehmen (in dem die Muttersprache oder eine fehlerhafte »Kanak Sprak« dominiert) und sich nach Alternativen umzusehen, die dann oft mit einem Umzug verbunden sind.
Die Investition in die Deutschförderung erscheint so als die wichtigste Präventivmaßnahme, um einen weitergehenden ethnischen und sozialen Entmischungsprozess abzuwenden.

10 MEHRSPRACHIGE ERZIEHUNG

Mehrsprachigkeit wird sowohl von Seiten der Erzieherinnen wie der meisten Eltern eher als ein Hindernis zum Erwerb der deutschen Sprache angesehen, denn als eine Ressource, die Kinder mitbringen. Die Repräsentanz der Muttersprachen im Kindergarten ist Bestandteil einer Pädagogik der Anerkennung der Vorerfahrung und der identitären Wurzeln der Kinder. Interkulturell geöffnete Kindertagesstätten haben ein breites Repertoire entwickelt, um die Repräsentanz der vielen Sprachen im Kindergarten zu ermöglichen – angefangen von mehrsprachigen Begrüßungsfloskeln, Liedern, Vorlesen von mehrsprachigen Kinderbüchern durch »native Speaker«, Plakaten mit Schriftzügen der im Kindergarten repräsentierten Schriften bis hin zu mehrsprachigen Puppen- oder Theaterspielen und vieles mehr.[8]
Manche Programme gehen noch weiter und fördern in Zusammenarbeit mit den Eltern die Erstsprache – ausgehend von der prominenten Transfer-Hypothese von Cummins, dass der Zweitsprachenerwerb von der Beherrschung der entwickelteren Formen der Erstsprache profitiert und um die Option der guten Beherrschung beider Sprachen offen zu halten, die für die beruflichen wie geografischen Mobilitätschancen nur von Vorteil sein kann.[9] Das aus den Niederlanden übernommene und von den »Regionalen Arbeitsstellen zur Förderung von Kindern und Jugendlichen aus Zuwandererfamilien (RAA)« in NRW für deutsche Verhältnisse adaptierte Programm »Rucksack« unterstützt Migrantenmütter aus Kindertagesstätten – auch bildungsferne – darin, ihre Kinder in der Erstsprache zu fördern. Dies geschieht in enger Kooperation und Koordination mit den Erzieherinnen als Prozessverantwortliche für den Zweitsprachenerwerb und ist Baustein eines komplexen Ansatz zur interkulturellen Öffnung der Kindertagesstätte. Dabei werden »mehrere Fliegen auf einen Schlag« getroffen: Die Migrantenmütter entwickeln selbst ihre Erstsprachenkompetenz weiter. Sie stärken ihre Erziehungskompetenz. Sie werden durch das Programm – als Expertinnen für die Muttersprache und die familiären kulturellen Hintergründe – aufgewertet, dadurch selbstbewusster und kooperieren stärker mit dem Kindergarten. Die Einrichtungen übernehmen mehr Verantwortung für die Förderung der Erst- und Zweitsprache und erweitern ihre interkulturelle Kompetenz (vgl. Anhang).

---

8 Verband binationaler Familien und Partnerschaften (iaf) (Hg.) (2004): Komplett mehrsprachig. Sprachförderung und interkulturelle Erziehung im Kindergarten. Frankfurt am Main.

9 Rucksack-Projekt – Sprachförderung und Elternbildung im Elementarbereich http://www.raa.de/dateien/pdf/produkte/Info_Rucksack.pdf

11 EINSTELLUNG VON MITARBEITERINNEN MIT MIGRATIONSHINTERGRUND

Die Erzieherinnen äußern sich zur Frage nach der Einstellung von MitarbeiterInnen mit Migrationshintergrund äußerst reserviert – aus Gründen, die fachlich wenig stichhaltig sind und die eher als Abwehr kultureller Heterogenität und Verteidigung der eingespielten Normalität zu deuten sind. Die Reserve mancher Migranteneltern erklärt sich eher aus anderen Motiven. Sie befürchten, dass ihre Kinder dann noch weniger Sprechanlässe, Deutsch zu reden, haben. Ihnen fehlen Modelle von Landsfrauen als Erzieherinnen, die sich an professionelle Standards der Sprachwahl – je nach Kontext – halten.

Durch den Mangel an MitarbeiterInnen mit Migrationshintergrund bzw. das Unterbleiben einer entsprechenden Personal- und Teamentwicklung verzichten die Raunheimer Kindertagesstätten auf deren Integrationspotenziale. Die Forschungen zum Einsatz von muttersprachlicher SozialpädagogInnen führen eine lange Liste von Vorteilen der Beschäftigung von Migranten in dem System personenbezogener sozialer und pädagogischer Dienstleistungen an. Diese Vorzüge werden auch implizit in den Interviewaussagen über die wenigen Erfahrungen mit Kolleginnen mit Migrationshintergrund teilweise angeführt.[10]

- Eigene Landsleute – auch MigrantInnen anderer Nationalität – genießen einen Vertrauensbonus. Ihnen gegenüber muss man sich nicht immer wieder rechtfertigen. Sie verstehen den kulturellen Hintergrund besser und sie wissen, was es bedeutet, MigrantIn zu sein. – So die Zuschreibung. Diese Zuschreibung ermöglicht einen offeneren, weniger durch Misstrauen verstellten Zugang zu den Eltern.
- Den Vertrauensbonus übertragen die MitarbeiterInnen mit Migrationshintergrund auf die Institution und das Kollegium.
- Muttersprachlich qualifizierte Kräfte haben eine unverzichtbare Funktion bei der Ermittlung der familiären Vor- bzw. Parallelerfahrung der Kinder bzw. der Eruierung der Perspektive der Eltern (der besten Experten für

---

10 Gaitanides, Stefan (2006 b): Interkulturelle Öffnung der Sozialen Dienste. In: Otto, Hans-Uwe/Schrödter, Mark (Hg.) (2006): Soziale Arbeit in der Migrationsgesellschaft. Sonderheft 8 der Zeitschrift »neue praxis«. Lahnstein, S. 222–233.

ihr Kind!), wenn das Deutsch für differenzierte Kommunikation nicht ausreicht und

- auch bei der Vermittlung der pädagogischen Botschaften des Kindergartens an das schlecht Deutsch sprechende Elternhaus.
- Schließlich können die Kinder bei ihnen an Vertrautes anknüpfen, sich ihnen in Krisensituationen in ihrer (Gefühls-)Sprache anvertrauen und finden in ihnen Identfikationsobjekte, die das Spektrum der im familiären Kreis vertretenen Rollenmodelle erweitern (Lernen am Modell).
- MuttersprachlerInnen können besser Kontakte zu den ethnischen informellen und formellen Netzwerken (Vereine, religiöse Gemeinschaften) der Migranten herstellen und Kooperationen mit dem Kindergarten initiieren.

Die Bedenken der befragten Erzieherinnen bezüglich der Fähigkeit von Kolleginnen mit Migrationshintergrund, die notwendige professionelle Distanz zu »ihrer« Klientel einhalten zu können, lassen sich durch Professionalisierungs-Prozesse und eine systematisch betriebene interkulturelle Teamentwicklung zerstreuen. [11]

Ein Hindernis für die Einstellung von Muslimas ist das faktische Berufverbot für »Kopftuchträgerinnen« (laut einem Beschluss der Raunheimer Kindergartenleiterinnen-Konferenz). Dadurch wird nicht nur der Bewerberinnen-Markt sehr eingeschränkt, da gerade Töchter aus frommen muslimischen Familien soziale Berufe ergreifen. Die Kindertagesstätten verzichten dadurch auch auf den Vertrauensvorschuss, den die religiöseren muslimischen Mitarbeiterinnen bei ihren konservativen Landsleuten genießen – und damit auf eine Brücke zu Elternhäusern, die durch die Elternarbeit bisher nur schwer erreichbar waren.

Die Nichtanstellung auf Grund der generalisierenden, im Einzelfall nicht belegten Unterstellung, Kopftuchträgerinnen seien Anhängerinnen eines doktrinären Islam, die ihre Lehre auch im Kindergarten verbreiten und zwischen Beruf und privatem religiösem Bekenntnis nicht trennen können sowie – ergänzend – die undifferenzierte Bedeutungszuschreibung des Kopftuches

---

11 Gaitanides, Stefan (2003): Ergebnisse der wissenschaftlichen Begleitung eines Projektes zur Einführung des Qualitätsmanagements in der interkulturellen Kinder-, Jugend- und Familienarbeit in München. In: Landeshauptstadt München, Sozialreferat/Jugendamt (Hg.): Offen für Qualität. Interkulturell orientiertes Qualitätsmanagement in Einrichtungen der Migrationssozialarbeit. München, S. 53–104.

als Symbol der Frauenunterdrückung, kann – nach der Antidiskrimierungsrichtlinie der EU – unter den Tatbestand der Diskriminierung subsumiert werden.[12]

Unser Plädoyer für die Nicht-Diskriminierung von Frauen, die ihre private religiöse Zugehörigkeit in ihrer Kleidung ausdrücken, schließt keinesfalls den Verzicht auf die Überprüfung von Verdachtsmomenten bezüglich der Infiltrationsversuche islamistischer Gruppen mit ein. Im begründeten Zweifelsfalle ist dafür aber der Verfassungsschutz zuständig und nicht die Gerüchteküche.

---

[12] Richtlinie 2000/43/EG des Rates vom 29. Juni 2000 zur Anwendung des Gleichheitsgrundsatzes ohne Unterschied der Rasse oder der ethischen Herkunft. Amtsblatt Nr. L 180 vom 19.7.2000. S. 22–26.

12 KONZEPT- UND QUALITÄTSENTWICKLUNG – TROTZ (ODER AUCH WEGEN) KNAPPER RESSOURCEN

Den meisten befragten Erzieherinnen (mit einigen Ausnahmen) leuchtet die Wichtigkeit der Konzept- und Qualitätsentwicklung im allgemeinen und der Berücksichtigung des interkulturellen Aspektes im besonderen ein, aber angesichts der knappen Ressourcen und der aus ihrer Sicht gewachsenen Erziehungsaufgaben und zusätzlichen Belastungen einer multikulturellen Klientel fühlen sie sich überfordert und kaum in der Lage, die Routine des Kindergartenalltags mit seinen pädagogisch zwangsläufig niedrig gehängten Zielen zu durchbrechen.
Das Abtauchen in die Alltagsroutine kann aber langfristig keine Lösung sein – auch nicht aus der Perspektive des schonenden Umgangs mit den eigenen Kräften. Bei nachhaltig geringer Ergebnisqualität wächst der Druck von Seiten der Eltern. Auch bei den Migranten wachsen selbstbewusstere, forderndere Eltern-Generationen heran. Gleichzeitig nimmt der Druck von Seiten der Schulen zu und von Seiten der staatlichen Zuschussgeber, die auf eine stärkere Nutzung der Kindertagesstätten als Bildungsinstitutionen drängen und auf den Ausbau der Integrationsangebote für die Migrantenfamilien.[13]

Die Gelder werden in Zukunft stärker zu solchen Einrichtungen fließen, die sich an Qualitätsentwicklungsprozessen beteiligen und diejenigen, die dies nicht tun, werden von Kürzungen überproportional betroffen sein.

Nicht nur um die Nachfrage der »Kunden« – der Eltern wie der kommunalen und staatlichen Träger und Geldgeber – nach Qualitätssteigerung zu befriedigen, sondern im ureigensten Interesse an einer Bewältigung der gegenwärtigen Herausforderungen und einer befriedigenderen Ergebnisqualität sollten sich die Raunheimer Kindertagesstätten in Abstimmung mit Magistrat und Stadtverordnetenversammlung der »Nationalen Qualitätsoffensive im System der Kindertageseinrichtungen für Kinder« anschließen, deren maßgeblicher konzeptioneller Impulsgeber und teilweise auch wissenschaftlicher Begleiter

---

[13] Bis 2007 befindet sich der »Hessische Erziehungs- und Bildungsplan« noch in der Erprobungsphase. Ab 2010 soll dann das neue Anforderungsprofil des staatlichen Geldgebers, das qualifizierte Sprachförderung, spielerische Anregung zum naturwissenschaftlichen »Forschen«, Early Literacy und vieles mehr einschließt, flächendeckend Bildungsstandards setzen (http://www.sozialministerium.hessen.de/ca/i/bit/).

das Berliner »Institut für den situativen Ansatz« ist. Diesem Ansatz fühlen sich ja die Kindertagesstätten auch konzeptionell verpflichtet.[14]
Vielleicht ermuntert die nachstehende Bilanz einer Erzieherin, die mit ihrer Kindertageseinrichtung an der Durchführung eines Teilprojektes der »Nationalen Qualitätsinitiative« (Qualität im Situationsansatz) beteiligt war, zum Aufspringen auf diesen Zug.
Die zitierte Erzieherin macht aber auch gleichzeitig deutlich, dass »Qualität nur unter den realen Bedingungen entsprechend geleistet werden« kann. Nicht nur die MitarbeiterInnen sind aufgerufen sich zu qualifizieren, auch die Träger und die Zuschussgeber sind gefordert. Die doppelte Zielsetzung – des Ausbaus der Bildungsaufgabe des Kindergartens und die Stärkung der Integrationsfunktion für Zuwandererkinder – kann nicht allein durch die Anstrengungen der Erzieherinnen bewältigt werden. Sie können den erhöhten Anforderung nur durch eine gleichzeitige Verbesserung der Strukturqualität gerecht werden (Pesonalschlüssel, Einstiegs-Qualifikation der Mitarbeiter, Raumstruktur, Fortbildung, Supervision usw.).
»In einer Zeit, in der besonders im sozialen Bereich vom Sparen und Kürzen nicht mehr nur geredet wird, erscheint es vielleicht paradox, sich Gedanken zur ›Qualitätsverbesserung‹ der Lebenswelten von Kindern hinzugeben. Uns liegt es jedoch fern, über finanzielle Engpässe oder Verschlechterungen der Arbeitsbedingungen zu lamentieren, was aber auch nicht heißt, dass wir dieser Entwicklung kritiklos gegenüberstehen. Unser Motto war immer: ›Handlungsfähig bleiben, auch in schwierigen Zeiten‹ und ›Qualität kann nur den realen Bedingungen entsprechend geleistet werden‹. Wir haben uns, aus ganz verschiedenen Gründen, vor relativ kurzer Zeit auf den Weg gemacht, um aus unserer ›konventionellen‹ Kindertagesstätte ein ›Haus für Kinder‹ zu machen, in dem sie selbständig handeln, gestalten und forschen können ohne ständig von den Erwachsenen abhängig zu sein, in dem sie trotz vieler Freiräume Halt und Grenzen erfahren und in dem ihre Persönlichkeit geachtet wird, weil an erster Stelle immer das einzelne Kind und nicht mehr eine listen- oder altersmäßige Gruppe steht. Dies, und noch einiges andere, ist uns trotz widriger Umstände, wie z. B. Kürzung des Personalschlüssels, gelungen.«[15]

---

14 Pressemitteilung des Bundesministeriums für Familie, Senioren, Frauen und Jugend vom 13.5.2002: Bundesministerin Bergmann: Bildung und Erziehung in Tageseinrichtungen stärken »Nationale Qualitätsinitiative im System der Tageseinrichtungen für Kinder« zieht Zwischenbilanz + weitere Links ebd. (http://www.bmfsfj.de).

15 Ursula Jaschke-Roehl (o. J. (11.4.07): »Nationale Qualitätsinitiative« – ein verheißungsvolles Etikett –, wir wollen zum gehaltvollen Inhalt beitragen. In: Hompage Pestalozzi-Fröbel-Haus, Veröffentlichungen (http://www.pfh-berlin.de/deutsch/1/modell/quali_ini.html).

LITERATUR

Anderson, Philip (2000): Interkulturelle Kompetenz innerhalb der deutschen Kommunalverwaltung. Ergebnisse einer Studie in München. In: Zeitschrift für Migration und Soziale Arbeit 2/2000, S. 56–60

BMFSFJ, Bundesministerium für Familie, Senioren, Frauen und Jugend (2005): Zwölfter Kinder- und Jugendbericht. Bericht über die Lebenssituation junger Menschen und die Leistungen der Kinder- und Jugendhilfe in Deutschland. Berlin

Beauftragte der Bundesregierung für Migration, Flüchtlinge und Integration (2005): Bericht der Beauftragten über die Lage der Ausländerinnen und Ausländer in Deutschland. Berlin (pdf-datei download: www.integrationsbeauftragte.de)

Besamusca-Jannsen, Mieke/ Scheve, Sigrun (Hg.) (1999): Interkulturelles Management in Beruf und Betrieb. Frankfurt am Main

Cummins, J. (1982): Die Schwellenniveau- und Interdependenzhypothese: Erklärungen zum Erfolg zweisprachiger Erziehung. In: Swift, J. (Hg): Bilinguale und multikulturelle Erziehung. Würzburg

Curvello, Tatiana Lima/Pelkhofer-Stamm, Margret (2003): Interkulturelles Wissen und Handeln. Neue Ansätze zur Öffnung sozialer Dienste. Dokumentation des Modellprojektes »Transfer interkultureller Kompetenz«. Berlin (http://www.tik-iaf-berlin)

Derman-Sparks, Luisa (2001): Anti-Bias-Arbeit mit kleinen Kindern in den USA. Übersetzung eines Vortrages bei dem Projekt »Kinderwelten« in Berlin: http://www.kinderwelten.net

Diehm, Isabelle/Kuhn, Melanie (2006): Doing Race/Doing Ethicity in der frühen Kindheit. (Sozial)Pädagogische Konstruktionen vom Kind und ihre Irritation durch Empirie. In: Otto/Ehlich/Konrad/u. a./Bundesministerium für Bildung und Forschung (Hg.) (2005): Anforderungen an Verfahren der regelmäßigen Sprachstandsfeststellung als Grundlage für die frühe und individuelle Förderung von Kindern mit und ohne Migrationshintergrund. Bildungsreformband 11 (http://www.bmbf.de). Bonn/Berlin

Fuhrer, Urs/Mayer, Simone (2005): Familiäre Erziehung im Prozess der Akkulturation. In: Fuhrer, Urs/Uslucan, Haci-Halil (Hg.): Familien, Akkulturation und Erziehung. Migration zwischen Eigen- und Fremdkultur. Stuttgart, S. 59–85

Gaitanides, Stefan (1999): Aus- Fort- und Weiterbildung im Bereich der interkulturellen Sozialarbeit/Sozialpädagogik mit dem Schwerpunkt »interkulturelle Jugendarbeit«. Expertise im Rahmen des Aktionsprogrammes »Integration junger Ausländerinnen und Ausländer« des BMFSFJ, Deutsches Jugendinstitut (DJI), Arbeitspapier Nr. 1–154, Dezember 1999

Gaitanides, Stefan (2000): Arbeit mit Migrantenfamilien – Aktivitäten der Wohlfahrtsverbände und der Selbstorganisationen. In: Sachverständigenkommission 6. Familienbericht (Hg.) (2000): Familien ausländischer Herkunft. Materialien zum 6. Familienbericht der Bundesregierung. Bd. II Lebensalltag. Opladen, S. 107–144 (Kurzfassung einer Expertise)

Gaitanides, Stefan (2003): Ergebnisse der wissenschaftlichen Begleitung eines Projektes zur Einführung des Qualitätsmanagements in der interkulturellen Kinder-, Jugend- und Familienarbeit in München. In: Landeshauptstadt München, Sozialreferat/Jugendamt (Hg.): Offen für Qualität. Interkulturell orientiertes Qualitätsmanagement in Einrichtungen der Migrationssozialarbeit. München, S. 53–104

Gaitanides, Stefan (2005): Facetten des Distanz-Nähe-Problems in der interkulturellen Sozialarbeit. In: Zeitchrift für Migration und Soziale Arbeit 1/2005, S. 15–22

Gaitanides, Stefan (2006): Selbstorganisation von Eltern mit Migrantionshintergrund und ihr Beitrag zur Integration. In: Zeitschrift für Migration und Soziale Arbeit 1/2006, S. 27–36

Gaitanides, Stefan (2006 b): Interkulturelle Öffnung der Sozialen Dienste. In: Otto, Hans-Uwe/Schrödter, Mark (Hg.) (2006): Soziale Arbeit in der Migrationsgesellschaft. Sonderheft 8 der Zeitschrift »neue praxis«. Lahnstein, S. 222–233

Garlin, Edgardis/Guatatiello, Angela (2003): KIKUS – Sprachförderungskurse im Kindergarten. In: Beauftragte der Bundesregierung für Migration, Flüchtlinge und Intgegration (2003): Förderung von Migranten und Migrantinnen im Elementar- und Primarbereich. Tagungsdokumentation. Berlin S. 76–83

Grüneisen, V./Hoff, E. H. (1977): Familienerziehung und Lebenssitutation. Der Einfluß von Lebenserfahrungen und Arbeitsbedingungen auf Erziehungseinstellungen und -verhalten von Eltern. Weinheim/Basel

Handschuck, Sabine/Schröer, Hubertus (2001): Interkulturelle Orientierung als Qualitätsstandard sozialer Arbeit. In: Auernheimer, Georg (Hg.): Migration als Herausforderung für pädagogische Institutionen. Opladen, S. 147–180

Hessisches Sozialministerium/Hessisches Kultusministerium (2005): Bildung von Anfang an. Bildungs- und Erziehungsplan für Kinder von 0 bis 10 Jahren in Hessen. Wiesbaden. Internet: http://www.sozialministerium.hessen.de oder http://www.kultusministerium.hessen.de

Hewstone, Miles (2004): Neuere Forschungen über Intergruppenkonflikte: Konsequenzen für den Umgang mit Migration und Integration, Wissenschaftszentrum Berlin für Sozialforschung (WZB) Veröffentlichung der Arbeitsstelle Interkulturelle Konflikte und gesellschaftliche Integration April 2004 (Best.-Nr./Order No.: SP IV 2004-601)

Hurrelmann, Klaus (1996, 5. Aufl.): Einführung in die Sozialisationstheorie. Über den Zusammenhang von Sozialstruktur und Persönlichkeit. Weinheim/Basel

Institut für den Situationsansatz der Internationalen Akademie für innovative Pädagogik, Psychologie und Ökonomie (INA) der Freien Universität Berlin (o. J.): Konzeptionelle Grundsätze des Situationsansatzes. Berlin, als pdf download unter www.ina-fu.org/ista/

Jakubeit, Gudrun (1997): Bilder von Fremden. Meinungen und Bilder, die MitarbeiterInnen in Erziehungseinrichtungen für Kinder gegenüber Eltern und Kindern türkischer Herkunft haben. In: Arbeitskreis Neue Erziehung (1997): Projekt »Interkulturelle Elternarbeit« (vervielflt. Gutachten – Bezug: ANE, Markgrafenstr. 11, 10969 Berlin, http://www.ane.de)

Jampert, Karin (2002): Schlüsselsituation Sprache. Spracherwerb im Kindergarten unter besonderer Berücksichtigung des Spracherwerbs bei mehrsprachigen Kindern. Opladen: Leske und Budrich

Keller, Heide (2004): Die Rolle familiärer Beziehungsmuster für die Integration von Zuwanderern. In: IMIS-Beiträge 23/2004, S. 1052002)122

Krasberg, Ulrike (1996): Kalithea. Männer und Frauen in einem griechischen Dorf. Frankfurt am Main/New York

Küpelikelinc, Nicola/Ringler, Maria (2004): Spracherwerb von mehreren Sprachen. In: Verband binationaler Familien und Partnerschaften (iaf) (Hg.): Komplett Mehrsprachig. Sprachförderung und interkulturelle Erziehung im Kindergarten. Frankfurt am Main, S. 29–50

Leenen, Wolf Rainer/Groß, Andreas/Grosch, Harald (2002): Interkulturelle Kompetenz in der Sozialen Arbeit. In Auernheimer, Georg (Hg.) (2002): Interkulturelle Kompetenz und pädagogische Professionalität. Interkulturelle Studien 13. Opladen

Leiprecht, Rudolf (2002): Interkulturelle Kompetenz als Schlüsselqualifikation aus der Sicht von Arbeitsansätzen in pädagogischen Handlungsfeldern. In: Zeitschrift für Migration und Soziale Arbeit 3/4 2002, S. 87–91

Oevermann, Ulrich (1968): Schichtspezifische Formen des Sprachverhaltens und ihr Einfluss auf die kognitiven Prozesse. In: Roth, H. (Hg.): Begabung und Lernen. Stuttgart, S. 97–356

Otto, Hans-Uwe/Schrödter, Mark (Hg.) (2006): Soziale Arbeit in der Migrationsgesellschaft. Sonderheft 8 der Zeitschrift »neue praxis«. Lahnstein, S. 140–159

Preissing, Christa (Hrsg.)(2003): Qualität im Situationsansatz, Qualitätskriterien und Materialien für die Qualitätsentwicklung in Kindertageseinrichtungen. Mit CD-ROM. Weinheim: Beltz-Verlag

Penner, Zvi (2002): Neue Wege der sprachlichen Förderung von Migrantenkindern in der Vorschule. Berg

Prengel, Annedore (1995): Pädagogik der Vielfalt. Verschiedenheit und Gleichberechtigung in Interkultureller, Feministischer und Integrativer Pädagogik. Opladen

Prott, Roger (2004): Zwölf allgemeine Regeln, damit Erzieherinnen und Eltern erfolgreich zusammenarbeiten können. In: KiTa spezial 3/2004, S. 15–18

Rommelspacher, Birgit (1995): Dominanzkultur. Texte zu Fremdheit und Macht. Berlin

RAA/Regionale Arbeitsstellen zur Förderung von Kindern und Jugendlichen aus Zuwandererfamilien (2004): Informationen zum »Rucksack«-Projekt. Ein Konzept zur Sprachförderung und Elternbildung im Elementarbereich h(ttp://www.raa.de/dateien/pdf/produkte/Info_Rucksack.pdf)

Reich, Hans H./Roth, Hans-Joachim (2002): Spracherwerb zweisprachig aufwachsender Kinder und Jugendlicher. Ein Überblick über den Stand der nationalen und internationalen Forschung. Hamburg (Behörde für Bildung und Sport)

Ringler, Maria (2004): Mehrsprachigkeit im Kindergarten. In: Verband binationaler Familien und Partnerschaften (iaf) (Hg.): Komplett Mehrsprachig. Sprachförderung und interkulturelle Erziehung im Kindergarten. Frankfurt am Main, S. 11–28

Rommelspacher, Birgit (1995): Dominanzkultur. Texte zur Fremdheit und Macht. Berlin

Schmidt-Koddenberg, A. (19989): Akkulturation von Migrantinnen. Eine Studie zur Bedeutsamkeit sozialer Vergleichsprozesse von Türkinnen und deutschen Frauen. Opladen

Seifert, Michael J./(Hg.: Landesbeauftragte für Ausländerfragen Rheinland-Pfalz) (1996): Verstehen und verstanden werden. Probleme interkultureller Kommunikation in rheinland-pfälzischen Behörden. Ergebnisse einer Befragung. Mainz

Simon-Hohm, Hildegard (2004): Interkulturelle Öffnung Sozialer Dienste und interkulturelle Kompetenz. In: Treichler, Andreas/Cyrus, Norbert (Hg.) (2004): Soziale Arbeit in der Einwanderungsgesellschaft. Frankfurt am Main, S. 231–252

Steinkamp, H./Stief, W. H. (1978): Lebensbedingungen und Sozialisation. Opladen

Taylor, Charles (1993): Multikulturalismus und die Politik der Anerkennung, Frankfurt am Main

Tracy, Rosemarie (2006): Der Eintritt in den Kindergarten ist der ideale Moment für den Beginn der Sprachförderung – ein Interview mit der Sprachlern-Forscherin an der Universität Mannheim (Programm zur Förderung von Deutsch als Zweitsprache im Vorschulalter). 7.3.2006 in: http://www.lesen-in-deutschland.de

Ulich, Michaela (2003): Literacy. Sprachliche Bildung im Elementarbereich. In: Kindergarten heute 3/2003, S. 6–18)

Wagner, Petra (2004): Sprachliche Bildung und gesellschaftliche Ausgrenzung Anforderungen an Kindertageseinrichtungen. Projekt KINDERWELTEN, Institut für den Situationsansatz, Internationale Akademie gGmbH
Projektbüro: Yorckstr. 4–11, 10965 Berlin, Tel.: (0 30) 9 02 98 35 36/37, koordination@kinderwelten.net, http://www.kinderwelten.net

Watzlawik, Paul/Beavin, Janet H./Jackson, Don D. (1969): Menschliche Kommunikation. Bern

Weber, Max (1972): Wirtschaft und Gesellschaft. Tübingen

ANHANG

»RUCKSACK« – EIN KONZEPT ZUR SPRACHFÖRDERUNG UND ELTERNBILDUNG IM ELEMENTARBEREICH DER RAA/NRW

Das Programm »Rucksack« geht die Förderung von Kindern im Elementarbereich mehrdimensional und systemisch an: Es berücksichtigt die Entwicklung der Kinder in Bezug auf ihre Lebenswelt und ihre Familie. Es hat ebenso das Bildungssystem »Kindertagesstätte« und die in ihm Agierenden im Blick. Mütter, Erzieherinnen und Erzieher werden Partner für die Sprachförderung der Kinder. Rucksack zielt auf die Förderung der Muttersprachenkompetenz, auf die Förderung des Deutschen und auf die Förderung der allgemeinen kindlichen Entwicklung ab. Dabei werden die Mütter als Expertinnen für das Erlernen der Erstsprache angesprochen, nicht orientiert an ihren Defiziten, sondern an ihren Stärken.
Fortschritte, Interessen und Stärken sollten zwischen Erzieherin und Eltern ausgetauscht werden. Beide sind für die Entwicklung der Kinder verantwortlich. Beide können ihren Anteil für den Fortschritt der Kinder beitragen. Kinder können mehr, wenn sie in ihrer Entwicklung herausgefordert werden. Wenn sich Erzieherin und Eltern ergänzen, nutzt das den Kindern mehr, als wenn jeder für sich agiert.
Bildungsferne Eltern können im Laufe von neun Monaten lernen, wie sie ihre Erzieherkompetenzen zum Wohle ihrer Kinder verfeinern können.

Methodische Vorgehensweise

Durch Anleitung und mit Hilfe von Arbeitsmaterialien werden die Mütter auf die Förderung der Muttersprache vorbereitet. Mütter werden so in ihrer Sozialisationskompetenz gestärkt. Sie treffen sich einmal in der Woche für zwei Stunden und machen gemeinsam Aktivitäten, die sie in der Woche mit ihren Kindern zu Hause durchführen sollen. Während dieser Treffen lernen sie den Wert von Literatur, Bilderbüchern, Liedern, den Wert des Spielens und Malens sowie der Verbindung von Sprache und Handeln für die Entwicklung ihres Kindes in der alltäglichen Beschäftigung kennen. In der Regel gehören die am Programm beteiligten Mütter der bildungsfernen Schicht an. Mit der kontinuierlichen Vermittlung des Programms über neun Monate wächst auch ihre muttersprachliche Kompetenz – ein Zuwachs, der sich unmittelbar für die Sprachentwicklung ihrer Kinder auswirkt. Die Anbindung an die Kindertagesstätte ist sehr wichtig und für die RAA's eine Bedingung für die Weitergabe des Programms, denn hier soll die Förderung in der deutschen Sprache parallel zu der Arbeit mit den Müttern erfolgen. Die Kindertagesstätten verpflichten sich, das Programm der Mütter mit ihrem Konzept der Zweitsprachenvermittlung zu koordinieren. Die Erzieherinnen kennen das Programm genauso wie die Eltern und sollen möglichst parallel das Thema der Woche sprachlich in ihren Kindergartenalltag integrieren. Die Erzieherinnen werden durch die RAA mit Fortbildungsangeboten auf ihre Aufgabe vorbereitet. Die Programme sind nicht nur Sprach- und Lernprogramme, sondern reflektieren soziokulturelle Themen aus den Erfahrungsfeldern der Migrantenfamilien, Schule, Alltag, Freizeit, Feiertage, Feste und Religion. Die soziokulturell aufbereiteten Themenfelder sind gleichzeitig Anregung für die Kindertageseinrichtung, ihren Alltag interkulturell zu gestalten. Elternbegleiterinnen, Mütter und Erzieherinnen sind in dem Projekt Lernende und Gebende zugleich.

Der Blick über den Zaun: Das Rucksack-Projekt aus Rotterdam

Der Arbeitskreis IKEEP (Interkulturelle Erziehung im Elementar- und Primarbereich) der Regionalen Arbeitsstellen zur Förderung von Kindern und Jugendlichen aus Zuwandererfamilien (RAA) in NRW hat das aus den Niederlanden stammende Programm adaptiert und für den Einsatz in Deutschland übersetzt bzw. überarbeitet.
Der interkulturelle und interaktive Ansatz wurde herausgearbeitet und der Lebensweltbezug für die Bedingungen in Deutschland hergestellt. Seit 1999 steht ein Materialpaket in Deutsch, Türkisch, Italienisch, Griechisch und Russisch zur Verfügung. Die spanische Überarbeitung steht seit Herbst 2004 bereit.

Rucksackmodelle (Typen)

In NRW haben sich seit Beginn des Rucksackprojektes im Jahre 1999 zwei unterschiedliche Modelle bewährt.
*In **Modell 1** werden Mütter, die sowohl ihre Muttersprache als auch die deutsche Sprache gut beherrschen, zu Stadtteilmüttern bzw. Elternbegleiterinnen ausgebildet, die jeweils eine Müttergruppe, deren Kinder die Kindertageseinrichtung besuchen, für Sprach- und Entwicklungsaktivitäten anleiten.*
*In **Modell 2** führen als Erzieherin ausgebildete Migrantinnen das Programm mit den Müttern durch. Die Elternbegleiterinnen werden durch Honorarmittel, ABM-Mittel oder ähnliche Programme finanziert.*
In der Regel erfolgt die Anleitung in der Muttersprache der Teilnehmerinnen, nur in heterogenen Gruppen kann die Anleitung auch in Deutsch erfolgen mit der Empfehlung an die Mütter, die Aufgaben zu Hause in ihrer Muttersprache durchzuführen. Die Umsetzungsstruktur des Rucksackprogramms ist abhängig von den örtlichen Bedingungen, wie z. B. den finanziellen und personellen Ressourcen. Vor diesem Hintergrund haben sich in der praktischen Umsetzung auch andere Rucksacktypen entwickelt und bewährt. Grundsätzlich ist die Durchführung des Programms für die Dauer von neun Monaten vorgesehen.
Eine Rucksackgruppe setzt sich im Idealfall aus sieben bis zehn Müttern zusammen.

Zielsetzungen des Rucksackprogramms

1. *Die Förderung von Mehrsprachigkeit bei Migrantenkindern: Die Wertschätzung der Muttersprache bedeutet auch Erziehung zu Respekt vor anderen Werten. Die Förde-*

rung der Erstsprache ist Voraussetzung für den Erwerb der Zweitsprache. Mehrsprachigkeit ist eine Schlüsselqualifikation für soziale und berufliche Teilhabe in dieser Gesellschaft.

2. *Die Stärkung der Erziehungskompetenz: Die Mütter sollen als Erziehungsexpertinnen gestärkt werden und Verantwortung für Erziehung und Bildung ihrer Kinder übernehmen.*
3. *Die Stärkung des Selbstwertgefühls der zugewanderten Mütter und deren Kinder: Selbstbewusstsein und Selbstwertgefühl der zugewanderten Mütter werden durch das eigene Lernen und die Übernahme von Aufgaben gestärkt, und das Anknüpfen an ihre Stärken wird angeregt. Ihnen wird der Wert der vorschulischen Förderung ihrer Kinder vermittelt. Das gestärkte Selbstbewusstsein der Mütter drückt sich in einer verantwortlichen Mitarbeit und in einer Auseinandersetzung mit den Erzieherinnen über die Ziele der Einrichtung aus. Die Kontaktaufnahme zu Müttern bzw. Eltern der eigenen kulturellen Gruppe und der Mehrheitsgesellschaft wird dadurch erleichtert. Damit geht eine Stärkung in der Entwicklung der Kinder einher.*
4. *Die Stärkung der Interkulturellen Pädagogik und des Mehrsprachenkonzepts der Einrichtung: Die Einrichtung übernimmt die Verantwortung für die Entwicklung der Kinder in Bezug auf ihre Mutter- und Zweitsprache. Sie entwickelt ein Konzept für Mehrsprachigkeit und Interkulturalität. In diesem Rahmen öffnet sie sich für ein interkulturelles Team und die teilhabende Rolle der Eltern. Ein gleichbedeutender Schritt ist die Öffnung des Teams bzw. des Trägers für die Beschäftigung von muttersprachlichen Kräften in der Einrichtung.*

Evaluation/Ergebnisse

In NRW sind seit Beginn des Rucksackprojektes im Jahre 1999 bis Juli 2003 insgesamt 107 »Rucksack I-Gruppen« in 19 Kommunen und Kreisen in NRW entstanden. In ihnen wurden ca. 1 200 Mütter über neun Monate hinweg auf die spielerische Sprach- und Entwicklungsarbeit mit ihren Kindern vorbereitet. Inzwischen wird auch außerhalb von NRW, wie z. B. in Mannheim, Weinheim, Ludwigsburg, Augsburg, Kreis Oberschwaben und Lübeck mit diesem Programm gearbeitet. Alle beteiligten Kommunen bzw. Kooperationspartner haben aufgrund der guten Erfahrungen und der regen Inanspruchnahme des Projekts im zweiten Jahr ihr finanzielles Engagement erhöht.
Die Erfahrungen der RAA mit der Umsetzung des Rucksackprojektes sind in die Richtlinien des Landes NRW über die Gewährung von Zuwendungen für Angebote zur Sprachförderung im Elementarbereich eingeflossen.
Das Projekt wird in einer breiten Öffentlichkeit positiv wahrgenommen. Es ist in der Zwischenzeit mit zwei Preisen ausgezeichnet worden. Im Rahmen einer formativen Evaluation in den Jahren 2000 und 2002 wurden in der Stadt Essen alle Projektbeteiligten schriftlich zu den Auswirkungen des Projektes befragt.[1] *Die Ergebnisse spiegeln die guten Erfahrungen aus den verschiedenen Kommunen und Kreisen wider; sie sind deshalb tendenziell auch auf andere Rucksackgruppen übertragbar.*

Die wichtigsten Ergebnisse aus dieser Evaluation:

1 Verhältnis zwischen Müttern und Erzieherinnen

Die Mütter beurteilen das Projekt äußerst positiv. Sie beschreiben Veränderungen sowohl im Verhältnis zur Tagesstätte als auch zu ihrem Kind und innerhalb der Familie.

Die Mehrzahl von ihnen tritt nun selbstbewusster auf und traut sich, ihre Meinung zu äußern. Von der Mehrheit der befragten Erzieherinnen wird ein größeres Interesse der beteiligten Mütter wahrgenommen. Bei fast Zwei Drittel der Erzieherinnen hat das Projekt zu einem besseren Verständnis für die Situation nicht-deutschsprachiger Kinder und ihrer Familien geführt.

2 Sprachentwicklung

Die Mütter wie auch die Erzieherinnen gaben an, dass die Sprachkompetenz sowohl in der Mutter- als auch in der Zweitsprache Deutsch deutlich besser geworden ist.

3 Interaktion Mutter-Kind

Das Verhältnis zwischen den am Projekt teilnehmenden Müttern und ihren Kindern hat sich positiv entwickelt, was sich u. a. in häufigerer Beschäftigung mit dem Kind äußert. Die Mütter haben die Bedeutung von Sprache erkannt, d. h. Sprechen in Alltagssituationen hat einen höheren Stellenwert bekommen. Die Kinder werden jetzt an alltäglichen Dingen wie Hausarbeit oder Backen beteiligt oder gehen seither mit der Mutter einkaufen.

4 Weitere Wirkungen

- *Aus der Elternbildungsarbeit sind neue Aktivitäten mit Eltern/Müttern erwachsen, wie z. B.: Vorlesepaten, Sportgruppen, Gesprächskreise.*
- *Bei 77 % der Mütter wurde Interesse für das Erweitern der eigenen Deutschkenntnisse geweckt.*
- *Die Lernfreude der Kinder hat zugenommen.*
- *Eltern trauen sich mehr, Ideen und Wünsche zu äußern, und suchen das Gespräch.*
- *Eltern werden von den Mitarbeiterinnen der Kitas stärker akzeptiert.*
- *Mitarbeiterinnen der Kitas nehmen vermehrt an Fort- und Weiterbildungen zum Spracherwerb und zur interkulturellen Pädagogik teil.*
- *Das eigene Sprachverhalten wird bewusster beobachtet.*

---

[1] Stadtteilmütter-Projekt Interkulturelle Sprachförderung und Elternbildung im Elementarbereich, Teil II, Evaluationsergebnisse der Modellphase, Stadt Essen RAA/Büro für interkulturelle Arbeit, Januar 2004.

- *Grundschulen nehmen eine Verbesserung in der (Sprach-)Entwicklung der am Programm beteiligten Kinder wahr.*
- *Der anfängliche Widerstand der Kitas gegen das »verschulte« Material hat sich in positive Akzeptanz gewandelt.*
- *Die Kindergartenarbeit ist für Migranteneltern transparenter geworden.*

Einige Stimmen aus der Praxis

- *»Vorher habe ich nicht daran gedacht, dass die frühe Förderung von Kindern so notwendig ist.«*
- *»… ich möchte, dass unsere Kinder einmal das gleiche Niveau erreichen wie deutsche Kinder.«*
- *»Vor Rucksack haben wir nur darauf geachtet, dass unsere Kinder genug essen, schlafen und trinken, jetzt achten wir mehr auf die Bedürfnisse unserer Kinder und die psychologischen Aspekte.«*
- *»Die Sprachkompetenz der ›Rucksackkinder‹ wird besser.«*
- *»Der Kontakt zu den Müttern ist offener und intensiver geworden.«*

Kontaktadresse: *Hauptstelle RAA (Regionale Arbeitsstellen zur Förderung von Kindern und Jugendlichen aus Zuwandererfamilien)*
Dr. Monika Springer-Geldmacher
Tiegelstraße 27
45141 Essen
Tel.: (02 01) 83 28 – 3 04
Fax: (02 01) 83 28 – 3 33
E-Mail: springer-geldmacher.hauptstelle@raa.de
Internet: http//:www.raa.de

Kurzbeschreibung *der RAA (Regionalen Arbeitsstellen zur Förderung von Kindern und Jugendlichen aus Zuwandererfamilien): Die RAA entwickeln Konzepte und Strategien interkultureller Erziehung, die Kinder und Jugendliche aus Zuwandererfamilien stärken und unterstützen, um in Schulen und Arbeitswelt erfolgreich zu sein. Ihre Partner sind Kindertagesstätten, Schulen, Jugendämter, Kammern von Industrie und Handwerk, die Berufsberatung der Agenturen für Arbeit. RAA sind Einrichtungen von Kommunen und Kreisen, gefördert durch das Land NRW. Heute gibt es in NRW 27 RAA.*

Johann Schneider
Sozialraum Stadt
Sozialraumorientierung kommunaler (Sozial-) Politik – eine Einführung in die Sozialraumanalyse für Soziale Berufe
143 Seiten, 2005, 12,– € *)

Sozialraumorientierung ist seit vielen Jahren ein in der Diskussion um Soziale Arbeit geläufiger Begriff, nicht zuletzt das Bund-Länder-Programm »Soziale Stadt« hat den Sozialraum, eingegrenzt auf benachteiligte Gebiete, als Gegenstand kommunalpolitischer Bemühungen wieder in den Vordergrund gerückt. Neben der Sozialraumorientierung gewinnen Begriffe wie Stadtteil- und Quartiersmanagement, Aktivierung und Beteiligung, lokale Ökonomie, Sozialberichtserstattung und Sozialraumanalyse an zunehmender Bedeutung. Es sind in den letzten Jahren auch eine Reihe von Übersichts- und Sammelbänden, Beiträge, Schwerpunktthemen oder Sonderhefte in den Fachzeitschriften zu diesen Themen erschienen. Auch in der Ausbildung sind Versuche erkennbar, das traditionelle Gebiet der Gemeinwesenarbeit unter diesen neuen Überschriften wieder stärker zu berücksichtigen. Verschiede Sonderprogramme und Modellprojekte haben auch auf dem Arbeitsmarkt zu entsprechendem Bedarf geführt, dessen Nachhaltigkeit aber unsicher ist. Es ist aber davon auszugehen, dass der Sozialraum für die traditionellen Arbeitsfelder eine zunehmende Bedeutunggewinnt.

Stefan Gaitanides
»Wir müssen mehr miteinander reden!«
Migranten und Deutsche im Stadtteil
239 Seiten, 2006, 13,– €*)

Band 3 der Schriftenreihe des ISR

Im öffentlichen Diskurs wird vor der Bildung von »Parallelgesellschaften« von Einwanderergruppen gewarnt. In Stadtteilen mit hohen Migrantenanteilen wird das Zusammenleben von Bewohnern mit und ohne Migrationshintergrund als besonders konflikthaft geschildert und als ein Grund für die Abwanderung der angestammten deutschen Bevölkerung genannt. Im Rahmen der Projekte »Soziale Stadt« sind in solchen Stadtteilen Maßnahmen zur Verbesserung der Nachbarschaftsbeziehungen, zur sozialen Integration und zur kommunalen Partizipation eingeleitet worden, um eine Trendumkehr herbeizuführen. Die Studie beruht auf einer qualitativen Befragung in einem »Stadtteil mit einem besonderen Entwicklungsbedarf« und hohem Migrantenanteil in der Gemeinde Raunheim (Hessen).

*) Alle Preise zzgl. Portokosten